合伙人制度

以控制权为核心的顶层股权设计

郑指梁◎著

清华大学出版社

北 京

内 容 简 介

本书重新定义了合伙人的概念，即共识、共创、共担、共享的奋斗者和创业者。沿着这条主线，通过虚拟合伙及事业合伙的设计，让企业家们学会做机制，让员工当奋斗者；通过股东合伙的设计，让企业家们学会做大股东，让员工当创业者；通过生态链合伙的设计，让企业家们学做投资人，让员工当大股东！本书系统地总结了合伙落地的五维模型，即上接顶层设计、下接机制设计、横跨财税法律、打造合伙精神、对接资本规划，旨在解决合伙落地难的问题。本书分享了大量的来自一线的咨询案例，提供了大量的拿来即用的文档。本书以合伙动态设计为纲，呼应了合伙人制度的定义，即关于合伙人的活的游戏规则。

图书在版编目(CIP)数据

合伙人制度：以控制权为核心的顶层股权设计 / 郑指梁 著. —北京：清华大学出版社，2020.1（2022.6 重印）

ISBN 978-7-302-54173-8

Ⅰ.①合… Ⅱ.①郑… Ⅲ.①合伙企业—企业制度—研究 Ⅳ.①F276.2

中国版本图书馆 CIP 数据核字 (2019) 第 256751 号

责任编辑：	施　猛
封面设计：	熊仁丹
版式设计：	方加青
责任校对：	牛艳敏
责任印制：	丛怀宇

出版发行：清华大学出版社
　　　　　网　　　址：http://www.tup.com.cn，http://www.wqbook.com
　　　　　地　　　址：北京清华大学学研大厦 A 座　　　　邮　　编：100084
　　　　　社 总 机：010-83470000　　　　　　　　　　　邮　　购：010-62786544
　　　　　投稿与读者服务：010-62776969，c-service@tup.tsinghua.edu.cn
　　　　　质 量 反 馈：010-62772015，zhiliang@tup.tsinghua.edu.cn
印 装 者：三河市龙大印装有限公司
经　　销：全国新华书店
开　　本：170mm×240mm　　印　　张：17.75　　字　　数：299 千字
版　　次：2020 年 1 月第 1 版　　印　　次：2022 年 6 月第 7 次印刷
印　　数：68001～70500
定　　价：98.00 元

产品编号：084633-01

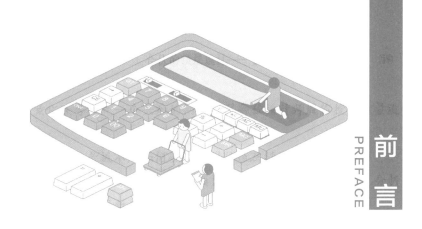

解放企业家，激活个体

《合伙人制度——有效激励而不失控制权是怎样实现的》自2017年5月出版以来，一举成为股权及合伙人领域最畅销的书籍之一，让我始料不及，同时也把我推到了时代的前沿。于是，我萌生了再写一本有关"合伙人制度"书籍的想法。

本书与前一本相比，更新了99%的内容，相当于重新写了一本书。本书更加侧重中小企业，更加注重实际操作和方案的落地实施。书中有很多案例来源于企业一线，书中有很多文档，企业可以拿来即用，这得益于我及我的团队在大量咨询项目中获得的宝贵经验。这些内容是我对合伙人制度的所思、所想、所感、所悟，希望对大家有所帮助。

企业就两件事："企业家的事，员工自己的事。"我认为现金流、控制权、税务及人才这四个方面是企业家的事。而员工自己的事是打工，打工的最高境界是成为企业不可或缺的人，但这不是企业家所希望看到的。企业家经常思考的是如何用机制来降低对人才的依赖，用三流的人才来创造一流的业绩，逐渐让员工把企业家的事变为自己的事。

合伙人制度就是这样一种机制。可惜的是许多企业导入合伙人制度后落不了地，存在两种极端，一种是外部专家操刀，能包治百病，一"合"就灵；另一种是内部员工照葫芦画瓢，从网上复制文档，照搬照抄。这样做的结果是企业埋下了"地雷"，不知道何时爆炸。

基于此我原创性地提出了合伙人制度落地的5维模型，即上接顶层设计，下接机制设计，横跨财税法律，打造合伙精神，对接资本规划。这个模型不仅是理论的总结，更多是实践的运用。

上面是本书第一章的内容。

在合伙人制度全国公开课现场，经常有企业家问我采取何种合伙类型合适？我总结了合伙的4个类型，即虚拟合伙(VP)、事业合伙(BP)、股东合伙(SP)及生态链合伙(EP)，总有一款适合你。

虚拟合伙(VP)是合伙的起点，因不涉及实股股权，纠纷少，灵活性高，企业用利润(销售收入)的存量或增量来回报员工的付出，前者以碧桂园的存量虚拟分红为代表，后者以永辉超市的增量虚拟分红为标杆。

但虚拟分红本质上是员工的"工薪收入"。如果企业家以为给员工搞个虚拟分红就是合伙人制度，那么这个事就别干了。我认为企业家实施合伙人制度，一是要创造新的物种；二是进行旧城改造，把业务做强；三是快造新城，把业务做大。

虚拟合伙的不足之处在于员工缺乏安全感。所以企业在实行虚拟合伙一段时间后，就要考虑导入事业合伙了，这就是碧桂园要推行"同心共享计划"的原因。

事业合伙(BP)首先要解决企业家控制权的问题，其次要解决企业采取何种形式作员工持股平台的问题，于是有限合伙企业担起了重任，员工能成为企业的间接股东。我认为有限合伙企业是天生的AB股架构，即GP(普通合伙人)以较低出资即可拥有100%的表决权，例如蚂蚁金服及绿地集团。

有限合伙企业重点在于个性化的合伙协议设计，否则企业照搬工商模板，可能会遇到不努力的合伙人退不出去、优秀的合伙人进不来的窘境，这是有限合伙的最大风险。因为《合伙企业法》规定，合伙人要进入及退出需要合伙人一致同意，这就是"坑"。但《合伙企业法》出现了许多"除合伙协议另有约定外"的字眼，大家要善用之。

股东合伙(SP)是合伙的最高阶段，表现为合伙人以自然人或法人身份在工商部门登记，取得了"结婚证"。但结婚容易，离婚难，合伙人一旦登记，退出就太难了，除非自愿。这不同于男女双方过不下去了，可以通过法律程序起诉离婚。

对于企业家而言，生意亏了可以重来，股东纠纷、股东内斗却是企业家心中隐隐的痛，但这种痛又不能通过"离婚"来解决，因此企业家只有在夜深人静时自舔伤口、暗自神伤。

当内部员工合伙落地后，企业家要思考生态链合伙(EP)的问题了，企业家一定是各类"资源整合"的高手。生态链合伙主要解决"有权力的人""有钱的人"及"有资源的人"合伙问题。于是，城市合伙人、经销商合伙、供应商合伙等概念登上了历史舞台。但外部合伙人进入时的估值、人力股的设计、商业贿赂的预防及退出时的变现渠道设计值得大家好好思考下！

上面是本书第二章的内容。

无论哪种类型的合伙，都离不开财务的规范及透明，因为信任是最低的沟通成本。

无论哪种类型的合伙，都离不开税务筹划。正如富兰克林所说："人的一生有两件事不可避免，一是死亡，二是纳税。"因此我们在给企业做咨询项目时，一开始就会把税务问题考虑妥当，避免企业未来的高成本补税。

目前，重要部门(如采购、销售)公司化、劳动用工变为灵活用工、工薪收入变为经营所得、公司持股变为有限合伙持股等成为税务筹划的热点。而有限合伙企业就是天然的税务筹划工具，例如善于利用税收洼地、核定征收及财务返还等政策，但你要精通税法，避免"伪筹划"，因为任何的税务筹划都要基于合理的商业目的及真实的业务发生。

上面是本书第三章的内容。

通常说企业家要两条腿走路，即经营与资本。但大部分企业家经营强，资本弱。员工合伙不仅看重分红，更看重股权未来的增值与溢价，前者是当下的收入，后者才是未来的价值，因为合伙的目的是做大蛋糕及向市场要增量。所以这一切离不开合理的资本规划，例如A、B、C轮融资、IPO上市等。

那企业为何要进行资本规划？我认为一是企业融资不仅是为了融钱，更多是为了融投资人背后的人脉及资源，是一种"背书"；二是解决股权流通性的问题，流通才有价值，而流通的本质是定价与交易，这恰恰解决了股权转让时定价公允性的难题。

然而资本规划是一把双刃剑，企业家要平衡好融资节奏与控制权之间的关系，否则就有"把孩子养大叫别人爹"的风险。雷士照明、俏江南就是很好的反面案例！

上面是本书第四章的内容。

合伙人有了钱以后，可能有两种极端，一是躺在功劳簿上睡大觉，不思进取，追求享受，不愿再"提着脑袋干革命"；二是发展越快，离职越快，比如企业一上市核心员工就套现走人，员工关注的是股价的波动而不是企业的业绩。这些是企业家担忧之处，也许动态的合伙激励及合伙精神塑造能系统解决这些问题。

任何的制度都有不足之处，合伙人制度也概莫能外，所谓盛名之下，必有隐患。我概括了合伙的7个风险，即信任的风险、坐享其成的风险、控股权丧失的风险、税务的风险、章程的风险、投资的风险和静态设计的风险。

上面是本书第五章和第六章的内容。

企业的顶层设计，尤其是顶层股权设计，是一项专业性非常强的工作，需要具有资本、人力、财务、税务、法律等各方面知识。这些年中，我为百余家企业做了合伙人制度的设计与管理咨询，深感具体问题具体分析的重要性。正所谓千人千面，只有结合每家企业的实际情况，望、闻、问、切，才好对症下药。在此书中，我将自己的一些心得奉献给读者朋友们，也希望有机会与各位企业家、学者共同切磋、交流。

首先，我要感谢我的团队成员：许艳、游洪光、董梦成、王耘、陈德志(律师，本书的法律顾问)、杨龙庚律师、詹祖武、何君杰、钱力等，我们一起为企业提供了许多高质量的管理咨询及制度设计服务，也赢得了企业的认可及尊重！其次，感谢清华大学出版社施猛先生，他为本书的出版提供了多方面的帮助。最后，特别感谢我的妻子郑璐在背后的支持及付出。

郑指梁

2019年12月28日于杭州

作者邮箱：2311581453@qq.com

第三章　合伙的财税法律
——跨界思维，领域相交

第四章 ## 合伙的资本规划
——利益驱动，阶段变现

第五章 ## 合伙的精神打造
——初心不改，信仰为纲

第六章 ## 合伙的风险预防
——盛名之下，必有隐患

第一章

合伙的顶层设计

——蓝图为根，落地可期

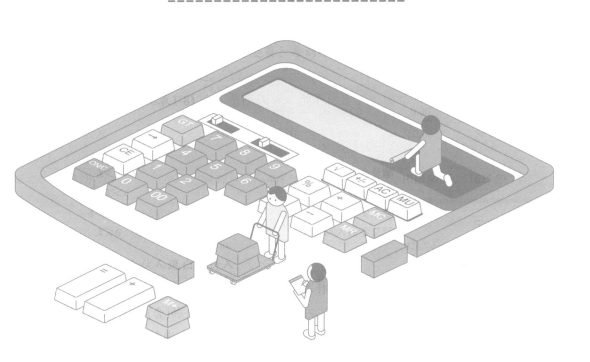

这是一个水急鱼大的时代，这是一个激活个体的时代，这是一个合伙共创的时代。

马云通过合伙企业控制了估值高达1500亿美元的蚂蚁金服。

碧桂园通过成就共享计划、同心共享计划及项目跟投计划，一举超越万科成为国内房地产行业的老大。

永辉超市通过增量虚拟合伙模式，调动了基层员工的积极性，成为国内大型超市前三甲。

爱尔眼科通过城市合伙模式，把眼科医生变成合伙人，成为全球眼科行业第一名。

温氏股份通过生态链合伙模式，把农户变成合伙人，成为创业板第一股。

海尔的内部裂变式创业及韩都衣舍的买手团队模式引领了时代的潮流。

因此，传统的雇佣关系正逐渐被合伙关系所取代。

管理学大师彼得•德鲁克说："管理不是控制，而是释放，是激发人的潜能。"笔者认为他所指的管理=人+制度，而人的问题是企业最本质的问题，人要发挥作用，离不开制度的设计。只有人自驱，制度灵活，管理才能无为而治。

2019年9月10日，马云辞去阿里巴巴董事局主席职位时说："今天不是马云的退休，而是一个制度传承的开始。今天不是一个人的选择，而是一个制度的成功。"

这个制度，就是合伙人制度。

第一节
企业家最关心的事有哪些

海明威说："写作，在最成功的时候，是一种孤寂的生涯。"而企业家在成功或接近成功时，同样会有无名的焦虑和孤独。

笔者针对企业家做了一个调研，对他们最关心、最感兴趣的问题进行了排序，发现他们最关心4件事，如图1-1所示。

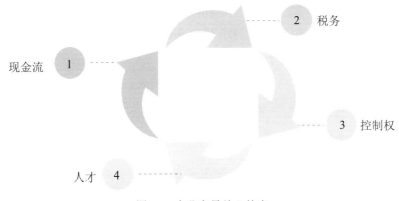

图1-1 企业家最关心的事

一、现金流的问题

案例1-1 DA集团现金流是如何断裂的？

2018年5月3日，坐拥两家上市公司的中国500强企业DA集团有息负债超过450亿元，出现了严重的流动性困难。无奈之下DA集团向浙江省政府紧急求助。我们先来看下DA集团的部分财务状况，如表1-1所示。

表1-1 DA集团的财务状况

年报年份	2018年第1季度	2017年	2016年	2015年
收入/亿元	133.89	586.15	525.69	516.4
毛利率/%	8.15%	9.43%	7.87%	7.87%
净利润/亿元	1.03	14.06	12.31	11.37
净利润率/%	0.77%	2.40%	2.34%	2.20%

2018年第1季度DA集团毛利率仅8.15%，净利润率仅有0.77%，表明DA集团的主营业务盈利能力较弱。DA集团2018年3月30日发行的9个月短期债的年利率为7.3%，净利润不足以支付短期债务，于是DA集团现金流断裂。这种情形是怎么形成的呢？笔者认为有以下三方面因素。

1. DA集团并没有聚焦主业，提高产业附加价值及毛利率，而是实行多元化经营，涉足房地产、农业，造成了集团债务高筑、大而不强的局面。

2. DA集团和旗下的上市公司DA环境存在大量的关联交易，包括采购、销售、担保、借款、资金占用等。

3. 随着宏观货币政策收紧，银行贷款难度增大，DA集团超短期融资债成本从2016年2月的3.29%上涨到2018年初的7.3%，大大增加了其还贷压力，带来流动性危机。

2018年9月30日，万科高呼"活下去"的口号，加速资金的回笼，这句话也是说给广大中小企业听的，因为内部环境水深火热，外部环境又变幻莫测。

对于企业家来说，第一要务是让公司活下去，要树立现金为王的观念，要有利润≠现金流的意识。

深挖洞，广积粮，应对未来的不确定性，就怕地主家也没有余粮！

二、税务的问题

案例1-2　范冰冰逃税被罚8.84亿元，是怎么计算出来的？

2018年10月3日新华社原文节选如下。

从调查核实情况看，范冰冰在电影《大轰炸》剧组拍摄过程中实际取得片酬3000万元，其中1000万元已经申报纳税，其余2000万元以拆分合同方式偷逃个人所得税618万元，少缴营业税及附加112万元，合计730万元。此外，还查出范冰冰及其担任法定代表人的企业少缴税款2.48亿元，其中偷逃税款1.34亿元。

对于上述违法行为，根据国家税务总局指定管辖，江苏省税务局依据《中华人民共和国税收征管法》第三十二、五十二条的规定，对范冰冰及其担任法定代表人的企业追缴税款2.55亿元，加收滞纳金0.33亿元；依据《中华人民共和国税收征管法》第六十三条的规定，对范冰冰采取拆分合同手段隐瞒真实收入偷逃税款处以4倍罚款，计2.4亿元；对其利用工作室账户隐匿个人报酬的真实性质偷逃税款处以3倍罚款，计2.39亿元；对其担任法定代表人的企业少计收入偷逃税款处以1倍罚款，计94.6万元；依据《中华人民共和国税收征管法》第六十九条和

《中华人民共和国税收征管法实施细则》第九十三条的规定，对其担任法定代表人的两户企业未代扣代缴个人所得税和非法提供便利协助少缴税款各处0.5倍罚款，分别计0.51亿元、0.65亿元。

范冰冰的8.84亿元的罚款是如何计算出来的？其偷逃税款具体金额是多少？具体计算方法如表1-2所示。

表1-2 范冰冰罚款的计算方法

序号	税务机关处罚内容	罚款/亿元	偷逃税款/亿元
1	拆分合同	2.55|0.33	0.0618|1.34
2	拆分合同	2.4	0.6=2.4÷4
3	工作室账户隐匿个人报酬	2.39	0.8≈2.39÷3
4	担任法定代表人的企业少计收入	0.009 46	0.009 46
5	担任法定代表人的两户企业未代扣代缴个人所得税和非法提供便利协助	0.51+0.65	1.02+1.3=(0.51÷0.5)+(0.65÷0.5)
	合计	8.839 46	5.131 26

此案罚款金额巨大，与当年刘晓庆入狱一年多相比，范冰冰为何仅交罚款了事？原来刑法第201条规定：由于范冰冰属于首次被税务机关按偷税予以行政处罚，此前未因逃避缴纳税款受过行政处罚，上述定性为偷税的税款、滞纳金、罚款在税务机关下达追缴通知后在规定期限内缴纳，所以依法不予追究刑事责任。超过规定期限不缴纳税款和滞纳金、不接受行政处罚的，税务机关将依法移送公安机关处理。

案例1-3 某电商公司未申报销售收入1000万元，需补交税费588万元！

某电商公司被同行举报，税务稽查局对该公司2018年财务情况进行检查，发现有1000万元销售收入未申报纳税，该公司属于一般纳税人，税务稽查局要求其补交税款和滞纳金(为方便计算按逾期1年计算)，并对其处以罚款(为方便计算按0.5倍处罚)。

请问该公司需要缴纳多少税费？

换算为不含税销售收入：1000÷1.13≈884.96(万元)

补交增值税：884.96×13%≈115.04(万元)

补交企业所得税：884.96×25%≈221.24(万元)

补交其他税费：115.04×(7%+3%+2%)≈13.80(万元)

补交税费合计：115.04+221.24+13.80=350.08(万元)

滞纳金合计：350.08×18%≈63.01(万元)

罚款合计：350.08×0.5=175.04(万元)

应补交税费三项合计：350.08+63.01+175.04=588.13(万元)≈588(万元)

隐瞒销售收入1000万元，需要补交税费588万元！

《税收征管法》第32条：纳税人未按照规定期限缴纳税款的，扣缴义务人未按照规定期限解缴税款的，税务机关除责令限期缴纳外，从滞纳税款之日起，按日加收滞纳税款万分之五的滞纳金。

第63条：纳税人伪造、变造、隐匿、擅自销毁账簿、记账凭证，或者在账簿上多列支出或者不列、少列收入，或者经税务机关通知申报而拒不申报或者进行虚假的纳税申报，不缴或者少缴应纳税款的，是偷税。

对纳税人偷税的，由税务机关追缴其不缴或者少缴的税款、滞纳金，并处不缴或者少缴的税款百分之五十以上、五倍以下的罚款；构成犯罪的，依法追究刑事责任。

因此，对于已完成财富积累的企业家而言，合规及安全才是最重要的。当今社会不大会有一夜暴富的项目了，只有脚踏实地、深耕细作才有机会，因为所有快速挣大钱的方法，都写在刑法里了。

三、控制权的问题

案例1-4 **汽车之家创始人因丧失控股权而黯然出局**

2005年，李想创办汽车之家网站，两年后联合创始人秦致加盟，李想、樊铮及秦致占股比例分别为68%、24%和8%。

2008年，澳洲电讯出资7600万美元占股55%，成为公司控股股东，随后逐渐增资至71.5%，而李想和秦致的股权则分别被稀释至5.3%和3.2%。

2015年6月12日，李想出局。

2016年4月16日，以秦致为首的公司管理层提出私有化，遭到第一大股东澳洲电讯拒绝。

2016年6月25日，澳洲电讯以16亿美元向平安信托转让47%的股份，中国平安成为第一大股东。

2016年6月27日，秦致出局。

从案例1-4可以看出，企业家要善于平衡融资节奏和出让股份之间的关系，不要在缺钱时去融资，这样做的结果只能是任人宰割！汽车之家创始人要以8.5%的股份实现对公司的控制，谈何容易？

案例1-5 当当网李国庆是如何丧失控制权的？

2019年10月12日，当当网创始人李国庆在接受腾讯新闻采访时，因为他的妻子俞渝将他赶出了当当网，倍感愤怒和委屈，进而怒摔杯子吓坏女主播的视频刷爆了整个朋友圈。

问题是一个明星企业的创始人是如何逐渐丧失对公司的控制权的呢？

一、丧失对母公司的控制权

大名鼎鼎的当当网的母公司(控股公司)为北京当当科文电子商务有限公司，工商登记信息显示，2013年10月李国庆与俞渝的持股比例为各50%，而到了2018年7月持股比例变为27.51%与67.20%，至此俞渝拥有了对母公司(控股公司)的绝对控制权，即李国庆丧失了最后的底线，一票否决权(34%)，如图1-2所示。

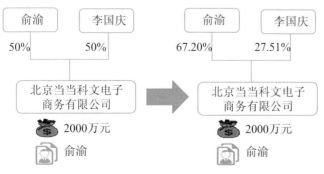

图1-2 北京当当科文电子商务有限公司股权结构图

二、丧失对主体公司的控制权

1. 丧失对股东会的控制权

北京当当网信息技术有限公司(即当当网)是运营主体公司，其股权结构比例单一，如图1-3所示，李国庆未在当当网中持股，也说明了当当网的话语权集中于控股公司。

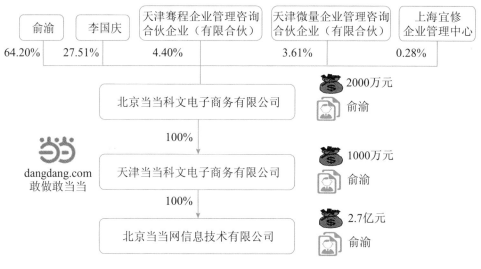

图1-3 当当网股权结构图

2. 经营权丧失

2018年8月，俞渝任当当网执行董事职务，2019年2月任总经理职务。

3. 丧失法定代表人资格

2019年2月，李国庆不再担任当当网的法定代表人。法定代表人能够代表公司开展有关事务并签署文书，一些协议在没有公司印章情况下，法定代表人签署也能生效。因此法定代表人也是控制公司的一个主要方面。

三、风险提示

2019年2月20日，李国庆发出公开信："在经历过无数人生巅峰之后，步入互联网的中场战事，我决定又一次启程，去再度追梦。"

2019年6月1日，李国庆的新创业项目"早晚读书"(运营主体是天津万卷书网络科技有限公司)正式上线，早晚读书是把知识付费和读书结合起来的一种听书模式。但笔者查看了该公司的股东架构后大吃一惊，如图1-4所示，唐妩珲(曾担任当当网音像事业部总经理)为第一大股东，相对控股。

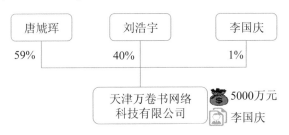

图1-4　天津万卷书网络科技有限公司股权结构图

在北京当当科文电子商务有限公司，李国庆后期主动将其持有的股份由50%下降至27.51%；而在天津万卷书网络科技有限公司，李国庆创业伊始持股仅为1%且为法定代表人，这葫芦里面卖什么药？

他们之间是否设计了同股不同权表决的制度？或者他们之间有股权代持的约定？总之，他们能合伙多久，我们将拭目以待！

少年心，鬓如霜，还能创辉煌？

案例1-6　Z公司创始人是如何逐步丧失控制权的？

Z公司成立于2011年3月，原始注册资金为1000万元，主营腻子粉的生产与销售。2014年6月公司将5.0%的股权授予第一批3名核心员工，当时公司账面净资产为2356万元，如果创始人将股权转让给员工的话，将产生的税务成本=(2356-1000)×5.0%×20%=13.56(万元)。

因此本次激励，公司采取增资扩股方式让3名核心员工入股，三人共出资52.6万元，并以自然人股东身份列示，此时公司的股权架构如表1-3所示。

表1-3　第一批员工入股后的股权架构表

股东姓名	股东类型	出资金额/万元	持股比例	新注册资金/万元
创始人夫妇	自然人	1000	95%	1052.6
A股东	自然人	26.3	2.5%	
B股东	自然人	13.15	1.25%	
C股东	自然人	13.15	1.25%	

2015年8月，Z公司为扩大产能进行生产线改造，引入天使投资，出让35%的股份，融资1200万元，公司投后估值为3428.57万元。

2016年9月，因下游客户应收账款较多，对上游供应商议价能力弱，公司急缺资金，经朋友介绍引入A轮融资，出让35%的股份，融资2000万元，公司投后估值为5714.29万元。

2018年3月，Z公司为升级全自动生产线进行了B轮融资，出让20%的股份，融资3000万元，公司投后估值1.5亿元。公司三次对外融资情况如表1-4所示。

表1-4　融资轮次与股份稀释对应表

轮次＼内容		注资资金/万元	增资/万元	出让比例	募集资金/万元	公司投后估值/万元	资本公积金/万元	每股价格/元/股	创始人夫妇持股比例
第一轮	核心员工	1000.00	52.63	5.00%	52.63	1052.63	0.00	1.05	95.00%
第二轮	天使轮	1052.63	566.80	35.00%	1200.00	3428.57	633.20	3.26	61.75%
第三轮	A轮	1619.43	872.00	35.00%	2000.00	5714.29	1128.00	3.53	40.14%
第四轮	B轮	2491.44	622.86	20.00%	3000.00	15 000.00	2377.14	6.02	32.11%
合计			2114.29		6252.6		4138.34		

从表1-4可知，到B轮融资后，创始人夫妇持股比例被稀释到32.11%，而天使投资人的持股比例由35%被稀释到18.2%(35%×65%×80%，放弃同比例增资)，A轮投资人的持股比例由35%被稀释到28%(35%×80%，放弃同比例增资)。

一方面，第一大股东创始人夫妇持股比例为32.1%，与外部投资人未签订一致行动协议，因此Z公司无实际控制人。

另一方面，Z公司自然人股东较多，即创始人夫妇2人、员工3名、天使投资人1名、A轮投资人1名、B轮投资人1名，共8名；公司决策效率下降，股东内斗。

鉴于创始人平时独断专行，不愿将财务等信息向投资人公开，天使投资人与A轮投资人联合要求召开临时股东会(注：持股比例为46.2%)，通过法律程序成功罢免了创始人董事长的职务，Z公司创始人出局。

类似Z公司的案例，在与他人合伙时比比皆是。

创始人丧失控股权的反面案例挺多的，那对于企业家来说，如何避免呢？实操中可以通过控股公司、AB股、合伙企业等形式来给控制权加一定的杠杆。笔者将在本书第二章第三节《股东合伙(SP)》部分详细讲述。

四、人的问题

案例1-7 合伙人离职引发的公司经营风险

2016年7月，赵鹏与设计总监A共同成立了专注高端私宅定制设计的公司，股份占比分别为70%和30%。公司成立时，员工只有12人，大家心往一处使，2017年公司净利润超过了600万元。

有了钱后，设计总监A说最近要结婚，急需用钱，能否分一半利润来改善生活？赵鹏作为第一大股东，认为公司要研发设计软件，钱要用于公司的发展，可以过两年等公司净利润达到1000万元时再分红也不迟，结果两人不欢而散。

2018年3月，赵鹏听说设计总监A利用公司的资源在外接私单，大为光火，当晚就找设计总监A理论，并要求设计总监A辞职。第二天设计总监A就办理了辞职手续，没想到他把其他三个设计师带走并另起炉灶。因为当时没有竞业限制协议，而且赵鹏也拿不出证据起诉他们，为此大病一场。

2019年1月，公司净利润超过了1000万元，这时赵鹏担心公司越做越大，设计总监A拥有的30%股权该如何处理？公司准备引入投资人了，假如设计总监A不签字怎么办？赵鹏越想越感觉到害怕。

临近过年了，工程总监B和赵鹏说：大家挺努力的，能否给本部门员工的月工资上调20%？否则就有集体辞职的风险。赵鹏感到进退两难，工程质量总是被业主投诉，忽然有一种被中高层集体绑架的感觉，答应不是，不答应也不是，人的问题怎么这么难？

通过案例1-7，我们知道企业家的不易，有能力的人想法多，忠诚的人没能力。因此人是企业经营的基本问题，经营企业就是经营人，经营人就是经营人性，而人性有贪婪及自私的一面！

人是靠思想而站立的，是靠灵魂而支撑的！如何解决？

一方面要给队伍灌注灵魂与血性，不是仅依靠思想教育就能完成的，还需要企业家的率先垂范、率先牺牲、率先奋斗！

另一方面要用机制来规避人的贪婪及自私的一面，所以合伙人制度的设计要存天理，顺人意。

当然还有企业家感兴趣的其他问题。有些问题随着公司的发展消失了，有些问题会让公司走弯路，但不影响大局，但以上4个问题会始终伴随企业家。笔者从中也体会到企业家创业之艰辛，只要方向正确，机制正确，成功只是时间上的问题。

问卷调查 **企业家最关心的事**

笔者对500多名企业家进行了调研，总结了企业家最关心的10个问题。在此基础上让企业家对这10个问题进行了权重排序，如图1-5所示。

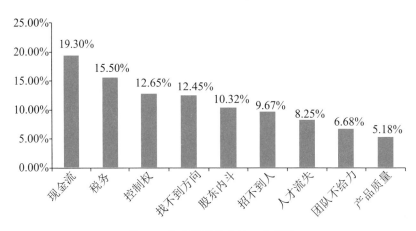

图1-5　企业家最关心的10个问题

从图1-5我们发现，现金流和找不到方向属于公司经营方面的问题，占比31.75%，说明企业活下去才是根本，是重中之重。

招不到人、人才流失和团队不给力可以归纳为人的问题，合计占比24.6%，说明人是企业经营的基本问题。

控制权和股东内斗，属于公司治理结构的范畴，合计占比22.97%，当公司走上正轨、有了盈利或股东对公司战略发展方向不一致时，易造成股东的内斗；而当公司引进外部投资人时，企业家才会关注控制权的问题。

税务、产品质量可算作公司风险预防方面问题，合计占比20.68%。关于税务问题，只有企业家打算规范公司运营或准备进入资本市场时，才知道补税成本之高。

第二节
合伙人新定义

一、合伙人的定义

目前关于合伙人的定义众说纷纭，没有太大的信服力。笔者完成了众多合伙人制度咨询项目后，对合伙人这一概念有了全新的理解，合伙人即那些能够共识、共创、共担、共享的奋斗者和创业者。

让没有共识的人成为合伙人，对企业的伤害是最大的。合伙失败往往是因为缺少共识和共同的价值观。依靠规则来解决共识问题有难度，因为共识与个人的价值观和性格特征密切相关。那么什么是价值观呢，就是一个企业对外做事的底线和内部团队相处的游戏规则。

共担表现为风险共担，责任共担。职业经理人在本企业干不好，可以跳槽，而老板呢，只能跳楼了！这就能解释为何要让员工出钱成为合伙人了。

华为提出以奋斗者为本，笔者深以为然。奋斗者不是那些"刀枪入库，马放南山"的享受者，奋斗者是韦尔奇"活力曲线"所定义的20%绩优者；奋斗者是那些能够提着脑袋干革命的人；奋斗者是那些自激励、自管理、自协同的职场精英。企业家要通过合伙人制度的设计把这些人选出来，否则员工"躺在功劳簿上睡大觉"就会成为常态。

奋斗者一般为企业内部员工，内部员工可以成为事业合伙人、股东合伙人，可以在企业内部进行裂变创业而成为创业者。

而创业者则是自己当老板，以自然人股东身份出现，以"5+2"及"白加黑"工作模式为标配,是个人利益与企业利益相关度最高的那些人,是企业最终的决策者。

因此从某种意义上来说,创业者是奋斗者的更高阶段,因为前者承担更大的风险,奋斗者可以有退路,但创业者既然选择了创业就注定选择了一条不归路。

二、合伙人制度的定义

案例1-8 从《那年花开月正圆》电视剧看合伙人制度

清朝末年,闯荡江湖的野丫头周莹,阴差阳错嫁给了泾阳首富吴家东院的少爷吴聘,并破例获准学习经商理财之道。

经历了丈夫、公公相继离世、机器织布局被砸、合伙人拂袖离去的艰难时刻,周莹用合伙人制度让吴家东院起死回生,把员工变成了老板,真正做到"有钱出钱,有力出力,出钱者为东家,出力者为伙计,东、伙共而商之"。

(1) 股东合伙。周莹将吴家东院的部分产业(茶庄、布庄、棉花行、药材行)分成若干"银股",拿出百分之五十让东院的丫鬟、小厮、掌柜、伙计来认购,十两银子一股。

好的方案,没有人捧场也不行,为了让大家出资入股,周莹规定只要是认了银股的人,就把东院价值相当的某一样东西抵押给他,若赔钱了,就可拿走这样东西。很快重建机器织布局所需要的十万两银子筹齐了。这是典型的大股东兜底做法啊!

当丫鬟、小厮、掌柜、伙计成为东院的合伙人后,工作起来就跟拼了命一样,别人家的伙计在柜台睡觉打盹,东院的伙计在大街上吆喝拉客,连自家西院的客户都不放过。西院二爷只好找周莹讨个说法,周莹一句话道出了其中的原委:东院每挣10两银子,伙计等可以分5两,即周莹拿出50%的利润分给他们。有格局!

(2) 生态链合伙。周莹发现自营织布作坊自产自销的利润空间更大,但东院并没有那么多启动资金。周莹思前想后,东院有棉花,中院有纺织工场,西院有土布坊，何不合而为一，共同创业？于是她说服了二叔和四叔，三院合股创办了当时陕西规模最大的吴氏布业。

（3）合伙人团队互补。"COO"王世均对周莹忠心耿耿，不管周莹说什么，王世均都百分之百执行。在上海时，周莹让王世均从湖州采购生丝倒卖给洋人，即使明知很可能会亏本，他也只是提醒周莹，知道周莹坚持这样做后，便不遗余力地照做了。

"CFO"江福祺是与周莹一起从学徒房出来的。江福祺精明能算，能在短短几分钟里算出别的账房先生老半天也算不清楚的账。他本只是个气度狭窄的"优等生"，但和周莹比赛算数后，发现她为人坦荡磊落，慢慢改变了对她的态度，愿意为她效力。

周莹的"合伙人"还有出身黑道被周莹招安的"安保队长"韩三春和政府白道的"联络人"赵白石。可见东院合伙人众多，且都是各自领域的专家。

（4）增量分红。当时的吴家在全国拥有一百多家商铺，销售额大都在1万两银子左右，其中只有十来家的销售额能够超过5万两，周莹就意识到，对于这十来家商铺更应该奖励分成。这是管理学的"2/8理论"及超额累进提成法的活的应用啊！

这就是清末合伙人制度的成功实践。

从《那年花开月正圆》中我们可以看到周莹把合伙人制度用到了极致，无论是在困境中还是在逆境中，她都会创造性地对制度进行调整，其做法灵活而富有成效。

至此，笔者可以提出合伙人制度的定义了，即关于合伙人的活的游戏规则，包括虚拟合伙(VP)、事业合伙(BP)、股东合伙(SP)及生态链合伙(EP)四大类型。

俗话说制度是死的，人是活的，这句话不完全对。如果制度是死的，意味着因循守旧、墨守成规，是对企业创新力的扼杀，更不用谈与时俱进了。

因此制度是活的，人是活的，即在动态中激励，在激励中调整，流水不腐，户枢不蠹。合伙人制度的设计应围绕着"活"来展开，进退有度，收放自如。

第三节
合伙人制度如何落地

如何平衡融资节奏与出让比例？如何在股份被稀释的情况下保证公司创始人不丧失控股权？为何说自然人股东要越少越好，而合伙人要越多越好？这些问题不解决，合伙就是一个伪命题。

笔者对合伙失败的原因进行了归纳(如图1-6所示)，其中看不到前途及企业家失信是公司战略及企业家个人的原因；财务不透明及目标不合理是管理不规范造成的；而机械套模板、方案不公平、方案完美却无人出资属于方案本身设计的问题。

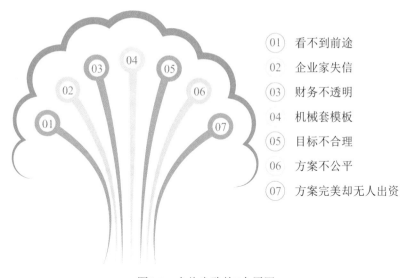

01	看不到前途
02	企业家失信
03	财务不透明
04	机械套模板
05	目标不合理
06	方案不公平
07	方案完美却无人出资

图1-6　合伙失败的7个原因

一、合伙失败的7个原因

(1) 看不到前途。某公司在业务大幅度下滑时，为了留住员工而导入了合伙人制度，但员工认为老板是为了骗他们的钱，是集资行为。结果回应者寥寥无几，最终制度以夭折而告终。

公司要导入合伙人制度，以公司走上坡路时或在外部资本进入前为宜，因为这时员工能看到公司的发展前景及入伙的价值。

(2) 企业家失信。企业家失信表现在企业家许诺而不兑现、人设塌陷而无诚信可言、制度一日三变让员工无所适从等。对于员工来说入伙意味着竹篮打水一场空。

(3) 财务不透明。某公司导入了合伙计划，在方案宣导时员工说，老板家庭和个人的生活费用也拿来公司报销，老板的公关费用每年超过100万元。如果是合伙的话，大家需要财务透明化，所有的费用及支出要向合伙人公开。

(4) 机械套模板。某老板听了国内某培训机构的课程并签订了咨询协议，约定3天将合伙制度落地。老板盼星星盼月亮等来了几位年轻的咨询师，让老板在资料库中选一个最适合本企业的模板，于是接下来的工作就成了复制。

要知道这个世界上没有两片完全一样的树叶，也没有两片完全一样的雪花，更没有两家完全一样的企业。所以不存在所谓的制度模板适合于任何企业之说，花3天时间完成的合伙制度基本是骗人的。

(5) 目标不合理。某公司做了期权激励，约定当公司销售收入达到3.2亿元且净利润达到3400万元时员工可以行权。但公司经过4年的发展，销售收入只有2.5亿元，员工认为当时的目标设定不合理，要求调整绩效目标。

(6) 方案不公平。方案不公平主要表现在合伙人选拔时同级别的员工入伙数量不同等方面。

(7) 方案完美却无人出资。例如某公司导入合伙制度，此时公司注册资金2000万元，净资产1.5亿元，入股价格约7.5元/股，员工认为入股价格有些偏高。老板认为如果把公司的品牌溢价算进去，估值有可能是3.0亿元，而给员工的价格打了半折。

为表现诚意，公司调低入股价格至5元/股，无论老板如何宣导，员工就是不领情，合伙以失败而告终。

二、合伙人落地的5维模型

在大量的咨询项目中，笔者分析了合伙落不了地的各种原因，原创性地提出了合伙落地的5维模型，如图1-7所示。本节先讲顶层设计和机制设计，财税法律、资本运作、合伙精神将在其他各章具体论述。

图1-7　合伙人落地的5维模型

(一) 上接顶层设计

笔者认为顶层设计至少包括商业模式、公司治理结构及资本规划。其中商业模式决定了企业的盈利模式，公司治理结构主要指"三会"的关系(即股东会、董事会、监事会)、企业形式(即公司制、独资企业、合伙企业、个体户)、股权稀释及控制权之间的平衡，而资本规划主要指企业融资的轮次及IPO上市规划等。

案例1-9　甲公司如何通过顶层设计让销售收入增长1.8倍？

甲公司成立于2013年，注册资金1000万元，是一家专注于家庭与公共装修的专业服务机构，经营范围包括：硬装设计、材料配置与采购、硬装施工、软装设计与配置。2017年公司销售收入0.80亿元。甲公司组织架构如图1-8所示。

经笔者团队深入调研后，发现甲公司存在如下问题。

1. 商业模式单一，上游木材等材料供货不及时；

2. 家庭与公共装修毛利率较低，价格竞争激烈；

3. 自然人股东过多，决策效率低，前两名股东持股比例相近，股份存在代持现象；

4. 甲公司知名设计师持有竞争对手的股份，老板口头答应的股份迟迟兑现不了，离职风险大；

5. 设计师工作量化及考核是一个头疼的问题，且每位设计师股份授予数量没有科学标准；

6. 投资人打算入股，但老板不知如何确定公司估值及投资人占股比例。

如何解决？笔者于2017年接手了这个咨询项目，从公司顶层设计入手，分析了甲公司商业模式，特别对公司新业态组合进行了规划，方案节选如下。

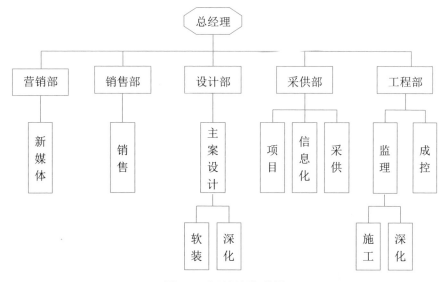

图1-8 公司组织架构图

一、商业模式再设计

1. 由传统的公共装修及大公司供单(即大公司给业务)模式切入新兴业务(即精装+设计+众创)模式。开发行业内通用的软件，并申请高新技术企业证书。公司通过2～3年的发展，积累了客户资源后，再打造平台业务。具体如图1-9所示。

2. 强化设计软件开发：借鉴光辉城市+数联中国模式；打造PC/VR双模编辑平台，实现PC/VR多人异地云同步。

(1) 规划设计软件的场景运用；

(2) 打造云设计软件，让设计师入驻平台，明码标价；

(3) 对优质方案进行投资孵化。

3. 进军精装行业：借鉴绿城装饰模式(见图1-10)

图1-9　商业模式再设计

图1-10　绿城装饰模式

(1) 精装行业毛利高，是公司新的利润增长点；

(2) 私宅定制是风口，可以结识高端人群；

(3) 开发软装业务(毛利超过40%)，为供应链布局；

(4) 无技术壁垒。

4. 布局众创空间：借鉴优客工场+自如模式

打造医疗产业园区，共享办公；对园区优质企业孵化投资；跨界"长租公寓"，导入自如模式，以装饰入股当二股东。

5. 以大数据嫁接供应链：参照拼多多模式

(1) 向前一体化发展，参股或控股"石材、原木"等上游资源；

(2) 集中采购，优化供应链，降低成本，金融闭环；

(3) 以设计、物流大数据作为融资亮点，对接资本产生溢价。

二、股东结构梳理

笔者与股东们交流了顶层设计思路，明确了公司的发展方向，对公司商业模式进行了重构，即由原来打"价格战"调整为未来通过"提供服务"及"制定行业标准"来赚钱，给了股东们坚定的信心。接下来笔者就要分析股东的结构，如表1-5所示。

1. 股东还原：原工商登记股东为A和B，持股比例分别为60%和40%。因为2018年底公司要进行一轮融资，公司决定趁此机会，对经营一线的高管C、D和E进行股份还原(否则会产生市场公允价格，不可能1元/股)，此时自然人股东为A、B、C、D及E，持股比例分别为42.6%、28.4%、12%、10%及7%。

2. 持股平台：新设合伙企业作为员工持股平台

(1) 股份来源为所有股东同比例稀释20%，其中10%给主案设计师F及G，预留10%给其他核心员工及外部引进的专业人才；

(2) 此时第一大股东A持股为34.08%(42.6%×80%)，控制权如何保障？

3. 控股公司：新设控股公司注册资金为10万元，控股公司要完成对甲公司的增资并成为其股东。于是公司股东会决定：

(1) 甲公司2017年第3季度账面净资产980.5万元，注册资金1000万元，故采取自然人股东转让方式来操作(不会涉及税务问题)；

(2) 由第一大股东A的34.08%股份全转、股东B的22.72%转12.22%、股东C的9.60%转8.60%、股东D的8.00%转6.10%给控股公司，于是控股公司持有甲公司股份的比例为61%。

4. 减少自然人股东：把股东C、D、E在甲公司持股的1.00%、1.90%及5.60%平移至合伙企业中，故合伙企业股份由20%调增至28.5%(20%+8.5%)，此时甲公司的股东结构为控股公司61%、自然人B10.5%、合伙企业28.5%。

5. A轮融资：2018年底甲公司启动A轮融资1000万元，出让10%的股份。此时控股公司持股比例下降至54.90%，如表1-6所示。

表1-5 甲公司股东持股比例变化表

公司／股东	自然人股东(10.50%)					法人股东(61%)			合伙企业(28.50%), C股东为GP				A轮	
	A	B	C	D	E	控股公司	F	G	C	D	E	核心员工	总比例	
工商登记	60.00%	40.00%											100.00%	
股东还原	42.60%	28.40%	12.00%	10.00%	7.00%								100.00%	
成立合伙企业后各股东同比例稀释	34.08%	22.72%	9.60%	8.00%	5.60%		8.00%	2.00%				10.00%	100.00%	控股公司占甲公司股份比例
差额调整	-0.08%	10.52%	1.06%	1.90%	5.60%	61.00%	8.00%	2.00%				10.00%	100.00%	61.00%
成立控股公司后各股东占比	0.00%	10.50%	1.00%	1.90%	5.60%	61.00%	8.00%	2.00%				10.00%	100.00%	合伙企业占甲公司股份比例
自然人股东转合伙企业后各股东占比	0.00%	10.50%				61.00%	8.00%	2.00%	1.00%	1.90%	5.60%	10.00%	100.00%	28.50%

（公司：甲公司）

表1-6 甲公司A轮融资后各股东的持股比例表

| | 股东C为GP | | | | | 控股公司 | 合伙人(C为GP，普通合伙人) | | | | | 核心员工 | A轮融资 | 总计 |
	A	B	C	D	E		F	G	C	D	E			
甲公司(A轮融资，外部投资人占公司比例10%)	0.00%	9.45%	0.00%	0.00%	0.00%	54.90%	7.20%	1.80%	0.90%	1.71%	5.04%	9.00%	10.00%	100.00%

		A轮融资
		10%

		A	B	C	D	E		总计
新成立控股公司(创始股东)	控股公司股权结构	56.00%	20.00%	14.00%	10.00%			100.00%
	间接持有甲公司的股份比例	30.74%	10.98%	7.69%	5.49%			

这里有一个小窍门，即控股公司要占甲公司51%以上的股份，即笔者经常说的相对控股及合并报表，那么甲公司最多可出让多少比例呢？

$61\% \times (1-X)=51\%$，$61\%-61\%X=51\%$，可以得出$X \approx 16.39\%$，即甲公司出让股份比例上限为16.39%，可以再出让6.39%。

6. 控股公司的股权结构：A、B、C及D持股比例分别为56%、20%、14%及10%。A为控股公司的第一大股东及法定代表人，且不在子公司甲公司拥有股份。

7. 财税规划：经过A轮融资出让10%股份后，甲公司的股权结构如图1-11所示。

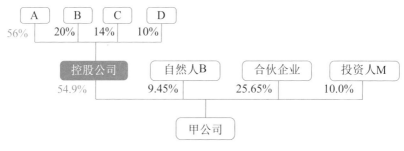

图1-11　甲公司的股权结构

(1) 假如甲公司税后利润1000万元，甲公司股东会决定100%分配给股东，按所持有股份比例来分取红利。基于此控股公司可分得红利为549万元，此时，控股公司需要缴纳企业所得税吗？

根据《企业所得税法》第26条第2款的规定，符合条件的居民企业之间的股息、红利等权益性投资收益，为免税收入。因此控股公司的549万元投资收益免征企业所得税。这就是设立控股公司的好处，即可以以小博大、集中力量办大事，有纳税筹划效应，便于融资，有助于人事安排。

(2) 因为第一大股东A持股比例超过了半数，所以A可以决定是否分配这549万元。因为分红属于利润分配方案，普通决议即可，应当由出席股东会的股东所持表决权的过半数通过。进一步理解，如果这549万元再分配至自然人A、B、C及D，就需要按各自股东所持有比例缴纳个人所得税了。

三、实施的成果

1. 通过控股公司的设计，保证了第一大股东A对甲公司的控制权。

2. 把创始股东平移至新设的控股公司，解决了甲公司决策效率及股份代持问题。

3. 作为对价，新设立软装公司，把二股东B的部分股份置换过来。

4. 起草了期股激励方案，与公司及个人业绩挂钩，分3期解锁，达到合伙人持续激励之目的。

5. 妥善处理了全国知名设计师外部股份退出问题。

6. 2018年甲公司销售收入1.45亿元，较2017年增长181.25%！

(二) 下接机制设计

企业不缺人才，缺的是激励人才的机制。笔者认为机制设计包括激励机制、分配机制、约束机制及淘汰机制，如图1-12所示。

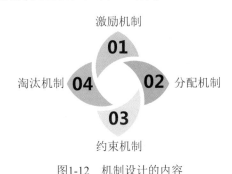

图1-12 机制设计的内容

1. 激励机制

激励的本质是让员工像企业家一样努力工作，即由他激励转为自激励，由他驱变为自驱。有些企业家认为合伙人制度可以包治百病，例如企业家抱怨说企业引入了某机构的合伙人制度，但过了一段时间无法落地。笔者一般会问企业家是如何激励员工的？合伙人制度又是如何与激励机制对接的？企业短、中、长期激励是如何规划的？

案例1-10 M公司买手团队的激励机制

M公司是专注于刨花板与中纤板采购与销售的企业。有5组采购人员(也称为买手团队)，每组采购人员配置2~4人，负责对各厂家的采购信息进行汇总并下单，采购完成后由业务员去销售。

目前问题是采购人员能力参差不齐，为了获得厂家的采购资格而竞相压价，师傅不愿意带徒弟，采购资源集中在几个采购主管手上。老板很头疼，如何设计一套激励机制呢?

1. 竞价系统

引入竞价系统,主要功能包括以下几个。

(1) 公司发布品类指导价(可在成本基础上上浮);

(2) 不同买手团队进行报价,但不得高于指导价;

(3) 业务员按竞价系统的要求进行询价,以质优价低者成交;

(4) 成交的买手才能享受采购提成。

这样做的好处是,可以倒逼买手们在保质按时的原则下进行有序竞争,多开发优质的厂家,也能考验买手们的谈判能力,只有采购的价格足够低,业务员腾挪的空间才能足够大,利润才能越高,公司才能越赚钱!同时那些长期拿不到采购提成的买手,要么努力提升自己,适应这个系统,要么被淘汰。

但采取这种方法有一个前提是买手数量要足够多,例如韩都衣舍有超过280个买手小组,如果一个萝卜一个坑是很难有效实施这个系统的。

2. 星级制度(见图1-13)

买手星级	认定标准	月基本工资/元	提成比例/%	备注
★★★★★		5500	5.0‰	
★★★★		5000	4.5‰	
★★★		4500	4.0‰	熟手
★★		4000	3.5‰	
★		3500		
无		3000	3.0‰	新手

图1-13 星级制度

每季度对买手的业绩及能力评选一次,按照采购成交数量排名进行星级调整,且月基本工资与买手星级挂钩。对新手有半年的保护期。

3. 多元激励(以某个4星级买手为例,见表1-7)

表1-7 多元激励 元

买手姓名	工资收入	提成收入	成本节约收入	师带徒奖励收入	分红收入	年收入合计
张三	6.0万	18.5万	6.2万	2.0万	9.5万	42.2万

(1) 成本节约收入指买手成交价与公司指导价差额部分(公司确定一个比例)；

(2) 师带徒收入针对4星与5星级买手，把无星与1星(即新手)培养成3星，可以考虑一次性奖励2万元，并举办隆重的出师仪式，每年培养徒弟最多的师傅可获"伯乐奖"，奖励2万元；

(3) 分红收入是针对4星与5星级买手的，符合条件的买手有资格投资入股(或虚拟或实股)而享有公司的利润分享计划。

2. 分配机制

笔者认为分配机制包括分权、分名、分责和分利。而分利，即利益分配最重要，因为企业持续发展的动力不是人才，而是利益分配。商鞅二十等爵军功制及家庭联产承包责任制都是利益分配的极佳案例。

(1) 距今2370多年前的商鞅二十等爵军功制，让无数秦国布衣之士有机会凭借军功改换门庭，担任朝廷官吏，世卿世禄的贵族政治格局由此被打开缺口。即士兵在战场上斩杀的敌人首级越多，其爵位就越高，与之相对应的私有土地的数量也就越多。正是有了这种恩泽后代子孙的分配机制，秦国虎狼之师高喊着"赳赳老秦，共赴国难，血不流干，死不休战"，开始了他们东出崤函、蚕食鲸吞六国的伟大征程。

(2) 距今40年前的家庭联产承包责任制，改变了原有的"大锅饭"的分配机制，即原来那种大规模经营下的集体劳动方式。改革前农村以生产队为基本生产经营单位，农民凭工分参与年终分配，对每个人的劳动数量、质量很难准确统计，因而必然是平均主义的"大锅饭"，而以家庭为经济单位的分配模式可克服干多干少一个样的平均主义。

案例1-11　哪种分粥模式是最公平的?

分粥规则是政治哲学家罗尔斯在其所著《正义论》中提出的。他把社会财富比作一锅粥，一群人来分粥，可能有五种分粥的办法：

(1) 指定一个人全权负责分粥。但很快大家就发现，这个人为自己分的粥最多。于是又换上了一个人，结果还是一样，负责分粥的人碗里的粥最多、最好。

(2) 大家轮流坐庄，每人一天。每个人一周里总有一天胀得嘴歪眼斜，其余六天都是饥饿难耐。这种方法不仅不能消除不公平，还造成资源的巨大浪费。

(3) 大家选举一个信得过的人。开始这位品德高尚的人还能公平分粥，但不久他便给拍马溜须的人和自己多分，分粥又变得不公平了。

(4) 成立分粥委员会和监察委员会，进行分权和制约。这样，公平基本做到了，可是由于监察委员会经常提出种种质疑，分粥委员会又据理力争，等到粥分完了，粥早就凉透了。

(5) 分粥者最后喝粥。等所有人把粥领走了，分粥者自己才能取剩下的那份。

在没有精确计量的情况下，无论选择谁来分，都会有利己嫌疑。解决的方法就是第5种，因为让分粥者最后领粥，就给分粥者提出了一个最起码的要求：每碗粥都要分得很均匀，只有分得合理，自己才不至于吃亏。因此，分粥者即使只为自己着想，结果也是公正、公平的。

3. 约束机制

约束机制是指为规范组织成员行为，便于组织有序运转，充分发挥其作用而经法定程序制定和颁布执行的具有规范性要求、标准的规章制度和手段的总称。

案例1-12 **从孙武斩宫嫔看约束机制**

孙武十分喜爱兵法，他带着他写的《兵法》求见吴王阖闾，吴王见他的《兵法》写得很好，便想测试一下孙武，让孙武实际操练一下，孙武非常痛快地答应了。吴王问孙武能否用他的宫女来操练，孙武爽快地答应了。吴王便调来300名宫女交给孙武操练，孙武将她们分为两队，并以吴王的两名宠妃作为两队的队长，然后她们全体手拿战戟，开始了操练。

孙武开始说明他的口令，并击鼓号令这些宫女，但是第一次号令发出后，宫女们不但没有执行反而哄堂大笑。

孙武道："号令发布但不执行是将领之错。"孙武又三令五申地多次交代口令，然后再次击鼓发出口令，但是宫女们又一次大笑不止。

孙武怒道："纪律都清楚，口号也都明白，但是不依照口令去做，是队长和士兵的过错。"说完孙武便要斩两位队长。吴王见孙武要杀自己的两位爱妃，忙上前阻止。

孙武道："将在军，君命有所不受。"随即孙武便杀了吴王的两个爱妃，并依次用后两人做队长继续训练。看到吴王两个爱妃被杀后，宫女们没有一个不遵守命令和纪律的。

其他宫女知道孙武军纪严明、言出必行，于是"皆中规矩绳墨，无敢出声"。吴王也信服了他的用兵之道，拜其为将，最终"西破强楚，入郢，北威齐晋，显名诸侯"。

案例1-13 华为干部的八大约束机制

(1) 决不搞迎来送往，不给上级送礼，不当面赞扬上级，把精力放在为客户服务上。

(2) 决不动用公司资源，也不能占用工作时间为上级或其家属办私事。遇非办不可的特殊情况，应申报并由受益人支付相关费用。

(3) 决不说假话，不捂盖子，不评价不了解的情况，不传播不实之词，有意见直接与当事人沟通或报告上级，更不能侵犯他人隐私。

(4) 认真阅读文件、理解指令。主管的责任是获取胜利，不是简单地服从。

(5) 反对官僚主义，反对不作为，反对发牢骚讲怪话。对矛盾不回避，对困难不躲闪，积极探索，努力作为，勇于担当。

(6) 反对文山会海，反对繁文缛节。学会将复杂问题简单化，600字以内能说清一个重大问题。

(7) 决不偷窃，决不私费公报，决不贪污受贿，决不造假，也决不允许任何人这样做，要爱护自身人格。

(8) 决不允许跟人、站队的不良行为在华为形成风气。个人应通过努力工作、创造价值去争取机会。

4.淘汰机制

淘汰机制是指为了激活整个组织，消除"沉淀层"，让一个企业始终保持小公司的活力，而裁掉那些不努力工作或不胜任工作的员工。必要的淘汰机制有助于规避合伙人躺在功劳簿上睡大觉的现象。

华为发展史上有两次"血洗"事件，就是重新竞聘上岗。一是1996年，市场部领导干部大辞职，重新竞争上岗；二是2008年，5100多名老员工"自愿辞职"，华为也"自愿"为此掏出10亿元补偿金。任正非想淘汰以下4种人，他认为苦劳=无效的劳动。

(1) 躺在功劳簿上睡大觉、不思进取的人；

(2) 工作中没有使出全力的人；

(3) 混日子的人；

(4) 与公司价值观不符合的人。

2019年2月11日，京东宣布2019年将末位淘汰10%的副总裁级别以上的高管。作为一家拥有18万人的企业，京东表示，正常的人员流动是每个公司都会遇到的情况，年底根据员工绩效考核开展末位优化也是很多公司的常规做法。京东每年都会针对所有人员定期开展绩效评价和人才盘点，对优秀人员给予更大的激励和更好的发展空间，对于绩效表现不符合要求的予以岗位调整和优化。

案例1-14　阿里为何坚决淘汰"野狗"型及"小白兔"型的员工？

阿里按价值观及绩效两个维度，将员工分成三类：野狗型、小白兔型和猎犬型，如图1-14所示。

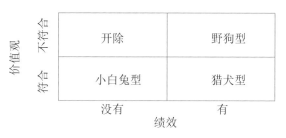

图1-14　阿里员工分类

第一类员工就是"野狗"。这类人业绩很好，价值观特别差，即每年销售业绩特别好，但是他根本不讲究团队精神，不讲究服务质量。

第二类员工就是"小白兔"。这类人对待工作非常热情，对团队合作也很积极，经常充当老好人、和事佬，但是没有业绩。马云对待这样的员工的做法便是逐渐淘汰。

第三类员工就是"猎犬"，这类员工不仅有着超强的工作能力，而且对公司文化、精神高度认同。这类人无论到哪个公司都会被当成"明日之星"来培养。

案例1-15 某公司合伙人的淘汰机制(节选)

本着激励与约束相结合的原则，合伙企业每两年对合伙人的履职情况及业绩等级进行评估。对于平均业绩连续两年均为C等的合伙人，选取其中得分最后两名进行强制淘汰退出。

1. 具体流程(按合伙人的人头数匿名投票，且GP与LP同票同权)

(1) 经GP(普通合伙人)提议，合伙人委员会中至少3人(含)同意(注：合伙人委员会由合伙企业中的5人组成)；

(2) 报合伙企业讨论，通知本人回避，超过2/3(含)的合伙人同意；

(3) 报公司董事长审批。

2. 合伙人委员会

(1) GP(普通合伙人)为常任委员及主任；

(2) 其他4名LP(有限合伙人)为委员，每两年改选一次，委员可以连选连任。具体见合伙企业的相关规定。

3. 退出价格(见表1-8)

表1-8 退出价格

年数/年	退出金额/元
X<2	100%×入股金总额
2≤X<4	110%×入股金总额
4≤X<6	120%×入股金总额
X≥6	130%×入股金总额

4. 被淘汰合伙人退出再进入

(1) 资格：被淘汰合伙人未离职，后续工作中符合业绩及价值观的规定，经GP提名，超过2/3(含)的合伙人同意后进入；

(2) 期限：自被淘汰当年起算隔一年，具有再次进入的资格，届时授予其股票的数量及价格由当期的合伙激励计划确定。

第二章

合伙的模式选择

——合在一起，成为伙伴

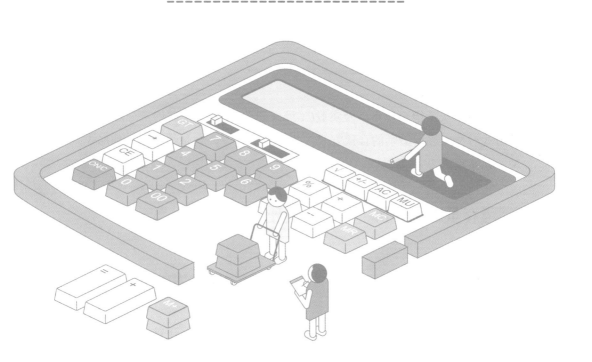

经常有企业家问笔者合伙的模式有哪些？不掏钱能否成为合伙人？虚拟入股时可否让员工掏钱？虚拟合伙业绩不错时能否成为公司的实股股东？内部裂变创业属于什么合伙模式？与亲朋好友新开公司又是什么合伙模式？

基于企业家的问题，笔者把合伙分成4种模式，分别是虚拟合伙(Virtual Partner)、事业合伙(Business Partner)、股东合伙(Shareholders Partner)、生态链合伙(External Partner)，如图2-1所示。

虚拟合伙
(VP)

事业合伙
(BP)

股东合伙
(SP)

生态链合伙
(EP)

图2-1　合伙的4种模式

第一节
虚拟合伙(VP)

虚拟合伙是指企业不涉及实股(工商注册股)，通过采取增量分红或存量分红的方式对员工进行激励的合伙方式。从本质上来说，它是绩效的一种形式，是一种短期激励。

一、存量虚拟合伙

案例2-1 **华为的TUP计划："虚拟递延分红计划"**

2013年，华为推出TUP计划，这是一种虚拟递延分红计划。简单地说就是每年根据员工的岗位、级别和绩效，给员工分配一定数量的期权，期权不需要员工花钱购买，5年为一个结算周期。

例如，2014年华为授予某员工6万股TUP，假设授予价格为3.25元/股，该员工不需出资。当年为等待期，不享受公司的分红。2015—2018年为分期解锁期，即分别享受1/3、2/3、3/3、3/3比例的分红，具体内容如表2-1所示。

表2-1　华为TUP计划表

内容 年度	参与分红的股数	授予价格	回购价格
2014年	等待期	3.25元/股	
2015年	60 000×1/3=20 000		
2016年	60 000×2/3=40 000		
2017年	60 000×3/3=60 000		
2018年	60 000×3/3=60 000		8.25元/股

同时公司对该员工2014年授予期权进行回购，假如2018年公司的股票价格为8.25元/股，2018年分红为20万元，则2014—2018年该员工获得回报=200 000+60 000×(8.25-3.25)=500 000(元)。回购完成后，公司对这6万股期权进行清零。

笔者认为这种虚拟分红的好处有如下三点。

(1) 它不建立在历史贡献的基础上，且以现金递延方式发放，满足了新员工的扎根需求。新员工只要不断努力工作就能换取更多的奖励期，避免老员工在拥有大量TUP后坐享收益，不思进取。

(2) 它具有股权特性，分红权和股本增值都与组织绩效相关，这就把新员工个人贡献与组织贡献结合在一起，激活他们的归属感和集体意识。

(3) 五年后TUP计划取消，前30%的优秀者将获得其他更有效的激励方式(如虚拟股权)，这不仅能帮助新员工顺利磨合，也有利于他们放大格局，着眼长远。这一做法有效地克服了激励缺位、越位和错位的问题。

华为的TUP计划，员工是不需要出资的。而在实际操作中，员工既可出资，也可不出资而分享企业的分红。但从激励效果来看，员工出资更能达到激励的目的。

案例2-2 碧桂园的存量虚拟合伙："成就共享计划"

2012年12月，碧桂园推出了"成就共享计划"。

举例：某项目当年1月1日集团投入自有资金一次性支付地价款1亿元，土地综合单价为30万元/亩，地块共333亩，容积率为2.0。若通过项目融资(开发贷款、供应商垫资等)支付其他开发费用，且集团不再投入，并于当年6月1日开盘销售，6月30日回笼自有资金(可用于购置土地的非受限资金)1亿元(1亿元占用6个月，相当于5000万元占用一年)。

1. 奖励的前提(同时满足)

(1) 一年内实现集团自有资金投入全部回笼。

(2) 项目累计回笼资金＞(自有资金投入+年化自有资金标准收益)，其中年化自有资金标准收益=自有资金年化投入金额×30%。

(3) 自有资金年化投入金额=自有资金投入×(自有资金被占用的天数÷365天)。

2. 奖励的分配

(1) 区域主导拓展的项目成就共享股权金额=(净利润–年化自有资金标准收益)×20%；

(2) 达到奖励条件后，年度"成就共享"股权金额分配情况如表2-2所示。

表2-2 半年度分配

员工职级	分配比例
区域总裁	30%～70%
项目总经理	由区域总裁确定
项目团队	由区域总裁确定
区域团队	由区域总裁确定
参与团队	10%
合计	100%

举例：某项目预计三年内售罄，净利润为1.56亿元，集团累计回笼资金2.8亿元，项目在第一年内实现资金回笼，后续两年不再投入自有资金。假设集团自有资金投入0.84亿元。

因此，年化自有资金标准收益=自有资金年化投入金额×30%=0.84亿×365÷365×30%=0.252亿(元)，如图2-2所示。

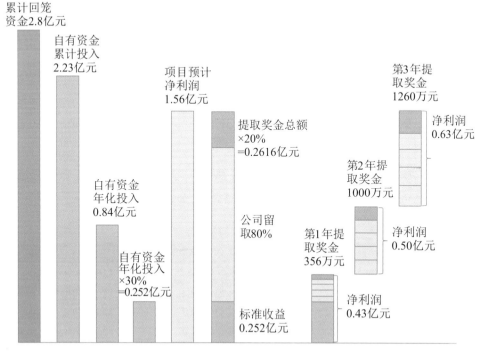

图2-2　碧桂园项目投入测算图

接下来，我们来核算项目的盈利情况及区域总裁、项目总经理等区域人员的现金奖励分配情况。

第1年项目净利润为0.43亿元，项目奖金=(净利润-年化自有资金标准收益)×20% =(0.43亿-0.252亿)×20%=356万(元)，具体分配情况如表2-3所示。

表2-3　第1年项目奖金分配情况

员工职级	分配比例	现金奖励/万元
区域总裁	30%～70%	356×30%=106.8
项目总经理	由区域总裁确定	356×20%=71.2
项目团队	由区域总裁确定	356×30%=106.8
区域团队	由区域总裁确定	356×10%=35.6
参与团队	10%	356×10%=35.6
合计	100%	356

第2年项目净利润为0.50亿元，项目奖金=(净利润-年化自有资金标准收益)=(0.50亿元-0)×20%=1000万元(注：集团已在第1年收回了投资，因此年化自有资金标准收益为0)，具体分配情况如表2-4所示。

表2-4 第2年项目奖金分配情况

员工职级	分配比例	现金奖励/万元
区域总裁	30%～70%	1000×30%=300.0
项目总经理	由区域总裁确定	1000×20%=200.0
项目团队	由区域总裁确定	1000×30%=300.0
区域团队	由区域总裁确定	1000×10%=100.0
参与团队	10%	1000×10%=100.0
合计	100%	1000

第3年项目净利润为0.63亿元，项目奖金=(净利润−年化自有资金标准收益)=(0.63亿元−0)×20%=1260万元，具体分配情况如表2-5所示。

表2-5 第3年项目奖金分配情况

员工职级	分配比例	现金奖励/万元
区域总裁	30%～70%	1260×30%=378.0
项目总经理	由区域总裁确定	1260×20%=252.0
项目团队	由区域总裁确定	1260×30%=378.0
区域团队	由区域总裁确定	1260×10%=126.0
参与团队	10%	1260×10%=126.0
合计	100%	1260

以项目总经理为例，3年内，他的现金奖励=71.2+200.0+252.0=523.2(万元)。看来碧桂园业务的快速发展，与存量虚拟分红奖励有很大关系。

3. 亏损的处理

参与此激励计划的项目无论何种原因在考核期内出现亏损，亏损额的20%由区域总裁及项目总经理承担，其中区域总裁占70%，项目总经理占30%，当期从其所管辖的其他项目的成就共享股权金额中扣除；不足以扣除的，从其工资、奖金中扣除。

那么，如何尽快让项目达到成就共享条件呢？首先，做好市场研究，获取优质土地；其次，处理好与政府的关系；第三，快速开工、快速销售、快速回笼资金。

成就共享计划本质上是基于存量分红的合伙模式。

但成就共享计划是有缺陷的，例如区域总裁和项目公司在获取地块的时候，会根据目标利润率、销售额等数据倒推意向地块的投资金额，情况合理才竞拍，否则放弃。企业为了获取奖励，为了求稳，也就丧失了很多新的机会。

这种兴奋剂式的奖励，让碧桂园的每一个个体迅速爆发。但"兴奋剂"会让肌体产生依赖，长期下去是不健康的，是不可持续的。为了弥补成就共享计划的这种不足，碧桂园于2014年10月份推出了"同心共享计划"。与"成就共享计划"相比，"同心共享计划"更强调企业与员工风险和责任共担，利益共享。大小股东同股、同权、同责、同利，同呼吸，共进退。

案例2-3 碧桂园的存量分红合伙："同心共享计划"

1. 适用范围及平台：集团投资开发的所有房地产项目，包括国内外的全资项目、合资项目，均采用"同心共享计划"。运行时，由集团和"管理层员工"合资组建"项目公司"。

2. "项目公司"的股东结构：集团占股不低于85%，有资格参与的"管理层员工"占股不高于15%。

3. 集团的"管理层员工"共同组建一家国内"共赢投资企业"，形式为有限合伙企业。组建后，"共赢投资企业"对集团的每一新成立"项目公司"进行投资，持有不高于5%的股份。

4. 区域的"管理层员工"可共同组建国内"区域投资企业"，组建后对区域的每一新成立"项目公司"进行投资持股，区域的"管理层员工"组建的"区域投资企业"均为有限合伙企业，持有区域新项目"项目公司"不高于10%股份。笔者以碧桂园某区域项目公司为例说明"同心共享计划"的股东结构，如图2-3所示。

5. "管理层员工"包括下列两类：

(1) 总部：董事、副总裁、助理总裁、中心负责人、部门总经理(含副总经理)、"未来领袖计划"人员等；

(2) 区域：区域总裁及区域投资、营销、财务管理团队等、项目总经理及项目管理团队等。

6. 出资情况：

(1) 区域总裁对辖下的每一项目首次出资不低于项目出资额20%，或80万元；

(2) 项目总经理对自身管理的项目首次出资不低于项目出资额30%，或50万元；

(3) 其他人员根据自身经济条件，以自有的资金实际出资，持有相应份额。

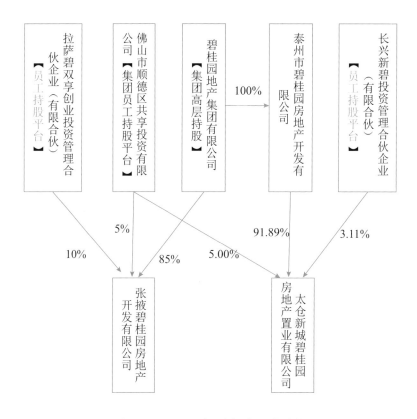

图2-3 "同心共享计划"的股东结构

7. 分红情况："共赢投资企业"及"区域投资企业"持股的"项目公司"在达到以下条件时进行利润分配(同时满足)：

(1) 项目所有建设工程已竣工、已结算完毕；

(2) 可售商品房已销售95%、已销售的商品房交楼率达95%时，分配总利润的95%；项目清算时，分配剩余的5%。

8. 退出规定："项目公司"的可售商品房销售95%后，公司的小股东("共赢投资企业"或"区域投资企业")可向大股东(集团出资母公司)提出退出申请，将股权转让给大股东，退出"项目公司"。

"同心共享计划"让员工出资而享有项目的收益，员工因出资而珍惜，它比成就共享计划更进了一步。其实，它从本质上来说是一种"项目跟投机制"。2014年4月(比碧桂园的共享计划早半年)，万科推行著名的项目跟投制度，开创了房地产公司员工激励的先例，两者的区别如表2-6所示。

表2-6　万科项目跟投与碧桂园同心共享计划的区别

类型	万科项目跟投	碧桂园同心共享	
		总部	区域
强制参与人员	区域公司、城市公司、项目公司管理层	集团董事、各中心负责人及以上级别	1. 区域总经理及其他高管 2. 项目拓展人员 3. 项目负责人
参与限额	跟投总额不超过项目资金峰值的10%	不超过项目的5%	不超过项目的10%
资金来源	自筹资金	自筹+集团贷款	
收益分配	超过门槛才有收益	享受股东收益和承担股东责任	
体现形式	不直接体现为股份	通过总部平台持有项目公司股份	通过地方平台持有项目公司股份
差别	1. 区分集团整体发展与具体的项目； 2. 管理层承担超过股东的责任和风险	1. 只参与具体项目，不参与集团发展； 2. 主要体现对员工的激励和公司的让利； 3. 员工没有太多选择权，被动参与； 4. 集团提供一定的贷款支持	

二、增量虚拟合伙

案例2-4　永辉超市的增量分红合伙

1. 参与资格

店长、店助；四大营运部门人员；后勤人员；固定小时工(工作时间≥192小时/月)。

2. 分红条件(见表2-7)

表2-7　分红条件

类别	分红条件
店长、店助、后勤人员	门店销售达成率≥100%，且利润总额达成率≥100%
营运部门经理、经理助理、部门公共人员	部门销售达成率≥95%，且部门毛利达成率≥95%
营运部门各课组人员	课组销售达成率≥95%，且课组毛利达成率≥95%

3. 分配方式(见表2-8)

门店奖金包=门店利润总额超额×30%

门店利润总额=实际值-目标值

门店奖金包上限：门店奖金包≥30万元时，发放30万元

表2-8　分配方式

职级	各职级奖金包分配
店长、店助	门店奖金包×8%
经理级	门店奖金包×9%
课长级	门店奖金包×13%
员工级	门店奖金包×70%

4. 分配系数：按部门毛利达成率的排名情况，确定各部门对应分配系数(见表2-9)

表2-9　分配系数

部门毛利额达成率排名	分配系数
第1名	1.5
第2名	1.3
第3名	1.2
第4名	1.1
后勤部门	1.0

举例：某超市第一季度全店销售达成率为104.7%，利润总额达成率为102.3%，符合激励计划且假设该超市利润超额33万元，因此门店合伙人奖金包总额为10万元(33万元×30%)，门店分配如表2-10所示。

表2-10　门店分配

部门	店长级人数	经理级人数	课长级人数	员工级人数	销售达成率	利润总额达成率	毛利达成	毛利达成率排名	对应分配系数	超额利润总额	门店合伙人奖金包
全店	1	10	26	147	104.7%	102.3%				33万	10万
生鲜	–	2	7	60	110.2%		109.8%	第1名	1.5		
服装	–	2	6	12	102.1%		101.4%	第2名	1.3		
食品	–	2	7	15	98.7%		98.2%	第3名	1.2		
加工	–	1	2	10	95.6%		95.3%	第4名	1.1		
后勤	–	3	4	50					1.0		

5. 分配奖金：各职级奖金包如表2-11所示。

表2-11　各职级奖金

职级	门店奖金包/元	分配比例/%	奖金包/元
店长级		8%	8000
经理级	100 000	9%	9000
课长级		13%	13 000
员工级		70%	70 000

有资格参与分红的部门、课组总份数核算如表2-12所示(其中达成课组：生鲜部3个、服装部2个)。

表2-12　有资格参与分红的部门、课组总份数核算

部门	店长级	经理级			课长级			员工级		
		人数	系数	总份数	人数	系数	总份数	人数	系数	总份数
店长	1									
生鲜部		2	1.5	3.0	3	1.5	4.5	40	1.5	60.0
服装部		1	1.3	1.3	2	1.3	2.6	10	1.3	13.0
食品部		1	1.2	1.2	2	1.2	2.4	10	1.2	12.0
加工部		1	1.1	1.1	1	1.1	1.1	5	1.1	5.5
后勤部		1	1.0	1.0	2	1.0	2.0	20	1.0	20.0
合计	1	6		7.6	10		12.6	85		110.5

于是，各部门人均奖金测算如表2-13所示。

表2-13　各部门人均奖金测算表　　　　　　　　　　　元

部门	店长级	经理级	课长级	员工级
店长	8000			
生鲜部		9000/7.6×1.5≈1776	13 000/12.6×1.5≈1547	70 000/110.5×1.5≈950
服装部		9000/7.6×1.3≈1549	13 000/12.6×1.3≈1341	70 000/110.5×1.3≈824
食品部		9000/7.6×1.2≈1421	13 000/12.6×1.2≈1238	70 000/110.5×1.2≈760
加工部		9000/7.6×1.1≈1303	13 000/12.6×1.1≈1135	70 000/110.5×1.1≈697
后勤部		9000/7.6×1.0≈1184	13 000/12.6×1.0≈1032	70 000/110.5×1.0≈633

假如，生鲜部某员工月平均工资为4500元，第1季度可以分到950元，相当于增加月绩效(浮动)工资317元，增幅约为7.04%!

永辉超市的增量分红合伙方式本质上来说是全员分红激励的模式,能把基层员工的积极性调动起来,但任何方案都有它的不足之处和风险。假如超市人流量饱和、超市增量达天花板时怎么办?业绩好的超市的店长不愿被调到亏损或新开业的超市,如何处理?

这些问题都要通过活的游戏规则来解决!

一方面,碧桂园存量合伙在企业效益好的时候激励效果不错,对于那些拿了大把的分红而成为千万富翁的核心员工来说,不思进取,追求享受,不愿提着脑袋干革命,这才是可怕的。另一方面,碧桂园只要聚焦于房地产这个赛道的话,业绩增长一定会遇到天花板,届时核心员工离职潮将不可避免。

案例2-3和案例2-4都是大公司的做法,什么样的方案适用于中小企业呢?在此笔者分享两个具体的虚拟股激励方案(见案例2-5、案例2-6)及一个虚拟股协议(见案例2-7)。

案例2-5 某眼镜公司的在职分红管理制度(节选)

某眼镜公司位于江苏丹阳市,成立于2009年4月,注册资金为100万元,公司有研发设计部、市场营销部、生产部、财务部及行政部5个部门,共有员工81人。2018年公司营业收入3100万元,毛利率28.5%。

一、激励对象

公司员工中主管级以上的管理层员工(试用期已满)。

二、激励期限

本激励方案自公司股东会审议通过后实施,考核期为2019年1月1日至12月31日,年底根据公司当年的产量与考核情况执行一次,之后每年的具体激励实施计划公布及实施时间为2月1日至2月28日。

三、在职分红方案

1. 分配方案

用于在职分红激励的年产量基准点为达到25万副眼镜,且当每副眼镜的基准利润达到10元时,或成本控制在2元/副以下时,公司从每副眼镜的利润中提取1元,即总额为25万元,按照各激励对象权重,并结合绩效考评得分系数进行分配;当年产量超过25万副时,超额部分按1.2元/副进行分配。如公司年产量未达到25万副，则本在职分红激励方案将不实施。具体分配方案如表2-14所示。

表2-14 分配方案

每副眼镜的基准利润为10元，当产量达标时，按照1.0元/副进行分红				
时间	2019年	2020年	2021年	2022年
产量(目标)/副	250 000	300 000	380 000	450 000
达标奖励金额/元/副	1.0			
超额奖励金额/元/副	1.2			

2. 各激励对象具体授予额度(见表2-15)

表2-15 各激励对象具体授予额度

经理	生产经理(10%)、工程经理(10%)	20%
主管	车间主任3名(各6%)、人事主管(2%)	20%
专员	财务(3%)、采购(3%)、计划(3%)、仓库(2%)	11%
技术骨干	组长、师傅8人(每个人1.2%)、核心工人10人(每人1%)	19.6%
其他员工	技师一级、二级、三级共20人(分别为1200元、1000元、800元)；普通员工每人500元	29.4%

公司按照岗位重要性原则将目前公司的拟激励对象按表2-15划分各自分红权重占比。

3. 绩效考评

员工个人在职分红系数与绩效考核得分对应，如表2-16所示。

表2-16 绩效考评

年度绩效考核得分(X)	在职分红系数
$X \leq 70$分	0
70分$< X \leq 85$分	0.6
85分$< X \leq 95$分	0.9
95分$< X \leq 100$分	1.1
100分$< X \leq 120$分	1.3
$X > 120$分	1.5

4. 分红公式

个人分红=目标产量×1元/副×个人占比×个人绩效考核系数+(实际完成产量-目标产量)×1.2元/副×个人占比×个人绩效考核系数

举例：2019年公司实际完成产量28万副眼镜，车间主管A当年绩效平均得分为96分，则该车间主管年终分红=250 000×1.0×6.0%×1.1+(280 000-250 000)×1.2×6.0%×1.1=16 500+2376=18 876(元)。

5. 支付方式

(1) 若被激励对象上一年的在职分红低于3万元，则一次性发放；

(2) 若被激励对象上一年度的在职分红大于3万元，则采用7∶3原则递延支付(即在两年之内，考核的当年发放70%，第二年发放30%)；

(3) 本激励方案下的分红在每年2月28日前发放，公司在向激励对象发放分红时(以工资的形式发放)，有权按照相关法律的规定代扣代缴相应的个人所得税。

6. 退出机制

在本激励方案有效期内，如发生以下事由(包括但不限于)之一，激励对象将自动丧失激励资格，公司取消其在职分红激励资格。

(1) 自行离职；

(2) 死亡或被宣告死亡，丧失民事行为能力；

(3) 因不能胜任员工工作岗位(职位)、违背职业道德、失职渎职、损害公司利益或声誉而导致的降职、调岗、解除合同关系；

(4) 公司有足够的证据证明激励对象在公司任职期间，由于受贿索贿、贪污盗窃、泄露公司经营和技术秘密、损害公司声誉等行为，给公司造成损失；

(5) 以任何形式(直接或间接)从事与公司或其下属公司、关联公司相同或相近的业务；

(6) 违反公司章程、公司管理制度、保密制度、与公司签署的保密及竞业限制协议等；

(7) 违反国家法律法规并被处以行政处罚或刑事处罚；

(8) 从事其他被公司股东会认定的不当行为。

对于上述第(4)、(5)、(6)及(7)项，公司保留起诉的权利。

案例2-6 某电动车芯片研发公司动态虚拟股设计方案(节选)

某公司成立于2014年10月，注册资金1000万元，是从事电动车芯片研发、销售的高新技术企业，员工131人。2018年3月公司股东会决定对核心员工进行股权激励时采取"先虚后实"的方案，即公司先通过虚拟股总结经验，选拔出认同公司的奋斗者，再进行实股激励。

一、增发数量

1. 公司首期增发180万股虚拟股，激励对象获得的虚拟股额度如表2-17所示；

2. 首期虚拟股额度用完后启动第2期及后面的期次，如表2-18所示。

表2-17 职级(岗位)与虚拟股额度对应表

P职级	M职级	虚拟股额度/股
P8：首席工程师	M6：总经理/研发总监	250 000
P6：资深工程师/资深设计师	M4：副总经理/销售总监	200 000
P5：高级工程师/高级设计师	M3：经理级别/产品经理/研发组长/实验室主任	150 000
P4：工程师：材料工程师/结构工程师/设计师	M2：主管级	80 000

表2-18 虚拟股增发期次及虚拟股东饱和配股表

虚拟股增发	净利润/万元	额度/万股	饱和配股额度		认购价格/元/股
			老股东/万股	新股东/万股	
第1期	3000以下	200	200	—	1.0
第2期	3000(含)～5000	100	40	60	1.2
第3期	5000(含)～7000	80	30	50	1.5
第4期	7000(含)～9000	50	20	30	2.0

二、授予价格

1. 首期激励对象的认购价格：1.0元/股，根据被授予的个人虚拟股的额度(包括饱和配股的人员)，激励对象需在15日内出资购买，逾期视同放弃。

2. 第2期及以后期次的激励对象的认购价格如表2-18所示。

3. 新股东及具有饱和配股资格的老股东，对应获得一定额度的虚拟股，详见表2-18的规定。

三、饱和配股

自第2期及以后的期次实行饱和配股，即老股东可以按照表2-18的要求认购后期一定额度的虚拟股。

1. 定义界定：饱和配股是指当公司净利润达到下一期虚拟股增发条件时，已享有虚拟股激励的老股东，有权按照一定的比例进行配股而获得对应的虚拟股额度，经过1年的考核解锁后确定其实际的虚拟股数量，然后出资购买；

2. 转入累加：上一期授予的虚拟股额度及解锁后的实际虚拟股数量未全部用完的，未用完部分可以转入下一期虚拟股股权池中累加，同时每股价格按照最新增发期数执行。

四、出资要求

1. 虚拟股额度需支付对价出资购买；

2. 出资分一次性出资或分期出资，分期出资的最低比例不得低于60%，剩余的在第一期出资完毕后6个月内完成。对于分期出资的激励对象，其分红打折，按照实际出资比例享有公司的分红。

五、解锁规定

1. 首批激励对象的考核等级决定了其解锁条件，即虚拟股额度分两年解锁，第1年解锁50%，第2年解锁50%，解锁年度为2018年和2019年两年。

2. 激励对象年度考核等级为B+及A的，虚拟股自动解锁。

3. 年度考核等级为B的，80%解锁，未解锁的出资款无息退回。

4. 年度考核为C或D等级的，激励对象本年度的虚拟股额度取消，原出资款全部无息退还。具体规定如表2-19如示。

表2-19　考核等级与解锁条件的关系表

考核等级	实际虚拟股数量(股)	出资款的退回
A	100%×个人虚拟股额度	无
B+		
B	80%×个人虚拟股额度	出资款-80%×个人虚拟股额度
C/D	无	全额退回

举例：A员工被授予虚拟股额度8.0万股，价格为1.0元/股，出资款为8.0万元，分两年解锁，每年解锁50%。

假如A员工2018年度考核等级为B，则该年度实际解锁的虚拟股数量=8.0万股×50%×80%=3.2万股，当年公司应退还激励对象出资款金额=4.0万元-3.2万元=0.8万元。

六、分红规定

公司以净利润为分红的前提。

1. 净利润与分红比例的关系，如表2-20所示。

2. 虚拟股分红金额=个人持有的虚拟股数量/公司虚拟股总数量×净利润×分红比例。

表2-20　净利润与分红关系表

序号	净利润X/元	分红比例
1	$X<3000万$	—
2	$3000万≤X<4000万$	6%
3	$4000万≤X<5000万$	7%
4	$5000万≤X<6000万$	8%
6	$X≥6000万$	9%

举例：假如2019年公司经外部审计后确定净利润为4500万元，公司虚拟股总数量为100万股，A员工经解锁后的实际虚拟股数量为10万股，则A员工虚拟股分红=10/100×4500×7%=31.5(万元)。

3. 公司财务部于每年春节前核算上一年的净利润，激励对象虚拟股的分红在春节前与年终奖合并发放，公司代扣代缴激励对象分红所产生的个人所得税。

七、财务规定

1. 为确保被激励对象的知情权及保证财务的公开透明，公司也可邀请外部会计师事务所对财务报表进行审计，财务数据的采集以经审计后的报表为准。

2. 虚拟股的财务做账规则如下：

(1) 入股时，收到激励对象出资款

　　借：现金/银行存款

　　　　贷：长期应付款——虚拟股(激励对象××)

(2) 退股时，支付激励对象的原值及利息

　　借：长期应付款——虚拟股(激励对象××)

　　借：长期应付款——利息(激励对象××)

　　借：应交税费——虚拟股个人所得税

　　　　贷：现金/银行存款

3. 公司每年向激励对象公示年度财务报表(包括资产负债表、利润表和现金流量表)及主要的管理费用明细；公示公司的负债情况及债务担保情况；公示股权融资与股权质押情况；公示外部投资人拟入股情况及其他与激励对象利益有关的事项。

八、退出规定

公司的虚拟股东退出分成4类，分别是正常退出、非正常退出、调动退出和中止退出。笔者重点分享一下正常退出(如表2-21所示)的操作思路，其他三类

退出省略。

表2-21　退出的核算明细表

类别＼项目	退出金额	退出后分红	办理时间
离职	自签订《虚拟合伙协议》起算 ①未满2年的，按90%入股金无息退出； ②满2年的，按表2-19执行	无	办妥手续后30日内办理完毕
退休	退股，且按表2-19执行	按持股比例继续发1年	
丧失劳动能力/因公死亡	退股，且按表2-19执行	按持股比例继续发1年，给本人或指定受益人	
任职期满且未离职	①回购其持有的30%股份，按表2-19执行； ②离职，表2-19执行	按实际持有比例发放	

退出金额按表2-22执行。

表2-22　年数与退出定价的对应关系

年数X	退出金额/元
$X<2$	90%×入股金总额
$2\leqslant X<4$	120%×入股金总额
$4\leqslant X<6$	130%×入股金总额
$X\geqslant 6$	150%×入股金总额

举例：员工甲于2018年4月，签订与本制度相关的协议，拥有8万股虚拟股，出资8万元；2019年拥有公司饱和配股1万股虚拟股，出资1.2万元。2021年6月，因个人原因主动提出离职，解锁后共持有9万股虚拟股，总出资9.2万元。公司同意其离职申请，因此员工甲退出所得=9.2×1.2=11.04(万元)。

表2-22所指的年数指自激励对象签订本制度及《虚拟合伙协议》起算的时间。

退休是指激励对象在公司累计工作时间≥10年。退休的年龄规定按国家相关政策执行，须取得政府相关部门颁发的退休证。

离职是指公司与激励对象解除或终止劳动合同而发生的行为。

丧失劳动能力指激励对象不能正常工作。

以上退出均核算利息，即参考银行同期存款利率计息。

九、数据测算

数据测算过程详见表2-23～表2-26。

表2-23 数据测算1

假设条件	净利润/万元	注册资本/万元
2018年	3343	1000
2019年	4346	1000
2020年	5650	1000

第1期增发/万股	
总数	180.00
老股东	169.00
剩余	13.50

第2期增发/万股	
总数	100.00
老股东	40.00
新股东	42.00
剩余	18.00
上期转入	13.50
预留	31.50

第3期增发/万股	
总数	80.00
老股东	30.00
新股东	32.00
剩余	18.00
上期转入	31.50
预留	49.50

增发	净利润/万元	额度/万股
第1期	3000以下	180
第2期	3000(含)～4000	100
第3期	4000(含)～6000	80
第4期	6000(含)以上	50

净利润/万元	分红比例
$X < 3000$	——
$3000 \leqslant X < 4000$	5.0%
$4000 \leqslant X < 5000$	6.0%
$5000 \leqslant X < 6000$	7.0%

表2-24 数据测算2

序号	姓名	职级/岗位	入职时间	虚拟股额度/万股	出资金额/万元	每股价格/元/股	考核等级	50%解锁/万股	退回金额/万元	50%解锁出资/万元	分红预测/万元	分红系数	实际分红/万元
							2018年底解锁50%，第1期实际增发169万股						
1	A	M1/总经理	10/7/2014	25.00	25.00	1.00	A	12.50	0.00	12.50	11.61	1.00	11.61
2	B	M1/研发总监	4/6/2015	25.00	25.00	1.00	B	10.00	2.50	10.00	9.29	1.00	9.29
3	C	M1/销售总监	3/9/2015	20.00	20.00	1.00	A	10.00	0.00	10.00	9.29	1.00	9.29
4	D	M3/产品经理	9/4/2015	15.00	15.00	1.00	A	7.50	0.00	7.50	6.96	1.00	6.96
5	E	M3/财务经理	11/13/2014	15.00	15.00	1.00	A	7.50	0.00	7.50	6.96	1.00	6.96
6	F	M3/实验室主任	4/8/2016	15.00	15.00	1.00	A	7.50	0.00	7.50	6.96	1.00	6.96
7	G	M3/研发组长	10/12/2015	15.00	15.00	1.00	A	7.50	0.00	7.50	6.96	1.00	6.96
8	H	P5/高级工程师	6/1/2016	15.00	15.00	1.00	A	7.50	0.00	7.50	6.96	1.00	6.96
9	I	P4/材料工程师	11/28/2016	8.00	8.00	1.00	A	4.00	0.00	4.00	3.71	1.00	3.71
10	G	P4/结构工程师	3/30/2015	8.00	8.00	1.00	A	4.00	0.00	4.00	3.71	1.00	3.71
11	K	M2/综合管理部主管	11/11/2015	8.00	8.00	1.00	A	4.00	0.00	4.00	3.71	1.00	3.71

表2-25 数据测算3

2018年授予的剩余50%解锁				2019年初			2019年底解锁50%，根据2018年业绩第2期实际增发82万股额度						2019底分红测算			
2018年50%解锁/万股	每股价格/元/股	退回金额/万元	20%解锁出资/万元	2019年初持有股数/万股	2019年初饱和配股或2018年入职员工/万股	等待期/年	考核等级	2019年底饱和配股解锁/万股	每股价格/元/股	饱和配股出资/万元	2019年底持有股数/万股	分红预测/万元	分红系数	实际分红/万元
12.50	1.00	0.00	12.50	25.00	6.01	1.00	A	6.01	1.20	7.21	31.01	28.88	1.00	28.88
12.50	1.00	0.00	12.50	22.50	5.41	1.00	A	5.41	1.20	6.49	27.91	25.99	1.00	25.99
10.00	1.00	0.00	10.00	20.00	4.80	1.00	A	4.80	1.20	5.77	24.80	23.10	1.00	23.10
7.50	1.00	0.00	7.50	15.00	3.60	1.00	A	3.60	1.20	4.32	18.60	17.33	1.00	17.33
7.50	1.00	0.00	7.50	15.00	3.60	1.00	A	3.60	1.20	4.32	18.60	17.33	1.00	17.33
7.50	1.00	0.00	7.50	15.00	3.60	1.00	A	3.60	1.20	4.32	18.60	17.33	1.00	17.33
7.50	1.00	0.00	7.50	15.00	3.60	1.00	A	3.60	1.20	4.32	18.60	17.33	1.00	17.33
7.50	1.00	0.00	7.50	15.00	3.60	1.00	A	3.60	1.20	4.32	18.60	17.33	1.00	17.33
4.00	1.00	0.00	4.00	8.00	1.92	1.00	A	1.92	1.20	2.31	9.92	9.24	1.00	9.24
4.00	1.00	0.00	4.00	8.00	1.92	1.00	A	1.92	1.20	2.31	9.92	9.24	1.00	9.24
4.00	1.00	0.00	4.00	8.00	1.92	1.00	A	1.92	1.20	2.31	9.92	9.24	1.00	9.24

表2-26 数据测算4

2020年初饱和配股或2019年入职员工股/万股	等待期/年	2020年底饱和配股，2020年底解锁					2020年底分红测算			3年总分红/万元	平均分红/万元	总出资/万元	年投资回报率(ROI)
		考核等级	2020年底饱和股解锁/万股	每股价格/元/股	饱和配股出资/万元	2020年底持有股数/万股	分红预测/万元	分红系数	实际分红/万元				
3.74	1.00	A	3.74	1.50	5.61	34.75	38.18	1.00	38.18	78.66	26.22	37.82	69.32%
3.37	1.00	A	3.37	1.50	5.05	31.27	34.36	1.00	34.36	69.63	23.21	34.04	68.19%
2.99	1.00	A	2.99	1.50	4.49	27.80	30.54	1.00	30.54	62.93	20.98	30.26	69.32%
2.25	1.00	A	2.25	1.50	3.37	20.85	22.91	1.00	22.91	47.20	15.73	22.69	69.32%
2.25	1.00	A	2.25	1.50	3.37	20.85	22.91	1.00	22.91	47.20	15.73	22.69	69.32%
2.25	1.00	A	2.25	1.50	3.37	20.85	22.91	1.00	22.91	47.20	15.73	22.69	69.32%
2.25	1.00	A	2.25	1.50	3.37	20.85	22.91	1.00	22.91	47.20	15.73	22.69	69.32%
2.25	1.00	A	2.25	1.50	3.37	20.85	22.91	1.00	22.91	47.20	15.73	22.69	69.32%
1.20	1.00	A	1.20	1.50	1.80	11.12	12.22	1.00	12.22	25.17	8.39	12.10	69.32%
1.20	1.00	A	1.20	1.50	1.80	11.12	12.22	1.00	12.22	25.17	8.39	12.10	69.32%
1.20	1.00	A	1.20	1.50	1.80	11.12	12.22	1.00	12.22	25.17	8.39	12.10	69.32%

该公司在走上坡路，员工购买虚拟股的积极性空前高涨，纷纷出资购买虚拟股。从表2-26可以看出，截止到2020年12月31日，首批虚拟股激励对象的年投资回报率高达69.32%!

案例2-7 员工虚拟股激励协议

甲方：××公司

住所地：

法定代表人：

联系电话：

乙方：

岗位/职务：

公民身份号码：

联系地址：

联系电话：

乙方系甲方员工，鉴于乙方以往对甲方的贡献和为了激励乙方更好地工作，也为了使××公司进一步提高经济效益，经双方友好协商，双方同意甲方以虚拟股权(干股)的方式对乙方的工作进行奖励和激励。为明确双方的权利义务，特订立以下协议。

一、定义

1. 股东是指出资成立公司的自然人或法人，股东享有股权。

2. 股权：指××公司在工商部门登记的注册资本金，总额为人民币××万元，一定比例的股权对应相应金额的注册资本金。

3. 虚拟股权(干股)：指公司对内名义上的股权，本质为员工绩效薪酬。虚拟股权拥有者并不等同甲方在工商部门注册登记的实际股东，虚拟股权的拥有者仅享有参与公司年终净利润的分配权，而无所有权和其他权利。此虚拟股权对内、对外均不得转让，不得继承。

4. 分红：指××公司按照《中华人民共和国公司法》及公司章程的规定可分配的税后净利润总额，各股东按所持股权比例进行分配所得的红利。

二、协议标的

甲方决定授予乙方××%或××万元的虚权股权，每股为人民币壹元整。

1. 乙方取得的××%的虚拟股权不变更甲方公司章程，不记载在甲方公司的股东名册，不做工商变更登记。乙方不得以此虚拟股权对外作为拥有甲方股权或其他资产的依据。

2. 每年度会计结算终结后，甲方按照公司法和公司章程的规定计算出上一年度公司可分配的税后净利润总额。

3. 乙方可得分红等于乙方的虚拟股比例乘以可分配的净利润总额。

三、协议的履行

1. 甲方应在每年的××月份进行上一年度会计结算，得出上一年度税后净利润总额，并将此结果及时通知乙方。

2. 乙方在每年度的××月份享受分红。甲方应在确定乙方可得分红后的10个工作日内，将可得分红的50%支付给乙方。

3. 乙方的可得分红应当以人民币形式支付，除非乙方同意，甲方不得以其他形式支付。

4. 乙方可得分红的其他部分暂存甲方账户并按同期银行利率计息，按照下列规定支付或处理：

(1) 本合同期满时，甲、乙双方均同意不再继续签订劳动合同的，乙方未提取的可得分红在合同期满后的三年内，由甲方按每年三分之一的额度支付给乙方。

(2) 本合同期满时，甲方要求续约而乙方不同意的，乙方未提取的可得分红的一半由甲方在合同期满后的五年内平均支付，可得分红的另一半甲方可不予发放。

(3) 乙方提前终止与甲方签订的劳动合同或者乙方违反劳动合同的有关规定或甲方的规章制度而被甲方解职的，乙方未提取的可得分红不予发放，乙方无权提取和要求支付。

5. 乙方在获得甲方授予的虚拟股同时，仍可根据甲乙双方签订的劳动合同享受甲方给予的其他待遇，但双方另有约定的除外。

四、协议期限以及与劳动合同的关系

1. 乙方在本合同期限内可享受此××%虚拟股权的分红权。本合同期限为××年，于××××年××月××日开始，并于××××年××月××日届满。

2. 合同期限的续展：本合同于到期日自动终止，除非双方在到期日之前签署书面协议，续展本合同期限。

3. 本协议与甲乙双方签订的劳动合同相互独立。

4. 乙方在获得甲方授予的虚拟股权的同时，仍可享受与甲方签署的劳动合同内的待遇。

五、协议的权利义务

1. 甲方应当及时提供有关年度税后净利润的相关财务报表。

2. 甲方应当及时、足额给乙方支付可得分红。

3. 乙方对甲方负有忠实义务和勤勉义务，不得有任何损害公司利益和形象的行为。

4. 乙方对本协议的内容承担保密义务。

5. 若乙方离开甲方公司，或者依据第六条变更、解除本协议，乙方仍应遵守本协议第三条第4项约定。

六、协议的变更、解除和终止

1. 甲方可根据乙方的工作情况将授予乙方的××%虚拟股权部分或者全部转化为实际股权，但双方应协商一致并另行签订股权转让协议。

2. 甲乙双方应协商一致同意，以书面形式变更或者解除本协议内容。

3. 乙方违反本协议义务，给甲方造成损害的，甲方有权书面通知乙方解除本协议。

4. 乙方有权随时通知甲方解除本协议。

5. 甲方公司解散、注销或者乙方死亡的，本协议自行终止。

七、违约责任

1. 如甲方违反本协议约定，迟延支付或者拒绝支付乙方可得分红的，应按可得分红总额的××%对乙方承担违约责任。

2. 如乙方违反本协议约定，甲方有权视情况相应减少或者不支付给乙方可得分红，并有权解除本协议。给甲方造成损失的，乙方应当承担赔偿责任。

3. 如乙方违反《劳动合同法》第××条，甲方有权提前解除本协议。

八、争议的解决

因履行本协议发生争议的，双方首先应当通过友好协商来解决。如协商不成，则将该争议提交甲方所在地劳动仲裁机构及人民法院裁决。

九、协议生效

甲方全体股东一致同意是本协议的前提，《股东会决议》是本协议生效之必要条件。本协议一式××份，自双方签字或盖章之日起生效。

甲方全体股东(签署)：　　　　　　　　　　乙方(签署)：

日期：　　年　月　日　　　　　　日期：　　年　月　日

第二节
事业合伙(BP)

合伙的目的是选出与企业同频的奋斗者。假如永辉超市优秀的店长只能得到增量分红，假如碧桂园的项目合伙人只能得到存量分红，那么这些奋斗者在企业就缺乏拥有感，只能抱有打工者的心态，最终人才流失则成为必然。

如何留住这些经过战争洗礼的奋斗者，做到留人、留心、留价值呢？比虚拟合伙更高级的合伙模式是什么呢？

这就是本节所讲的"事业合伙(BP)"，即让通过虚拟合伙选拔出来的奋斗者成为企业的股东，但企业不丧失控股权。

一、事业合伙的操作步骤：落地5步法

事业合伙落地5步法如图2-4所示。

图2-4　事业合伙落地5步法

(一) 估值

对于企业家而言，无论你引进投资人还是做内部合伙，首先要解决的问题是公司值多少钱的问题，然后才是出资与占比。你估值太高，别人不愿意出资；你估值太低，心有百般的不甘。

估值有两个概念需要厘清，即投前估值(Pre-Money Valuation)和投后估值(Post-Money Valuation)。两者关系是：投后估值=投前估值+投资金额。

例如，某投资人给某公司估值1亿元，准备投1500万元，此时投资人的估值1亿元指的是投后估值，即投资人希望用1500万元买下公司15%的股份。如果公司认为1亿元的估值是投前估值的话，那么对应的投后估值就是1.15亿元，于是投资人的1500万元只能买到公司股份的13%(1500/11 500)。两者相差了2%。

在实际操作中，投资人给的估值若没有进行特别说明，一般均指投后估值。

那么企业经常采用的估值方法或工具有哪些呢？如图2-5所示。

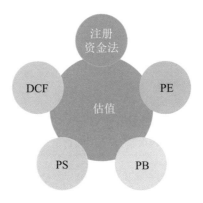

图2-5　企业经常采用的估值方法

1. PE(市盈率法，见表2-27)

表2-27　PE(市盈率法)

公式	企业价值＝企业净利润×市盈率倍数
适用	上市公司及有利润的行业
优点	• 测算直观、简便； • 所需使用的估值数据往往取自股市，易于获得
缺点	• 对于亏损企业而言，市盈率法缺乏运用条件； • 在企业创业初期或开拓出一个全新的细分产业时，由于缺乏合理的预计盈余，市盈率法的使用会受到很大限制

2. PB(市净率法，见表2-28)

表2-28　PB(市净率法)

公式	企业价值=企业账面净资产×市净率倍数
适用	重资产、现金需求大、利润较低、资金回笼时间长的行业
优点	• 不必考虑资产的收益状况，从而减少了应用过程中对盈利和分红的要求，也相应地避免了市盈率法对微利或亏损公司估值的无能为力； • 数据取得方便、计算简单
缺点	• 由于各企业所采用的会计政策不同，账面价值较易被操纵，不同企业净资产缺乏可比性； • 来自财务报表的净值是一种历史成本，它与企业创造未来收益的能力的相关性很小，导致估值结果相关性较差； • 忽视了品牌、人力资源、管理水平等一些重要的价值驱动因素

3. PS(市销率法，见表2-29)

表2-29　PS(市销率法)

公式	企业价值 = 企业销售收入×市销率倍数
适用	以利润为负的互联网、平台型企业为代表
优点	• 销售收入最稳定，波动性小； • 收入不会出现负值，不会出现没有意义的情况
缺点	• 无法反映公司的成本控制能力； • 未考虑企业的盈利水平

4. DCF(自由现金流量折现法，见表2-30)

表2-30　DCF(自由现金流量折现法)

公式	公司的价值是预期未来自由现金流的折现值 $DCF=EBIT\ (1-X)+D-CE-\triangle WC+\triangle Debt$ ($EBIT$=息税前利润，X=税率，D=折旧，CE=资本性支出，$\triangle WC$=营运资本的变化量，$\triangle Debt$=负债的增加)
优点	自由现金流量能很好地衡量企业的盈利能力，该模型可以从根本上体现企业价值
缺点	• DCF模型对未来自由现金流预测的准确性较差，评估者基于不同的理解在具体计算自由现金流的过程中容易出现较大偏差； • DCF模型作为公司的整体估值方法，对没有取得企业控制权的个人投资者并不适合

5. 注册资金法(见表2-31)

表2-31 注册资金法

公式	企业价值＝企业注册资金×倍数
优点	• 核算简单，倍数一般是1.0倍以上； • 适用于刚创业的企业
缺点	• 创始人认缴而投资人实缴，对投资人不公平； • 仅考虑资本的价值，未考虑人力价值

案例2-8 **某公司估值如何确定：投2500万元占多少股份？**

A公司成立于2015年8月，注册资金为2000万元，是主营光电智能选料设备的高新技术企业，拥有近10个行业发明专利，员工34人，其中研发人员占70%以上。

A公司近3年来一直处于投入期，2018年12月31日的利润表摘要(如表2-32所示)显示亏损约346万元。A公司因在色选机设备上技术领先，园区管委会免费给予1000平方米的办公用房。2018年A公司向政府申请的补贴超过106万元。

表2-32 利润表摘要 元

项目	本月金额	本年累计金额
一、营业收入	1 121 185.04	10 606 794.21
减：营业成本	1 085 087.10	6 548 355.14
税金及附加	18 591.90	174 748.24
销售费用	375 959.19	3 467 729.00
管理费用	622 219.50	4 933 745.69
财务费用	1 620.97	17 769.99
投资收益(损失以"-"填列)	0.00	14 468.82
二、营业利润(亏损以"-"号填列)	-982 293.62	-4 521 085.03
加：营业外收入	119 912.75	1 064 159.10
减：营业外支出	0.00	742.70
三、利润总额(亏损以"-"号填列)	-862 380.87	-3 457 668.63
减：所得税费用	0.00	0.00
四、净利润(亏损以"-"号填列)	-862 380.87	-3 457 668.63

2019年2月，B投资机构看好A公司的发展前景及技术团队，决定投资2500万元入股。经测算A公司将于3年后，即2022年盈利，双方讨论后确定以2022年净利润3000万元为估值基数。且考虑行业同等规模类似的非上市公司的平均市盈率

(PE)为10~15，确定A公司PE=10。

出于对2500万元投资所面临风险的补偿，B投资机构要求至少有40%的投资回报率，根据A公司的相关数据测算如表2-33所示。

表2-33　相关数据测算

1	终值=评估年的估值基数×PE=3000万元×10	3.0亿元
2	现值=终值/(1+目标投资回报率)³=3亿元/(1+40%)³	约1.1亿元
3	所需股份比例=投资金额/现值=0.25亿元/1.1亿元	约22.73%
4	新增股数=(2000万股×22.73%)/(1 − 22.73%)	约588万股
5	新股每股价格=2500万元/588万股	约4.25元/股
6	投前企业估值=2000万股×4.25元/股	8500万元
7	投后企业估值=2588万股×4.25元/股	约1.1亿元

一般公司到这一步就结束了，但对于B投资机构来说，必须推演测算下员工持股平台、后几轮融资所带来的股权稀释问题，即专业上所称的"留存率"。

假如A公司未来员工持股平台占10%，B轮和C轮融资分别稀释20%及10%，B投资机构希望C轮融资后股份比例不低于18%(即最终股权比例)。于是B投资机构修订方案如表2-34所示。

表2-34　B投资机构修订方案

1	留存率=1/(1+10%)/(1+20%)/(1+10%)	约68.88%
2	目前所需股权比例=最终股权比例/留存率=18%/68.88%	约26.13%
4	调整后的新股数量=(2000万股×26.13%)/(1 − 26.13%)	约707万股
5	调整后的新股每股价格=2500万元/707万股	约3.53元/股

经过讨价还价，最终B机构投入2500万元，持有A公司26.13%的股份。

假如3年后A公司净利润少于3000万元怎么办？对于投资机构来说，这就需要对估值进行修订了，这就是对赌的来源。

假如高于3000万元呢？实际操作中一般投资机构会把一部分股份给A公司的经营团队予以激励，或者给予一定的现金奖励。这种情况下，大家双赢。

案例2-9　某小程序公司的DCF估值法

某小程序公司成立于2017年12月，注册资金为1888万元。2019年1月，外部投资人认同该公司的商业模式，打算投资入股，并进行了估值测算。鉴于该公司成立时间较短，只有2018年的财务数据，故对2019—2022年的主营收入及净利润做出相应的测算，如表2-35所示。

表2-35 2019—2022年的主营收入及净利润测算　　万元

利润表 会计年度截止日：12/31	2018年	2019年	2020年	2021年	2022年
主营业务收入	3309	5281	7653	9025	12 507
增长率	0%	59.6%	44.9%	17.9%	38.6%
减：主营业务成本	2062	3109	4403	5213	7226
主营业务税金及附加	192	307	445	525	727
主营业务利润	1054	1865	2805	3287	4554
毛利率	37.7%	41.1%	42.5%	42.2%	42.2%
加：其他业务利润	50.00	50.00	100.00	100.00	100.00
减：存货跌价损失	0.00	0.00	0.00	0.00	0.00
营业费用	594.65	949.07	1375.31	1621.75	2247.55
管理费用	495.00	582.00	703.00	767.00	801.00
财务费用	55.71	87.28	134.89	162.53	166.14
营业利润	14.82	383.76	826.65	998.50	1605.59
加：投资收益	0.00	0.00	0.00	0.00	0.00
营业外收入	50.00	50.00	50.00	50.00	50.00
减：营业外支出	0.00	30.00	30.00	30.00	30.00
税前利润	64.82	403.76	846.65	1018.50	1625.59
减：所得税	5.83	36.34	76.19	91.66	146.30
实际税率	9.0%	9.0%	9.0%	9.0%	9.0%
净利润	58.99	367.42	770.45	926.84	1479.29

同时对公司2019—2022年FCFF(公司自由现金流)作测算，如表2-36～表2-38所示。

表2-36 2018—2022年FCFF测算表1　　万元

2018年	2019年	2020年	2021年	2022年
234.45	601.12	1064.97	1545.81	2308.26

表2-37 2018—2022年FCFF测算表2

项目	数值
2018—2022年	5
应付债券利率	0.00%
无风险利率R_f	5.00%
β=证券市场的系统风险程度	1.05
R_m=平均风险股票报酬率	10.00%
$K_e = R_f + \beta(R_m - R_f)$	10.25%
税率	24.38%
K_d = 平均债务利率×(1 − 税率) = (短期借款×短期借款利率+长期借款×长期借款利率+长期应付债券×长期应付债券利率)/(长期借款+长期应付债券)×(1−税率)	4.16%
V_e= 股本价值 = 股价×总股本	66 330.00元
V_d=债务价值=短期借款+长期借款+应付债券	11 721.45元
WACC=加权平均资本	9.34%

表2-38 2018—2022年FCFF测算表3

DCF估值	现金流折现值/万元	价值百分比/%
2018—2022年	4639.06	100.00%
企业价值AEV	4639.06	100.00%
+ 非核心资产价值	3231.85	69.67%
– 少数股东权益	0.00	0.00%
注册资金/万元	2000.00	
每股价值/元	3.94	
公司估值	7870.91	169.67%

(二) 选拔

1. 定性

高度认同公司的价值观及企业文化，能独当一面，具有不可或缺性。

2. 定量

可以通过工龄、业绩、岗位、未来价值4个维度来评定。工龄及业绩是对过去贡献的承认，岗位主要基于当下的贡献，而未来价值是最难评定的。例如，有些老员工过去一起打江山，但现在未与时俱进，没有太多的未来价值，而有些新员工经过培养能支撑公司未来的发展。

工龄、业绩和岗位可以量化评估，员工一般没有太大的意见；未来价值有点虚，一般员工会质疑本人未来价值的得分，可能会激励一部分人，但会激怒另外一部分人。因此需要股东们背靠背基于公司未来发展对合伙人做出科学评估，笔者在实践中总结了2P+LV价值模型(即Position、Performance、Length of Service、Value)，案例2-10就是具体的运用。

案例2-10 某企业的合伙价值评估打分模型

某企业成立于2015年10月，主营药品流通及销售业务，是创始人重新创业的项目，注册资金3000万元，创始人打算留住核心员工而导入了合伙计划。

一、持股平台设计

经分析，该企业前期投入较大，2016年销售收入为2235.6万元，净利润为-315.3万元，净资产为-48.95万元，创始人个人转让12%股份用于员工的持股平台。12%的股权分二期释放，三期的每股价格不同，分别是1.0元/股、1.0元/股及1.5元/股，即在第三期时开始有溢价。具体数据如图2-6所示。

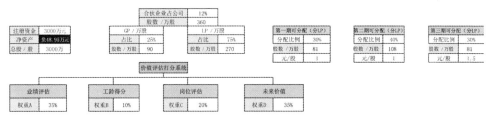

图2-6 某企业的合伙价值评估打分模型

二、合伙人股份数量

经讨论，公司通过"工龄、业绩、岗位及未来价值"4个维度确定合伙人的股份数量，具体数据如表2-39所示。

表2-39 某企业的合伙价值评估打分模型

被评估者	姓名	部门	岗位	业绩评估	工龄得分	岗位评估	未来价值	业绩评估	工龄得分	岗位评估	未来价值	4因素得分	股份分配比例	股数/万股	40%首付/万	第1年/万	第2年/万	第3年/万
合伙人1	A	招商事业部	经理	1.13	55	3.20	7.00	94.44	100.00	100.00	77.78	90.28	13.82%	11.2	4.48	2.24	2.24	2.21
合伙人2	B	招商事业部	经理	1.00	55	3.20	5.00	83.33	100.00	100.00	55.56	78.61	12.03%	9.7	3.90	1.95	1.95	1.95
合伙人3	C	客户中心	经理	1.20	60	2.16	4.00	100.00	91.67	67.50	44.44	73.15	11.20%	9.1	3.63	1.81	1.81	1.81
合伙人4	D	计采中心	经理	1.07	24	2.16	8.00	88.89	43.64	67.50	88.89	80.09	12.26%	9.9	3.97	1.99	1.99	1.99
合伙人5	E	财务中心	经理	1.20	35	2.56	6.00	100.00	63.64	80.00	66.67	80.70	12.35%	10.0	4.00	2.00	2.00	2.00
合伙人6	F	医院事业部	经理	1.20	32	3.20	9.00	100.00	58.18	100.00	100.00	95.82	14.67%	11.9	4.75	2.38	2.38	2.38
合伙人7	G	总经办	经理	1.20	30	2.24	8.00	100.00	54.55	70.00	77.78	81.68	12.50%	10.1	4.05	2.03	2.03	2.03
合伙人8	H	客户中心	核心员工	1.13	38	2.16	5.00	94.44	69.09	67.50	55.56	72.91	11.16%	9.0	3.62	1.81	1.81	1.81
														81.0	32.40	16.20	16.20	16.20

工龄比较客观，打分较容易。

因企业成立以来没有完善的业绩考核体系，业绩得分系数均为1.0。

岗位要体现差异化，从表2-40可以看出招商事业部、医院事业部是为企业带来销售收入的，权重最高。

表2-40　岗位差异化

部门	系数	岗位	系数	得分
招商事业部	2.0	总监	2.0	4.00
		经理	1.6	3.20
		核心员工	1.2	2.40
医院事业部	2.0	总监	2.0	4.00
		经理	1.6	3.20
		核心员工	1.2	2.40
计采中心	1.8	总监	2.0	3.60
		经理	1.6	2.88
		核心员工	1.2	2.16
客户中心	1.8	总监	2.0	3.60
		经理	1.6	2.88
		核心员工	1.2	2.16
财务中心	1.6	总监	2.0	3.20
		经理	1.6	2.56
		核心员工	1.2	1.92
配送中心	1.4	总监	2.0	2.80
		经理	1.6	2.24
		核心员工	1.2	1.68
人力资源部	1.4	总监	2.0	2.80
		经理	1.6	2.24
		核心员工	1.2	1.68
行政部	1.4	总监	2.0	2.80
		经理	1.6	2.24
		核心员工	1.2	1.68

未来价值比较虚，如何打分呢？这个项目只能由股东们(因为该企业股东也参与日常经营，对人员较熟悉)来打分，且要背靠背来打分(如表2-41所示)。

表2-41　未来价值打分表

分数	内容
1～3	价值有限，跟不上时代的发展，不善学习
4～7	还可发挥价值，开发潜力
8～10	高价值

实际操作中企业可以借鉴阿里巴巴的做法，平时要把价值观及能力提升纳入考核，否则不公平或个人倾向会导致好心办坏事。

因为企业进入新的领域，利润为负，目前员工看不到太大的前途，经商议借鉴买房按揭模式，合伙人可以分期出资，例如合伙人A出资11.2万元，首期出资40%，即4.48万元，剩余分3年出资完毕。

经过两年多的发展，这家企业首期合伙人没有一个离职，2018年底盈利1290.5万元，这种方案适用于暂时看不到前途，但创始人还想引入合伙制度的那些企业。但每家企业的情况不一样，我们可以借鉴他人的思路、方法及工具，完全照搬照抄可能适得其反。

3. 推荐

建立推荐机制，这样做可以保持合伙人集体的团结性及价值观的一致性，且给推荐人以荣誉感。因此，我们在做咨询方案时，通常会写上这样一句话："第二批及以后批次选拔的合伙人实行推荐制。"

(1) 由老合伙人中的两名共同推荐，且经合伙人委员会超过2/3(含)成员审核通过后，报公司董事会或执行董事审批；

(2) 第2批及以后批次的启动时间与公司的营业收入及净利润率挂钩。

大家试想下，假如没有人愿意推荐你，是不是要反思下自己哪里做得不到位？是做人还是处事？当然在实际操作中，也有些老合伙人做老好人，碍于面子让不合格的合伙人进入了，如何解决呢？笔者认为做任何事，一定要明晰权责利。

① 导入"结对子"，共同提高，共同进步，对被推荐人的业绩负责；

② 导入"连坐制"，即入伙推荐人要对其价值观负责，要终身追责。

案例2-11　某企业是如何选拔合伙人的？

某企业现有员工500人，老板为了简单起见，按照员工总数的10%，设立了50个合伙人的名额。合伙人选拔的标准是：50%业绩+30%价值观+20%团队意识。

(1) 老板指定15个合伙人。

(2) 全体员工投票选出15个合伙人，得票率超过80%当选。

(3) 要想成为剩下20位合伙人，公司规定须由上述合伙人中的3个联合推荐(类似中国共产党的入党介绍人)，才能成为新的合伙人。

(4) 每两年公司公布合伙人的贡献，通过无记名投票方式淘汰掉5%的合伙人，补充新的合伙人进来。

这种投票当选合伙人的形式是动态的，内部是一个民主体制。因此史玉柱说，合伙人制度本质上是一场民主试验。

(三) 出资

确定员工股份数量及单价后，接下来就是员工出资的环节了。例如，重庆某公司确定了第一轮18名激励对象(最高出资30万元，最低出资8万元)，他们在访谈时都拍着胸脯说出资没问题。但到交钱的那一刻，只有8名激励对象完成缴款。

其中有3名员工交钱很爽快，笔者问他们原因，他们说很看重老板的为人，老板叫我交多少我就交多少，多可爱的员工啊；有4名员工说我刚买了房或买了车，没有闲钱；有3名员工说家人不同意。真是人生百态啊！

因此，出资是合伙落地的一个重要环节，否则一个完美的方案，缺少员工的参与，老板唯有发出"我本将心照明月，奈何明月照沟渠；落花有意随流水，流水无心恋落花"的感叹！

通常来说，员工出资有三种情形，笔者归纳为上策为买、中策为借、下策为送，如图2-7所示。

中策：借

上策：买　1

3　下策：送

图2-7　员工出资三种情形

1. "买"是上策

俗话说，"不掏钱，不交心"，钱在哪里心就在哪里。林冲上梁山入伙还要"投名状"呢。因此员工出资从某种意义上来说，是对老板或公司纳了"投名状"。要让员工知道公司不是缺你这点钱，而是老板要你的一份忠诚。

员工不愿意出资，通常有三种情形，一是不认同公司或老板；二是员工真没钱；三是公司资产太重了，员工掏不起钱。

(1) 第一种情形，表明员工不可能与老板一条心，三观不一致，强扭的瓜不甜。老板对于这类员工的使用，原则上实行"三不原则"，即不重用、不提拔、不加薪，也意味着他在该公司的职业生涯到头了。虽有偏颇，但话糙理不糙！

(2) 第二种情形，在实际操作中可以考虑让员工把部分工资、年终奖、股权分红等收入，分若干年回填其应缴的出资。

还可以考虑引入金融机构，如银行或信托等，替员工一次性完成出资，员工逐月或逐季归还借款利息(注：此类借款如同买房按揭，属于优质的资产，少有坏账且借款利率较优惠)。但在实际操作中要注意三点，一是对于大金额的借款尽量找当地的商业银行，例如农商行；二是需要公司担保(对纳税A级资质的可能免掉)；三是员工要自愿并签订相关的协议。

(3) 第三种情形，重资产公司，员工认同老板但有心无力(如案例2-12所示)。

案例2-12 年薪40万元的高管为何有出资压力？

某公司是山西煤矿开采企业，成立于1999年8月，具有国家颁发的煤矿开采许可证。20年来创始人将企业经营得风生水起的，2005年7月以公司名义购买了土地，盖了总部大楼，当年购地价为2万元/亩(未走招拍挂流程)。截止到2018年6月，此地块经市场评估已上涨到20万元/亩。另外公司对采矿机设备的投入累计高达5.4亿元。

2018年9月该公司注册资金为1亿元，股东为创始人夫妻两人，账面净资产为5.25亿元。2018年10月，该公司启动合伙激励，创始人的目的是"兄弟们跟我很多年，我要给兄弟们一个好归宿"，于是拿出个人10%的股份以账面净资产(公司市场估值为30亿元)价格转让给第一期5名员工，即两位副总经理各2.4%、财务总监2%、运营总监1.8%、公共事务总监1.4%。我们以占股比例最低的公共事务总监为例计算其出资：

(1) 按市场估值的出资=30亿元×1.4%= 4200万元；

(2) 按账面净资产的出资=5.25亿元×1.4%=735万元，即1.75折给员工，可以看出老板的格局及诚意。

问题是出资735万元，对年薪40万元的公共事务总监来说压力太大了！

这不是个案，如何解决呢？因为这类重资产公司成立时间较长，不规范的东西较多，且土地及设备是老板的投资，与高管的直接努力无关。因此可以在重资产公司下面或平行新设轻资产的公司，让上述高管在新公司持股，例如占比30%，用在老公司的业绩来置换新公司的股份，但老公司的业绩依据为增量营收或增量利润，因为存量是老公司历史形成的。

2. "借"是中策

(1) 借是有适用场景的，即你借给谁？借多少钱？如何还？何时还？

在实际操作中仅对两类员工适用：一是对于公司不可或缺的技术研发人员；二是家庭发生重大变故的员工。对于一般销售人员就不要借给他们了。

在借多少钱上，企业家要掌握一个原则，即借可以，但员工得自掏1/3以上。借是有艺术的，精明的企业家会让员工感激涕零，进而努力工作！

(2) 借也有风险，例如，企业家说："我借钱的事，你不要告诉他人。"一般情况下纸是包不住火的，有可能其他员工就知道了。结果其他员工想你借给他为何不借给我，带来不必要的抱怨，好心办坏事。所以借的操作要透明，杜绝暗箱操作。

3. "送"是下策

案例2-13　免费送给李博士的10%的股份=658万元的现金？

某公司是户外用品材料研发企业，张老板在一次全国户外用品博览会上认识一位轻金属运用的李博士，被他对市场的判断及专业谈吐所折服。张老板求贤若渴，力邀其加盟公司，李博士也欣然同意。

为表示诚意，张老板将其持有的10%股份无偿转让给李博士，任命其为技术研发总监，并在李博士入职前5天办理了工商变更手续。

李博士入职1年后，他研发出来的钛合金材料一直解决不了质量问题，成本比现有的铝合金更贵，且李博士喜欢搞理念研究，研发团队管理一团糟，底下几个研发骨干提出辞职。这时张老板急了，找李博士谈话，要求他退股及辞职。

李博士不慌不忙地说，我辞职可以，但10%的股份你老板要回购。张老板一听就蒙了，说这是当时我免费送你的股份，你未出一分钱。李博士继续说我们没有签订股东协议，没有约定退出的途径，因此要按照公司目前的经审计后的账面净资产退出，且李博士已拿到经财务部盖章的三张公司报表，显示目前公司的账面净资产已达到1.2亿元，对应10%股份就是1200万元，看在熟人的份上可以算888万元。

结果两人不欢而散。从此李博士再也不来公司上班了。4个月过去了，有一家著名的风投机构打算出资4000万元购买20%股份，投后估值2亿元，这对公司的发展是一个好机会。但问题来了，投资人是增资进来的，要现有股东放弃优先购买权，更麻烦的是工商局在办理股权变更时需要所有股东签字。

眼看这笔投资要泡汤了。张老板只能硬着头皮通过双方认识的中间人协调，与李博士最终达成了协议，即张老板以现金658万元回购李博士手中10%的股份。因为张老板知道，这事要尽早解决，不然投资人进不来，且估值高了，以后付出的成本更大。

从此之后，张老板再也不敢给员工实股了，一朝被蛇咬，十年怕井绳。这是对股权无知所带来的代价，期间张老板也想过把现有的资产转移到新公司，做亏老公司再注销老公司，但因各种原因未果。

(四) 分红

1. 被操纵的分红

一般来说，企业分红的依据是净利润。如果按净利润来分红可能发生财务舞弊的问题，因为净利润的调剂手段很多，例如研发费用的资本化支出。

资本化支出指的是可以计入资产并按照受益年限进行摊销的支出，它影响未来年度的利润。费用化支出，指的是需计入当期损益的支出，它影响本年度利润。

可见，对资本化支出和费用化支出的判断，对利润核算是存在一定影响的。尤其是对于医药企业、高科技企业这类研发密集型公司，研发支出金额巨大，若会计处理不符合实际情况，则会对企业的利润产生重大影响，甚至"扭亏为盈"。

案例2-14 **某公司研发费用资本化，调整利润54.4万元**

某公司专注于注塑模具的研发及产品生产，2018年公司营业收入320万元，研发费用支出120万元，公司按照项目对研发支出进行归集，研发支出中主要包括人员工资60万元、材料领用40万元、设备折旧20万元(假设公司未发生其他费用支出)。

公司研发费用资本化对税费及当期利润的影响，如表2-42所示。

表2-42 公司研发费用资本化对税费及当期利润的影响

费用化/资本化利润表摘要	费用化/万元	资本化/万元
营业收入	320	320
研发费用	120	120
其中：费用化	120	40
资本化	—	80
无形资产摊销(分5年)	—	16
费用化的税前利润	200	—
资本化的税前利润	—	264
企业所得税(15%)	30	39.6
净利润	170	224.4

(1) 费用化的税前利润=320-120=200(万元)；

(2) 资本化的税前利润=320-40-16=264(万元)。

可以看出公司把研发费用(总计120万元)中的80万元资本化了，即2/3资本化。一般研发费用资本化后会以无形资产列示，那么这就涉及无形资产的摊销问题了。在本案例中，无形资产分5年摊销，每年摊销16万元，可以调增54.4万元(224.4-170)的利润！

资本化和费用化，涉及许多主观判断，因此在实务中，经常被用作企业"操纵利润"的方式之一，这些都会影响合伙的激励效果！

2. 分红的解决办法

(1) 以销售收入作为分红的依据有一定的风险，要预防员工不择手段拼业绩的现象，其结果是收入与规模上去了，但公司亏损或微利。

(2) 新设立公司作为员工持股激励的主体，尽量不用"黑箱公司"(指那些年数过长、财务不规范的公司)作激励的主体。

实际操作中员工可以在新公司入股，而以原公司的销售收入、净利率或毛利率(例如本行业平均10%的净利率或25%的毛利率)及员工本人业绩三个指标结合作为分红依据。

这样做最大的好处，一是员工不是原公司的直接或间接股东，当然就没有财务的知情权；二是规避了上述第一种方案(即仅以销售收入作为分红依据)带来的风险。

另外，新公司运作一定要规范，合法合规交税、交社保，要经得住税务机关的检查。

(五) 退出

退出是合伙制度设计的重中之重，大部分的纠纷集中在退出环节，即请神容易送神难。合伙伊始就要想到分手，先小人后君子。

退出的最高形式是退股，即退出在工商注册的实股，这比离婚更复杂，离婚只要约定好财产归属、儿女抚养等问题，到婚姻登记机关办理手续就行了，不愿离婚的可以走法律程序。但股东退股，如果没提前约定清晰的话，他不自愿退股，你还真拿他没办法。

退出的最高境界是：聚是一团火，散是满天星。

退出通常有4种类型，如图2-8所示。

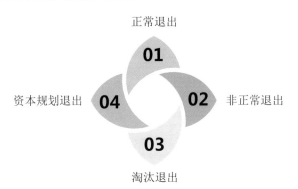

图2-8 退出4种类型

笔者重点讲下正常退出与非正常退出(如表2-43所示)。退出还会涉及触动条件及回购价格、税务成本等。

表2-43　正常退出与非正常退出比较

退出内容 退出类型	情形	回购
正常退出	公司战略调整等原因导致裁员或离职	由公司第一大股东或合伙企业的GP按照退出时上年度的每股账面净资产与最近一轮估值×50%二者孰高者回购
	辞职	
	丧失劳动能力	
	死亡	
	离婚	
非正常退出	失职或渎职、收受商业回扣、营私舞弊、泄露公司商业机密、侵占或挪用公司资产	由公司第一大股东或合伙企业的GP以原入股本金×70%回购，如给公司造成损失的，须从入股本金中扣除应赔偿公司损失的金额
	出现重大质量及安全事故，给公司造成严重经济损失及声誉损失，且本人为主要责任人	
	本人或其亲属(包括配偶、子女、父母、兄弟姐妹等)开设相同或相近业务的公司	
	违反国家法律法规并依法被法院判刑	

对于非正常退出，大家要特别注意退出协议的措词，例如某公司(注：注册资金为1000万元，已全部实缴，由甲、乙、丙三名股东构成，分别出资500万元、300万元、200万元)的退出条款："股东如触犯刑律而被法院判处1年以上有期徒刑时，其他股东将按各自持股比例在15日内回购其全部股份，回购价格为其出资额。"

现在遇到问题了，丙股东被法院判处3年有期徒刑，其原投资为200万元，但是此时公司发生亏损500万元，净资产剩余450万元，请问公司退给丙股东200万元，还是90万元(450×20%)？

所以对于非正常退出，行文一定要严谨，例如可以用类似的语句："退出以本人出资额与公司最近一个月末账面净资产为依据，取两者孰低者。"

1. 非正常离职

案例2-15 富安娜(002327，SZ)4000万元股权激励索赔案

2007年6月，富安娜制订《限制性股票激励计划》，以定向增发的方式，向激励对象发行700万股限制性股票，用于激励高管及业务骨干。

2008年3月，为了配合IPO进程，富安娜终止上述计划，并将所有限制性股票转换为无限制性的普通股。同时，与持有原始股的余松恩、曹琳等人协商签署

了《承诺函》。双方在《承诺函》中约定：持有原始股的员工"自承诺函签署日至公司上市之日起三年内，不以书面的形式向公司提出辞职、不连续旷工超过七日、不发生侵占公司资产并导致公司利益受损的行为，若违反上述承诺，自愿承担对公司的违约责任并向公司支付违约金"。

2008年7月至2009年9月，余××、周××等部分非创业股东在持有富安娜原始股的情况下，先后向富安娜提出辞职申请，并跳槽至富安娜主要竞争对手之一的水星家纺。

2009年12月30日，富安娜成功登陆深圳中小板。

2012年12月26日，富安娜对余××、周××等26名自然人股东就《承诺函》违约金纠纷一事，向深圳南山区人民法院提起民事诉讼，要求判令26名被告分别赔偿违约金，累计达8121.67万元。

2015年1月19日，深圳市中级人民法院做出终审判决，16名离职骨干员工赔偿老东家富安娜3230.52054万元及相应的利息。此前，该系列案的首案已于2013年12月结案，被告曹×被判支付富安娜违约金189.885696万元及相应的利息。包括庭外和解的3名被告同意支付的619万元在内，富安娜累计获赔超过4000万元。

深圳中院审理认为，富安娜限制性股票激励计划不违反法律强制性规定，是合法有效的；这种股票激励计划有利于增强公司经营团队的稳定性及工作积极性，增进公司与股东的利益；该股票激励计划终止后，富安娜采用由激励对象出具《承诺函》的方式继续对激励对象进行约束，体现了激励与约束相结合的原则；《承诺函》对提前辞职的激励对象所能获得的股份投资收益予以限制，并不违反公平原则，是合法有效的。

深圳中院认为，各被告在富安娜上市后3年内离职，《承诺函》约定的对其股份投资收益进行限制的条件已经成立，各被告应依约将被限制的部分收益(即"违约金")返还给富安娜公司。

2.违反竞业禁止的退出

案例2-16 总经理违反竞业禁止义务，赔偿食品公司8万元

2011年，宋某受聘担任食品公司总经理期间，委托案外人设计公司代为申请注册商标，因操作不当，致使设计公司取得商标后据为己有。2012年，宋某与父亲及设计公司董事长樊某设立商贸公司亦销售香肠，其中宋某持股30%、宋某父持股50%。2013年，食品公司解聘宋某。2014年，食品公司诉请法院判令宋某在职期间从商贸公司取得收入约20万元归食品公司所有。

上海二中院认为：

(1) 依《公司法》第148条、第149条规定，董事、监事、高级管理人员应当遵守法律、行政法规和公司章程，对公司负有忠实义务和勤勉义务。如若利用职务便利为自己或他人谋取属于公司的商业机会，自营或为他人经营与所任职公司同类业务的，违规所得收入归公司所有。给公司造成损失的，应承担赔偿责任。

(2) 本案中，宋某受聘担任食品公司总经理，全权负责加工、销售香肠制品等公司业务。然而其在任职期间，另行与其父亲及案外人樊某共同设立了同业竞争的商贸公司。另需说明的是，宋某与父亲合计持有商贸公司80%股权，故宋某称其并不参与商贸公司经营决策，亦从未获利，有悖常理。

(3) 商贸公司另一股东樊某同时系设计公司法定代表人，设计公司曾在宋某担任食品公司总经理期间受托为食品公司代为申请香肠品牌的注册商标，但设计公司最终将该品牌据为己有，宋某对此未提出异议或采取相应措施。

基于此，结合一般的商事规律及公序良俗，可推定宋某利用职务便利为自己及商贸公司谋取了本属于食品公司的商业机会，并为商贸公司经营了与食品公司同类业务，违反《公司法》中高管忠实、勤勉义务，损害了食品公司利益，并使自身获利，故应承担相应法律责任。

因此判决宋某赔偿食品公司8万元。

我们知道另外一个概念，即竞业限制，但竞业禁止和竞业限制是有区别的(如表2-44所示)。读者看完它们的区别后，想必对公司的高管适用哪种类型心里有数了。

重要的是要确定哪些人是高管，除了《公司法》规定的总经理、副总经理、财务负责人与董事会秘书，也可以在公司章程中规定其他人为高管，例如总工程师、人力资源总监、研发总监等人，这样就能适用竞业禁止的相关规定了。

表2-44 竞业禁止及竞业限制的区别

内容 \ 区别	竞业禁止	竞业限制
定义	是用人单位对员工采取的以保护其商业秘密为目的的一种法律措施，是根据法律规定或双方约定，在劳动关系存续期间或劳动关系结束后的一定时期内，限制并禁止员工在本单位任职期间同时兼职于业务竞争单位	是指用人单位对负有保守用人单位商业秘密的劳动者，在劳动合同、知识产权权利归属协议或技术保密协议中约定的竞业限制条款，即劳动者在终止或解除劳动合同后的一定期限内不得再生产同类产品、经营同类业务或在有其他竞争关系的用人单位任职，也不得自己生产与原单位有竞争关系的同类产品或经营同类业务
对象	公司董事、高级管理人员	负有保密义务的劳动者，可以包括董事、高级管理人员
补偿	法定义务，不能约定解除，不需要支付补偿	约定义务，企业违反竞业协议承诺未支付补偿，劳动者可以解除；离职后必须补偿，按劳动者此前正常工资的20%～50%支付补偿金
年限	在职人员，只要未离职就一直适用	离职人员，对员工的限制为离职2年以内

笔者列举关于退出的几个常见问题，请大家思考一下：

(1) 能否按年限退出？

(2) 有利润无现金，如何退出？

(3) 股东离婚，一定触发回购机制吗？

(4) 股东意外死亡或触犯刑律，如何退出？

(5) 退出清算时，以账面净资产为标准，还是以当下估值为标准？

(6) 退出时的个人所得税或企业所得税，由谁来交？

(7) 签妥退出协议后反悔，拖着不去工商办理变更手续，怎么办？

二、事业合伙的主要形式：合伙企业

按照《合伙企业法》的规定，合伙企业是指由各合伙人订立合伙协议，共同出资，共同经营，共享收益，共担风险，并对企业债务承担无限连带责任的营利性组织。合伙企业分为普通合伙企业和有限合伙企业。本书所指的"合伙企业"无其他特别说明均指有限合伙企业。

有限合伙企业由两类合伙人构成，分别是GP(指普通合伙人，为英文General Partner的缩写，负责合伙企业的投资决策及内部管理，对企业债务承担无限连带责任)及LP(指有限合伙人，为英文Limited Partner的缩写，不参与企业的管理活动，对企业债务以个人认缴出资为限承担责任)。

通常来说，GP具有合伙企业主要事务的决策权，而LP不具有事务决策权，这不就是"同股不同权"或AB股的设计吗？因此案例2-17所提及的A为GP，虽然只持有1%的份额，但对科技公司具有30%的表决权。标准的有限合伙企业股权架构如图2-9所示。

图2-9　合伙企业的股权架构

案例2-17　自然人股东C、D、E为何要放在合伙企业里？

某科技有限公司成立于2016年，从事线上宠物食品国际代理及国内销售，创始股东为A、B及C，他们三人是大学同学，志同道合，知根知底。A是带头大哥，家境不错，当初创业的资金都是A出的。

公司不断发展，A、B、C认识到人才的重要性，于是打算给目前的运营总监D股份，以后将陆续引进天猫事业部总经理E、京东事业部总经理F，分别给予股份。A对公司未来股东架构的设计，如图2-10所示。

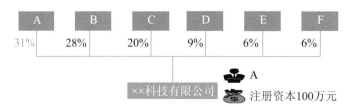

图2-10　A对公司未来股权架构的设计

大股东A困惑：C、D、E将成为公司的自然人股东，如果再有人才加盟，大股东A将失去对公司的控制权，如何解决？

笔者分析如下。

(1) D、E、F持有的是注册股，会涉及工商登记，财务信息需要公开；

(2) 一开始就给D、E、F注册股，万一不胜任，退出麻烦；

(3) 自然人股东较多，会造成决策效率低下；

(4) 没有实际控制人，股权分散，不利于融资；

(5) A、B、C未签订一致行动协议，有控制权丧失的风险，现在可以同苦，但未来公司有盈利了，可能有股权纠纷。

A听完笔者的分析后感到一阵后怕，急着问笔者有什么好的解决办法？对此，笔者建议可采取控股公司+有限合伙企业的方式，具体操作如下。

1. 成立控股公司，把A、B、C放入，保证A的控股权，即大于67%。同时作为对价，让B成为信息公司总经理、C成为供应链公司总经理。后续将完成控股公司对科技公司、信息公司与供应链公司的控股。因此科技公司与信息公司、供应链公司三者关系如图2-11所示(假设均为一般纳税人)。

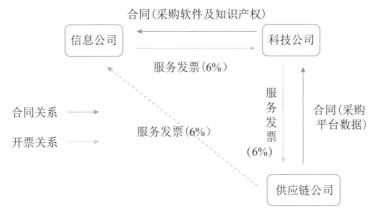

图2-11 科技公司与信息公司、供应链公司三者关系

(1) 科技公司向信息公司购买服务(专利及软件许可)，获得增值税的进项，在公允价格基础上进行利润转移；

(2) 供应链公司向本公司购买平台数据，如果进项过少可以考虑向信息公司购买服务。

2. 成立有限合伙企业1(如图2-12所示)，第一选择是给D、E、F期权，未来达到业绩时行权，但D、E、F须出资且在合伙企业1中列示；第二选择是如果D、E、F不愿在合伙企业1持股，即以自然人股东身份在科技公司直接持股，但须与A签订一致行动协议。

于是在有限合伙企业1中，A为普通合伙人(GP)，持股份额为1%，执行合伙企业事务；而D、E、F为有限合伙人(LP)，持股份额分别为30%、20%及20%，不执行合伙企业事务，另外预留29%给内部员工及未来引进人才。

因此，采取有限合伙企业的方式，既方便D、E、F的进出，又能避免工商的频繁变更。

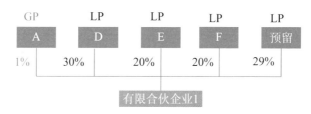

图2-12　有限合伙企业1股权结构

3. 以有限合伙企业1为持股平台投入科技公司，占股30%。该公司的股权架构如图2-13所示，自然人B、控股公司及合伙企业占股比例分别为12%、58%及30%，法定代表人由A变更为B，A在控股公司持股，不在科技有限公司持股，故B成为科技公司唯一的自然人股东。

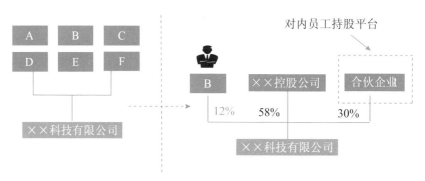

图2-13　甲公司的股权架构

如此，A让联合创始人B成为科技公司的法定代表人及自然人股东，既调动B的积极性，又能让A通过控股公司保证对科技有限公司的控制，一举两得。

在实际操作中把科技有限公司的自然人股东A、B、C、D、E、F，变更为自然人B、控股公司及合伙企业是否会交税呢？我们看下2018年这家科技公司的资产负债表(摘录)，如图2-14所示。

实收资本(或股本)	48	2 000 000	0
资本公积	49	0	0
盈余公积	50	0	0
未分配利润	51	-504 991.89	-830 101.52
所有者权益(或股东权益)合计	52	1 495 008.11	-830 101.52

2018年公司资产负债表

图2-14　2018年××科技有限公司的资产负债表(摘录)

可以看出，2018年××科技有限公司净资产约为150万元，实收资本200万元，因此股东之间转让不用交税！

(一) 事业合伙具体运用

在实际操作中，我们发现大部分上市公司采取合伙企业(有限)作为员工持股平台或投资减持平台，例如创业黑马(300688，SZ)股票发行前9大股东中有6个是合伙企业(有限合伙)，比例高达2/3，如表2-45所示(摘自创业黑马2017年招股说明书)。

表2-45　创业黑马股票发行前股东结构

序号	股东名称	公开发行前		公开发行后	
		持股数量/股	持股比例	持股数量/股	持股比例
1	牛文文	21 351 660.00	41.87%	21 351 660.00	31.40%
2	蓝创文化传媒(天津)合伙企业(有限合伙)	10 144 410.00	19.89%	10 144 410.00	14.92%
3	深圳市达晨创丰股权投资企业(有限合伙)	6 957 930.00	13.64%	6 957 930.00	10.23%
4	北京创业嘉乐文化传媒交流中心(有限合伙)	4 174 860.00	8.19%	4 174 860.00	6.14%
5	浙江普华天勤股权投资合伙企业(有限合伙)	2 319 480.00	4.55%	2 319 480.00	3.41%
6	其实	2 295 000.00	4.50%	2 295 000.00	3.38%
7	北京用友创新投资中心(有限合伙)	1 391 280.00	2.73%	1 391 280.00	2.05%

（续表）

序号	股东名称	公开发行前		公开发行后	
		持股数量/股	持股比例	持股数量/股	持股比例
8	苏州卓爆投资中心(有限合伙)	1 391 280.00	2.73%	1 391 280.00	2.05%
9	深圳市前海中咨旗咨询有限公司	974 100.00	1.91%	974 100.00	1.43%
10	本次发行社会公众股份	—	—	17 000 000.00	25.00%
	合计	51 000 000.00	100.00%	68 000 000.00	100.00%

在此，我们有必要对有限合伙企业做一些总结，如表2-46所示。

表2-46　有限合伙企业利弊对比

利弊编号	优点	不足
1	控制易：出资额与控制权相分离，GP以较低出资成本即可掌握控制权，是拟上市公司内部员工持股平台的主要形式	规模较小：无法人资格，不能上市
2	税负低：税收透明，以每个合伙人为应税主体；享受各地洼地的税收优惠，仅缴个人所得税，不缴企业所得税，避免双重征税	规定僵化：除非另有约定，合伙企业法规定合伙人入伙、退伙、转让其份额时需要其他合伙人一致同意，这是一个很大的不便，有可能你想清退合伙人，但处理不了，想新入伙的合伙人进不了。如果不修改合伙协议，还真拿他没有办法！特别是这一条，希望大家高度重视
3	灵活高：分配机制灵活，有限合伙的收益或利润分配完全由合伙人之间自由约定，可以不受出资比例的限制；上市前可以规避因员工流动而对公司层面的股权结构造成影响	立法滞后：合伙企业以非货币资产对外投资确认的非货币性资产转让所得，不能像居民企业一样可在不超过5年期限内，分期均匀计入相应年度的应纳税所得额，按规定计算缴纳企业所得税
4	自治多：GP可以劳务出资；评估作价可以由合伙人协商	业务不熟：当地工商局的工作人员是否熟悉有限合伙企业的登记流程

至于合伙企业的税务问题及在中小企业中的应用，笔者将在本书第三章第二节《合伙的税务问题》中详述。

最后，请大家思考下，有限合伙企业的GP如果是自然人的话，是对企业债务承担无限连带责任的，因为这个原因，创始人或员工不愿担任GP，那有什么办法让GP对企业债务承担有限连带责任呢？

其实很简单，就是GP由有限公司(注：两人以上股东)来担任就可以规避无限连带的责任了。案例2-18就是以有限公司(即上海格林兰投资限公司)为GP的真实运用。

案例2-18 **合伙企业作员工持股平台的巧妙设计：绿地集团收购金丰投资**

2015年8月18日，绿地控股借壳金丰投资成功上市，本次交易作价667亿元，是当时资本市场上规模最大的借壳案例，是合伙企业作为员工持股平台及上海市国企混改的经典案例！

一、绿地集团借壳前布局

1. 2013年10月8日，绿地集团的股权结构如表2-47所示。

表2-47 绿地集团的股权结构

绿地集团股东	出资额/万元	持股比例
中星集团	79 792.50	9.65%
上海地产集团	207 094.47	25.03%
天宸股份	23 937.75	2.89%
上海城投总公司	215 073.72	26.00%
职工持股会	301 324.17	36.43%
合计	827 222.60	100.00%

问题是绿地集团借壳金丰投资上市时，容易出现社会公众股比例不足而触碰退市红线的情况，即社会公众股东持有的股份不能连续20个交易日低于公司总股本的25%，或公司股本超过4亿元的，不低于10%。

如何提前规避退市呢？那就是引进财大气粗的PE基金。

2. 2013年12月18日，绿地集团召开股东会并做出决议，通过增资引入平安创新资本、鼎晖嘉熙等PE基金作为股东，2014年2月公积金转增股本后的股权结构如表2-48所示。

表2-48 2014年2月公积金转增股本后的股权结构

绿地集团股东	出资额/万元	持股比例
中星集团	99 740.62	7.70%
上海地产集团	258 868.08	19.99%
天宸股份	29 922.19	2.31%
上海城投总公司	268 842.15	20.76%
职工持股会	376 655.21	29.09%
国投协力	12 500.00	0.97%
珠海普罗	13 122.78	1.01%
鼎晖嘉熙	55 600.00	4.30%
宁波汇盛聚智	50 000.00	3.86%
平安创新资本	129 650.00	10.01%
合计	1 294 901.03	100.00%

问题是职工持股会如何处理？2000年民政部取消了职工持股会的法人资格，2002年证监会规定职工持股会不具有上市公司股东及发起人的主体资格。职工持股会几乎包含了绿地集团的高层领导和核心员工，却只能"看他起高楼，看他宴宾客"，这不可惜吗？

这些问题都难不倒资本高手，于是用合伙企业置换职工持股会的方案浮出了水面。

3. 2014年1月，以张玉良为首的43名经营团队成员以10万元注册成立了上海格林兰投资管理有限公司。同年2月，对职工持股会进行合伙企业改制，对于绿地集团职工持会中982人所持有的股份，以0.01元/股折算成对上海格林兰壹投资管理中心(有限合伙企业)等32个小合伙企业(有限企业)的出资，如图2-15所示。

图2-15 用合伙企业置换职工持股会的方案

以上GP均为上海格林兰投资管理有限公司，LP均为职工持股会里的人员。

接下来再以上海格林兰投资管理有限公司为GP和32个小合伙企业为LP，共同设立1个大合伙企业，即上海格林兰投资(有限合伙)，如图2-16所示。

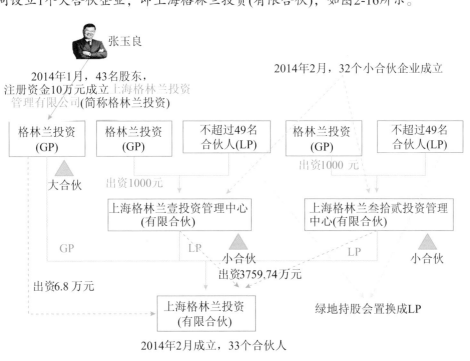

图2-16　设立大合伙企业

2014年2月，上海格林兰投资(有限合伙)与绿地集团职工持股会签署《吸收合并协议》。根据该协议，吸收合并完成后，由上海格林兰投资(有限合伙)作为绿地集团股东，继受职工持股会的全部资产、债权债务及其他一切权利、义务。职工持股会改制圆满完成！

以上步骤完成后，借壳前绿地集团的股权架构如图2-17所示(摘自金丰投资：重大资产置换及发行股份购买资产暨关联交易报告书)。

我们来计算下借壳前绿地集团社会公众股的比例，即除平安创新资本外的所有PE基金比例加总为10.14%，略大于10%(注：当公司股本总额超过人民币4亿元时，社会公众股持股比例低于10%时，公司股权分布不具备上市条件，2014年1月绿地集团股本总额为1 035 920.82万股)。

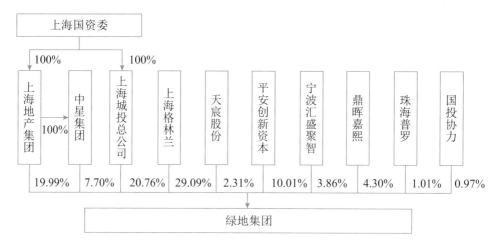

图2-17 借壳前绿地集团的股权架构

而平安创新资本持股比例为10.01%，不属于社会公众股(注：社会公众股不包括持有上市公司10%以上股份的股东及其一致行动人，也不包括上市公司的董监高及其关联人)。

这样操作有点踩钢丝的感觉，有点悬。资本运作高手的解决办法是在绿地集团借壳金丰投资后，把平安创新资本的持股比例下降至10%以下，这样就符合社会公众股的范围了。

二、成功借壳金丰投资重组

1. 基本情况

上市公司金丰投资成立于1991年，并于1992年上市，定位于房地产领域综合服务商。借壳前金丰投资的股权结构如图2-18所示，金丰投资与绿地集团的同一个实控人为上海市国资委，同一个实投人，下面的借壳与重组就好办多了！

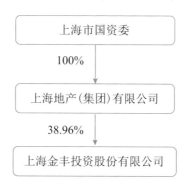

图2-18 借壳前金丰投资的股权结构

2.资产置换及发行股份

(1) 金丰投资将其全部资产及负债，与绿地集团等额价值的股权进行置换，置出资产作价约21.9亿元，由上海地产集团或指定的第三方承接；

(2) 金丰投资向绿地集团全体股东发行116亿股来购买资产，总作价为645亿元。至此交易总价约为667亿元，为A股史上最大规模的借壳案例！

3.借壳后的财务数据(见表2-49)

表2-49 借壳后的财务数据

财务指标	借壳前		借壳后	
	2014年	2013年	2014年	2013年
总资产/万元	744 930.45	615 887.95	50 895 866.15	37 216 089.04
总负债/万元	557 395.21	395 741.81	44 722 750.11	33 032 307.44
归属于母公司股东的净资产/万元	186 506.87	218 742.22	4 648 448.58	3 221 172.72
归属于母公司股东的每股净资产/元/股	3.60	4.22	3.82	4.30
营业收入/万元	11 027.97	89 241.92	26 195 509.65	25 218 185.62
归属于母公司股东的净利润/万元	−36 459.59	6 963.07	556 979.36	815 354.26
每股收益/元/股	−0.70	0.13	0.46	1.09

金丰投资为何在2014年亏损3.6亿元呢？因为高端房地产市场疲软，无锡渔港路项目计提了3亿元的存货跌价准备。从某种意义上来说，金丰投资找了一个好婆家，把自己风光嫁出去了！

4.借壳前后股权变化对比(如表2-50所示)

表2-50 借壳前后股权变化对比

股东名称	借壳前		借壳后	
	股份数量/万股	持股比例	股份数量/万股	持股比例
上海地产集团	20 195.81	38.96%	221 435.23	18.20%
重组前其他公众股东	31 636.19	61.04%	31 636.19	2.60%
上海城投总公司	—	—	250 083.75	20.55%
中星集团	—	—	92 781.24	7.62%
天宸股份			27 834.37	2.29%

（续表）

股东名称	借壳前		借壳后	
	股份数量/万股	持股比例	股份数量/万股	持股比例
上海格林兰投资(有限合伙)	—	—	350 374.18	28.79%
平安创新资本	—	—	120 603.70	9.91%
鼎晖嘉熙	—	—	51 720.52	4.25%
宁波汇盛聚智	—	—	46 511.26	3.82%
珠海普罗	—	—	12 207.13	1.00%
国投协力	—	—	11 627.81	0.96%
合计	51 832.01	100%	1 216 815.43	100%

借壳前金丰投资的社会公众股为31 636.19万股，借壳交易后持股比例为2.60%，这一步很值得回味，即把平安创新资本持有的10.01%股份降至9.91%(注：持有上市公司10%以下的股东视作社会公众股)，即社会公众股总比例=PE基金比例+重组前其他公众股东比例=9.91%+4.25%+3.82%+1.00%+0.96%+2.60%=22.54%，远大于10%的底线。

5. 两个操作细节

(1) 上海地产集团(含其全资子公司中星集团)和上海城投总公司，各自持有比例均未超过30%，不能单独对公司形成控制关系，即两者均是相互独立的主体，分别行使表决权和决策权，不构成一致行动人。

(2) 上海地产集团(含其全资子公司中星集团)、上海城投总公司及上海格林兰投资(有限合伙)持股比例分别为25.83%、20.55%及28.79%，均未超过30%，从而避免了要约收购！(注：《上市公司收购管理办法》第24条规定，通过证券交易所的证券交易，收购人持有一个上市公司的股份达到该公司已发行股份的30%时，继续增持股份的，应当采取要约方式进行，发出全面要约或者部分要约，但依法豁免的除外。)

这与当年宝能在二级市场上增持万科股票高达25.4%，决不超过30%的红线的操作思路不谋而合，真是资本高手的杰作！

6. 总结

从国资层面来说，实现了持股市值增加，资产保值与增值是最关键的；从PE基金而言，国资背书，保赚不亏，退出直接；在金丰投资的中小股东层面，优质资产注入，实力机构托盘，投资回报达到人生顶峰；在员工持股会层面，通过有限合伙企业作员工持股平台，保障了公司精英们的利益，设计了未来变现的渠道。本方案照顾到方方面面的利益，可谓滴水不漏！

(二)事业合伙宣导文件的制作

案例2-19 **事业合伙激励计划的落地宣导PPT如何做?**

某科技公司目前注册资金为500万元，某合伙人甲经过合伙股数测算拥有20.6万股，按照1.0元/股原始价格，需出资20.6万元，公司的融资方案如表2-51所示。

表2-51 某科技公司融资方案

内容＼融资轮次	目前	A轮	B轮	C轮	IPO上市
融资金额/万元	0	1000	3000	5000	50 000
出让股份/%	0%	15%	10%	10%	25%
注册资金/万元	500	588.2	651.6	724	5000
合伙人出资/万元	20.6	20.6	20.6	20.6	20.6
比例/%	4.12%	3.50%	3.15%	2.84%	2.13%
股份数量/万股	20.60	20.60	20.60	20.60	80.00
每股价格/元/股	1.00	11.33	46.04	69.06	40.00
账面价值/万元	20.60	233.40	948.43	1422.65	3200.00

经过测算，该公司A轮融资1000万元，出让15%股份。甲的股份比例由4.12%稀释至3.50%，但每股价格=1000/15%/588.2=11.33(元/股)。此时甲的账面价值=20.6×11.33=233.40(万元)。同理可以推算出B轮和C轮，对应于甲的账面价值分别为948.43万元、1422.65万元。甲在C轮上的账面价值比原始持有时增值=(1422.65-20.60)/20.60=68.1倍。这就是资本的力量！

鉴于IPO上市阶段比较特殊，公司要进行股改，即将公积金、盈余公积金及未分配利润转增股本，假如甲持股数量由20.6万股转增至80.0万股，上市后变现价格为40元/股，则甲在二级市场上获利=80×40=3200(万元)。

在实际操作中，给合伙人进行文件宣导时，最好以PPT格式(注：不少于3张)展示，公司历次融资金额与出让股份比例如图2-19所示。

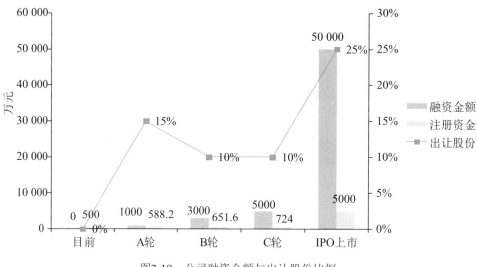

图2-19 公司融资金额与出让股份比例

在宣导时可以甲的持股比例变化情况为例，说明随着公司融资节奏的推进，甲的持股比例逐渐被稀释，但账面价值却不断放大，如图2-20所示。要提醒合伙人不要把眼光仅放在公司的分红上(注：有时公司还真没有太多的收益，甚至亏损，因为不断投入)，更应该放眼未来，通过资本的溢价实现财富自由！

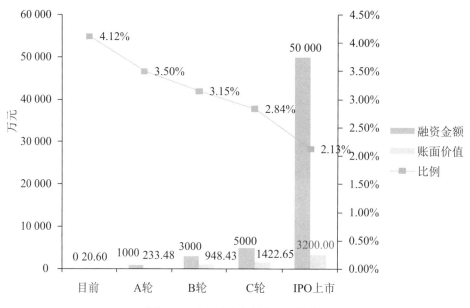

图2-20 公司融资金额与账面价值

首先让合伙人感觉现在入股是赚大了，因为入股价格为1.0元/股，即原始价格(因为人性有贪小便宜的心理)。其次，可以给员工讲一下公司每股价格的变化情况(如图2-21所示)，例如C轮融资就会达到69.06元/股，用数据说话，以未来收益绘蓝图。最后以阿里、小米员工致富的案例作为收尾，一气呵成，打通合伙人制度落地的最后一公里。

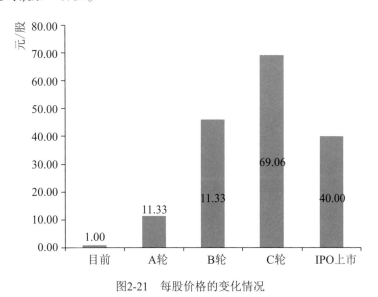

图2-21 每股价格的变化情况

三、事业合伙的新发展：内部裂变式创业

2019年5月14日，亚马逊宣布员工可以辞去工作并创建快递公司，为亚马逊送货，亚马逊将为员工提供10 000美元及三个月的工资补贴，作为离职员工的启动资金。

员工无论是主动离职还是被动解散，激活个体的时代来临了，因为牛栏关猫是关不住的。笔者认为内部裂变创业有以下两种类型。

(1) 不离职，员工不脱离公司，让有创业想法且有能力的员工承包公司的某些产品、市场，员工还是奋斗者。

(2) 离职，围绕着公司的业务生态圈，公司把非主业营业务外包出去，员工开公司当老板，让员工当创业者。

我们要做的是与时俱进，掌握内部裂变创业的操作方法、工具及流程。

案例2-20 杭州海康威视公司核心员工跟投创新业务的规定

2015年9月，上市公司海康威视尝试核心员工跟投创新业务的制度，旨在建立核心员工从职业经理人向合伙人转变的机制，激发核心员工创新创业激情。

创新业务是指投资周期较长，业务发展前景不明朗，具有较高风险和不确定性，但需要进行直接或间接的投资探索，以便公司适时进入新领域的业务，实现公司持续发展需要。

目前公司已经投资并在持续亏损，需要进一步投入的业务，可以作为创新业务。

1. 股权结构：公司投资设立的创新业务子公司，公司持有60%的股权，保持控股地位，员工跟投平台跟投40%的股权。

2. 资格条件：应在公司和/或子公司工作不少于5年(自员工参加跟投之日起算)。

3. 出资与否：出资跟投和非出资跟投。

(1) 出资跟投是指经公司认可的核心员工，基于自愿、风险自担的原则，通过跟投平台投资创新业务子公司并拥有相应的股权份额。

(2) 非出资跟投是指经公司认可的核心员工，在未缴纳出资的情况下，平台指定主体将跟投平台的股权增值权授予员工。股权增值权主要授予M2、P2层级及以上的核心员工，股权增值权可以将跟投方案覆盖到更多员工，均衡公司的价值分配体系。

(3) 非出资跟投获得的股权增值权在符合公司相应规则的情况下，可以转为出资跟投，即从平台指定主体受让相应的股权。

4. 增资规定：跟投平台每年按一定的比例进行增资，增资部分的股权根据特定规则重新分配给所有核心员工，因此跟投平台的员工持股比例将每年调整。跟投平台会逐步成为员工持有创新业务子公司股权和股权增值权的动态管理工具。

5. 退出机制：一旦员工与公司或子公司解除或终止劳动关系，该员工所持有的跟投平台股权或增值权即按照事先约定的条件转让给平台指定的主体。

(1) 员工之间不得买卖、赠送或以其他方式转移跟投平台股权或增值权。

(2) 因员工非工伤死亡或丧失劳动能力、员工辞职、劳动合同期满、公司不续签劳动合同、公司主动辞退等非员工过错原因解除或终止劳动关系的，其持有的跟投平台股权的期限未满5周年的，其股权转让价为每股出资额和最近一期经审计的创新业务子公司对应的每股净资产两者中的较小值；如持有期限已满5周年(含届满当日)，其股权转让价按照公允价格计价转让。

(3) 员工通过跟投平台持有创新业务子公司股权增值权，员工与公司解除或终止劳动关系，其持有跟投平台的股权增值权未满5周年的，视为员工自动放弃增值权，公司不做任何补偿。

(4) 因员工违法、违纪等员工过错原因解除或终止劳动关系的，公司有权单方撤销授予的股权增值权，不做补偿；其持有的股权转让价按创新业务子公司最近一期经审计的每股净资产和每股出资额中的较小值核算。如员工对公司或子公司负有赔偿或其他给付责任的，公司可从股权转让价款中优先受偿。

(5) 员工工伤死亡或丧失劳动能力的，可以选择继承或保留股权或增值权。如果不继承或不保留的，按照公允价格转让给平台指定主体。

(6) 因员工符合法定退休年龄，其持有跟投平台股权或增值权满三年(含届满当日)，且没有再工作的，可以保留跟投平台股权或增值权。如果员工选择不保留的，按照公允价格转让给平台指定主体。

(7) 员工与公司或子公司解除或终止劳动关系时，对公司或子公司负有竞业限制义务或其他保密义务的，跟投方案执行管理委员会有权决定推迟股权或增值权变现，直至员工履行完毕相应义务，具体按实施细则相关规定办理。

6. 股权转让：经跟投平台的投资决策，跟投平台可以对外转让其持有的创新业务子公司股权，公司在同等条件下享有优先购买权。

7. 独立上市：如创新业务子公司发展壮大，并符合独立上市的条件，可支持其上市。

笔者重点讲下内部裂变创业的第二种类型，即选择以公司制形式作为创业的载体，对于创业者，第一件事是弄清楚公司注册资金多少合适、认缴与实缴有何区别等。

案例2-21 注册资金认缴10亿元，实缴400万元，最后负债2000万元

上海××投资管理有限公司注册资金2000万元，实缴出资400万元。新《公司法》股份认缴制出台后，增资到10亿元。在签订近8000万元的合同后，面对到

期债务突然减资到400万元，并更换了股东。

债权人上海××国际贸易有限公司在首笔2000万元无法收取后，将该公司连同新、老股东一同告上法庭，要求上海××投资管理有限公司与新老股东均承担债务的连带责任。

2015年5月25日，上海市普陀区法院就该起认缴出资引发的纠纷做出了一审判决(注：参考(2014)普民二(商)初字第5182号文书)：

(1) 上海××投资管理有限公司及其股东在明知公司对外负有债务的情况下，没有按照法定的条件和程序进行减资，该减资行为无效，类似于抽逃出资行为。因此上海××投资管理有限公司的注册资本应该恢复到减资以前的状态，即公司注册资本仍然为10亿元，公司股东为徐某和林某。

(2) 认缴制下公司股东的出资义务只是暂缓缴纳，而不是永久免除，在公司经营发生了重大变化时，公司包括债权人可以要求公司股东缴纳出资，以用于清偿公司债务。对上海××投资管理有限公司不能清偿的股权转让款，股东徐某和林某在未出资的本息范围内履行出资义务，承担补充清偿责任。

(3) 被告上海××投资管理有限公司应于本判决生效之日起十日内支付原告上海××国际贸易有限公司股权转让款人民币2000万元。

《公司法解释二》第22条规定："公司解散时，股东尚未缴纳的出资均应作为清算财产。股东尚未缴纳的出资，包括到期应缴未缴的出资，以及依照《公司法》第26条和第80条的规定分期缴纳尚未届满缴纳期限的出资。公司财产不足以清偿债务时，债权人主张未缴出资股东，以及公司设立时的其他股东或者发起人在未缴出资范围内对公司债务承担连带清偿责任的，人民法院应依法予以支持。"

《公司法解释三》第13条规定："公司债权人请求未履行或者未全面履行出资义务的股东在未出资本息范围内对公司债务不能清偿的部分承担补充赔偿责任的，人民法院应予支持。"

因此，对于内部裂变创业下的新设公司，创业者不要头脑发晕往前冲，一味讲究注册资金的大排场。例如安徽玉龙地智慧餐饮公司注册资本高达500 002 000万元，即5兆，要知道如果该公司实缴的话，印花税(注：按实收资本的万分之五收取)每年达25亿元，所幸的是目前该公司注册资金改为500万元了。

所以，注册资金不是越多越好，大部分创业者走的还是股权融资的路子，最重要的是股权比例是否科学合理，而不是注册资金多少。另外，《公司法》第166条规定：公司分配当年税后利润时，应当提取利润的10%列入公司法定公积金。公司法定公积金累计额为公司注册资本的50%以上的，可以不再提取。公司的法定公积金不足以弥补以前年度亏损的，在依照前款规定提取法定公积金之前，应当先用当年利润弥补亏损。

例如，我们在咨询项目中发现成立于2018年9月的某高科技公司，注册资金为1000万元，短短的7个月时间，3名自然人股东累计向公司投入610万元进行产品的研发、设备的采购和员工工资的发放等，另外财务部没有专人负责，初创股东们把财务外包给代记账公司处理，实收资本一栏显示为零。现在投资人非常看好该公司的发展前途，准备投资入股，要求股东们把认缴的注册资金全部实缴。这些技术出身的创业者就直接傻了。

如何解决类似的问题呢？在实际操作中，股东个人从自己的账户向公司账户转入应出的资金即可，但转账时资金用途这一栏写上对××公司的"投资款"。在这个案例中，股东投资款可以支付员工工资、房租、设备款等，只要取得合法正规的发票，即可入账冲抵管理费用。

笔者接触创业企业较多，对一些共性的问题做了一下整理，希望对创业中的你有所帮助，让你少走一些弯路。

问题1：我注册了一家1000万元的公司，实缴0元，现在不想经营了，需要补全这1000万元吗？

回答：笔者认为应分如下两种情况来讨论。

(1) 公司没有外债：因不涉及补偿别人的损失及债务，并不必须补全，走正常工商及税务注销流程即可；

(2) 公司有外债：需要补全，至少把欠别人的钱还上，否则债权人会申诉打断公司注销程序。你需要按照你所占的股权比例，承担对应的债务责任。

问题2：注册资金可以使用吗？

回答：当然可以使用。注册资金就是公司的钱。一般用在日常经营、发放员工工资、进货采购、购买办公用品等方面。但是注册资金不可随意支出给个人使用；如果个人需用钱，可以通过合法方式出借给个人，或通过正常工资、劳务费用、奖金等形式进行发放。

案例2-22 某科技有限公司事业合伙激励计划(节选)

××科技有限公司成立于2015年8月，注册资金为1000万元，专业从事地铁IT信息化开发及运用，股东包括甲与乙，持股比例分别为90%及10%。

甲、乙股东打算各自转让10%的股份给员工持股平台(合伙企业)，此时公司股权架构如图2-22所示。

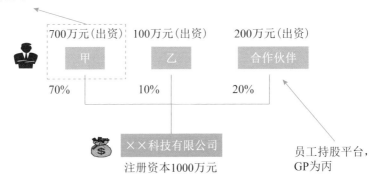

图2-22 ××科技有限公司股权架构

我们先来看一下股东个人转让的做法。因个人股权转让给员工持股平台可能涉及个税的问题，一般来说先看下公司财务报表，截至2018年6月的净资产明细如表2-52所示。

表2-52 截至2018年6月的净资产明细 元

项目	期末余额	期初余额
所有者权益:		
实收资本	5 000 000	5 000 000
资本公积	—	—
减：库存股	—	—
盈余公积	848 678.25	848 678.25
未分配利润	12 643 903.35	14 409 735.74
所有者权益合计	18 492 581.6	20 258 413.99
负债和所有者权益总计	27 206 137.22	20 571 685.45

股东乙个人所得税应纳税额=(股权转让收入−本金−合理费用)×10%×20%=(1849−500−0)×10%×20%=26.98(万元)。

因此股东乙进行股权转让要交约27万元的个人所得税。我们再来看下增资扩股的做法：

$X/(1000+X)=20\%$，$X=250$万元，即新增加注册资金250万元给员工持股平台，公司新的注册资金为1250万元。(建议公司财务及早筹划，通过1~2年时间把约1264万元的未分配利润消化掉。)

一、内部估值及定价

1. 目前公司内部估值为10 000万元，依据为公司净资产、资产投入、专利无形资产、品牌溢价等，计算规则如下。

未融资前，按公司目前净资产(约1849万元，截至2018年5月31日)核算估值，结合同行融资的情况，PB(市净率)一般为4~8倍，该公司取5倍；

因此，目前该公司融资前内部估值=5×1849=9245(万元)，为方便核算，给员工的估值最终为8000万元。

公司为表示诚意，本次给首期合伙人入股的内部估值为4000万元，即买1股送1股。

2. 首期合伙人入股价格=4000万元/1250万股=3.2元/股。

二、选拔标准

须同时符合1~3条的规定。

1. 定性：认同公司的企业文化，与公司价值观高度一致，且与公司签订《保密、知识产权保护和竞业禁止协议》。

2. 定人：首批合伙人指2018年12月31日前入职且工作满2年(含)。

3. 业绩：要求合伙人最近1年绩效考核良好，且近1年来未发生严重违反公司规章制度的行为(见《××科技有限公司员工手册》的相关规定)。

4. 推荐：第2批及以后批次选拔合伙人时实行"推荐制"。

(1) 由老合伙人中的2名共同推荐，且经全体合伙人过半数(含半数)同意后，报公司董事长审批；

(2) 第2批及以后批次的启动时间与公司毛利润挂钩(详见表2-53)。

表2-53 第2期及以后期次启动时间与业绩对应

期次	毛利润/元	进入价格
第2期	900万	
第3期	1500万	按公司当时估值打折进入，且不得低于首期的
第4期	2500万	3.2元/股
第5期以后批次由公司股东会决定		

三、持股数量

持股数量如表2-54所示。

表2-54 持股数量

P职级	M职级	期股额度/股
P7：资深工程师	M5：高管级	30 000
P6：高级工程师	M4：经理级	20 000
P5：工程师	M3：主管级	10 000

四、出资与解锁的规定

(一) 出资的要求

1. 期股额度需由合伙人出资购买。

2. 本制度执行后，合伙人分两次出资，规定如下：

(1) 第一次出资应在15日内完成，根据表2-55解锁，逾期视同放弃其资格；

(2) 第二次出资于第一期解锁后15日内完成出资，根据表2-53解锁，逾期视同放弃其资格。

(二) 考核得分与解锁条件的关系

1. 合伙人考核等级决定了其解锁条件，即期股额度分2年解锁，第1年解锁50%，第2年解锁50%。

2. 合伙人年度考核等级在A级及B级的，期股100%解锁，C级的80%解锁；同时公司规定合伙人年度考核等级在D级的，本年度的期股额度取消。

3. 对于未完全解锁的合伙人，其实际出资与实际解锁的差额，公司在第1年及第2年解锁结束后于15日内退还。具体规定如表2-55如示。

表2-55 考核等级与解锁条件关系表

考核等级	含义	实际期股数量/股	出资款的退回/元
A	优秀	100%×个人期股额度	无
B	良好	100%×个人期股额度	无
C	合格	80%×个人期股额度	出资款－80%×个人期股额度
D	淘汰	无	全额退回

举例：如某合伙人获得期股额度为2万股，价格为3.20元/股，一次出资6.4万元。2019年年度考核等级为B，则本年度的期股数量=100%×2万×50%=1.0万(股)。

2020年度考核等级为C，则本年度的期股=80%×2万×50%=0.8万(股)。

因此，某合伙人最终获得期股总数量为1.8万股，公司退还0.64万元

(0.2×3.2)。

五、分红的规定

1. 分红条件：当公司毛利润≥100万元时公司开始分红，具体规定如表2-56所示。

表2-56　毛利润与分红关系表

序号	毛利润X	分红比例
1	$X<100$万元	不分红
2	100万元$\leq X<1000$万元	50%
3	$X\geq 1000$万元	40%

2. 个人分红=毛利润×分红比例×个人股份间接占公司的比例。合伙人按照实际解锁后的股份数量享受分红。

举例：公司当年毛利润800万元，分红比例为50%，某合伙人股份占公司股份的1.0%，则个人分红=800×50%×1.0%=4.0(万元)。

3. 分红登记日：每年的1月1日—3月1日。

4. 分红发放日：每年的3月1日—4月1日。

5. 分红顺序

(1) 鉴于首批合伙人入股时间的特殊性，规定首批合伙人自2019年获得期股额度后，于2020年春节前完成其50%部分的解锁，并于2020年3月享受分红；剩余的50%于2021年春节前解锁，并在当年的3月享受分红。

(2) 第2批及以后批次合伙人将在次年春节前解锁，并于当年3月享受分红。

6. 分红扣税：公司代扣代缴合伙人分红所产生的个人所得税。

六、退出的规定

退出分正常退出、非正常退出和资本规划退出三种。

(一) 正常退出

正常退出的核算方法如表2-57所示。

表2-57　正常退出的核算明细表

类别 \ 项目	退出金额	退出后分红	办理时间
离职	股权收回，按表2-55执行	无	30日内办理完毕
丧失劳动能力/因公死亡	股权收回，按表2-55执行	按其所持有的股份，续发1年	30日内办理完毕
退休	股权收回，按表2-55执行	按其所持有的股份，续发2年	

1. 合伙人退出金额按表2-58执行。

表2-58　年度与退出金额的对应关系

年数X/年	退出金额/元
X<2	90%×入股金
2≤X<4	120%×入股金
4≤X<6	150%×入股金
X≥6	200%×入股金

2. 表2-58所指的年数自合伙人签订本激励制度及《期股授予协议》起算。

3. 退休退出的条件是合伙人在公司累计工作年数≥10年。退休的年龄规定按国家相关政策执行，并取得政府相关部门颁发的退休证。

4. 离职是指公司与合伙人解除或终止劳动合同而发生的行为。

5. 丧失劳动能力：指合伙人不能正常工作。

(二) 非正常退出

1. 违法违纪退出

(1) 合伙人在任职期间，发生受贿索贿、挪用盗窃等行为。

(2) 违反《保密、知识产权保护和竞业禁止协议》，即合伙人在工作存续期间，本人或其亲属(包括配偶、子女、父母、兄弟姐妹等)开设相同或相近的业务公司。

(3) 严重违反公司的规章制度，见《××科技公司员工手册》的规定。

(4) 其他违反国家法律法规并被刑事处罚的行为。

2. 退出金额

对于上述4种情形，公司将与其解除劳动合同关系，且按其造成损失金额的大小规定如下。

(1) 给公司造成损失金额小于等于50%入股金(本金)，退还金额=50%入股金(本金)；

(2) 给公司造成损失金额大于50%入股金(本金)，退还金额=入股金(本金)-公司损失金额，其中入股金(本金)不足扣除的由其另行支付；

(3) 公司保留相应的起诉权利。

(三) 资本规划退出

1. IPO上市。IPO上市会涉及有限公司改制成股份有限公司而引发的公司主体的更改，故本激励制度终止执行。合伙人持有的实股股权按法律规定平移至拟上市公司，并按上市公司的相关规定执行。

2. 被收购。公司被外部投资人收购时(指外部投资人持股超过50%，或实际控制公司的董事会)，合伙人按投资协议的约定退出，本激励制度将终止执行。

七、其他规定

1. 本制度不影响公司注册资金调整、公司合并、分立、解散或破产、资产出售或购买、业务转让或吸收以及公司其他合法行为。

2.《期股授予协议》是本制度不可分割部分，与本制度具有相同法律效力。

3. 公司股东会视人才引进情况与公司的经营水平，决定对内增发新股，具体标准另定。引进外部投资人所引发的股份比例的变动，合伙人承诺放弃优先购买权，并按其所持有的股份同比例稀释。

4. 公司实施本制度所涉及的财务、会计处理及其税收等问题，按有关法律法规、会计准则、税务政策规定执行。

5. 国家法律政策要求公司停止本制度的，公司股东会有权视情况通知合伙人终止履行本制度且不需承担任何责任。

6. 本制度由公司财务部负责修订和完善，公司财务部拥有对本制度的解释权。

7. 本制度自公司股东会批准之日起生效，对本制度的修改、补充均须经股东会通过。

案例2-23 某学历教育公司内部裂变创业的规定

北京某学历教育公司成立于2014年11月，注册资金100万元，专业从事自考、网教及成人高考的教育信息咨询。截至2017年12月员工74人，"90后"员工占80%，年营业收入约4065万元，包括招生部、教务部、财务部及人事部四大部门。经诊断该公司存在如下问题。

1. 公司以"90后"员工为主，易受情绪影响，不服管理，讲究个性，传统管理方式失效；

2. 能力强的招生总监想出去创业，老板不愿培养人，担心给别人做嫁衣；

3. 销售激励过度，忽略教务的作用，造成前线与后台冲突不断；

4. 老板想做合伙计划，但无从下手。

2018年1月该公司内部员工裂变创业正式启动，并于同年5月圆满落地。笔者经该公司董事长同意分享如下。

一、资格条件

1. 工作半年以上，本人有创业的愿意，同时管理2个及2个以上招生团队的总监(经理)，每个招生团队由8～12人组成。

2. 认同总部的企业文化与价值观，在团队中享有一定的威望，具备一定管理能力。

3. 所带的每个团队季度平均销售收入超过150万元(含)。

4. 总部认定的其他条件。

二、股东结构

1. 子公司的注册资金为100万元。总部的总经理为子公司的执行董事；总监(经理)为子公司总经理兼法定代表人，负责子公司日常经营管理工作。

2. 股东构成为总部总经理1名(法人股东)、总监(经理)1名(自然人股东)，股份占比分别为50%～60%、40%～50%，具体比例由各股东协商确定，但要确保总部的第一大股东身份。

子公司原始股东为总部总经理与总监(经理)，而教务人员要成为子公司的股东需符合一定的业绩条件，当教务人员相关业绩达标后，各股东承诺按所持股的比例进行同比例稀释。

3. 各股东按出资比例进行工商登记注册，出资金额实行认缴制，子公司总经理的首期出资不得低于20万元，剩余出资须在后续的两年内补足。

4. 子公司负责招生的团队经理，可以选择裂变式创业，分家新设子公司，具体参考第七条裂变式创业的规定；或选择不创业而留在子公司内发展，但需出资入股(子公司通过增资扩股方式)成为子公司的股东，占股比例原则上不超过10%，具体比例由子公司总经理提出，报子公司股东会决定。

三、分红规定

1. 分红的核算周期为半年。

2. 分红与子公司的净利润相关联，按照会计准则的规定，净利润=收入-成本-费用，子公司半年度净利润的分配顺序是：

(1) 提取半年度净利润10%作为子公司的发展基金，主要用于所在子公司的员工培训、员工聚餐、销售精英奖励等；

(2) 提取半年度净利润10%参与总部业绩奖励计划，给下两个季度分别排名第一的招生团队奖励，规则为：业绩排名=60%的签约额+40%的净利润。从中选出排名第一名的销售招生团队。

为充分调动子公司经营团队的工作积极性，总部多让利，即根据子公司可分配红利的完成情况，采取出资比例与分红不同的策略，如表2-59所示(表2-59仅限于两个团队的情况，如果子公司下监管三个团队，需在数字基础上浮动50%)。

表2-59　半年度净利润与分红关系表

序号	半年签约额X/元	半年度净利润Y/元	总部	总经理及其他
1	$X<600$万	$Y<100$万	60%	40%
2	600万$\leqslant X<750$万	100万$\leqslant Y<150$万	50%	50%
3	750万$\leqslant X<900$万	150万$\leqslant Y<200$万	40%	60%
4	$X\geqslant900$万	$Y\geqslant200$万	30%	70%

3. 总经理及其他人员之间的分配，根据他们占子公司的股份比例进行核算。

例如，子公司股东结构是总部总经理50%，子公司总经理40%，教务人员10%，子公司半年度净利润为120万元，则子公司总经理可分金额=120×80%×50%×[40%/(40%+10%)]=38.4(万元)。

4. 总部财务部兼管各子公司的财务工作，每年7月1日及来年的春节前核算各子公司的净利润。

5. 分红的发放日为每年的8月1日及次年春节前，分红采取2期递延发放方式，即8月1日发放60%，来年春节前发放剩余的40%。

四、退出规定

1. 被兼并。以半年度考核为周期，如果子公司的某个招生团队签约额排名倒数第一(即月均低于40万元)，应强制被兼并。当子公司总经理名下没有任何团队时，子公司总经理须辞职并协助办理相应的工商变更手续。

兼并的具体操作详见第七条：裂变式创业的规定。

2. 公司解散。除业绩之外的其他因素导致公司经营困难时，经2/3具有表决权的股东同意，可以解散公司。

子公司解散按相关法律规定执行，各股东需按所持股比例承担公司的债务。

3. 违纪退出。如发生以下行为，总部按照子公司总经理投入原值的0.8倍回购其股份。

(1) 总部或子公司有足够的证据证明子公司总经理在任职期间，有受贿索贿、挪用盗窃、损害公司声誉等行为，给公司造成经济损失的，在子公司总经理的原值中扣减，不足扣除部分由其另行支付，公司保留相应的起诉权利。

(2) 违反《竞业禁止协议》，即在工作存续期间内，本人或其亲属(包括配偶、子女、父母、兄弟姐妹等)开设相同或相近的业务公司，给公司造成经济损失的，在子公司总经理的原值中扣减，不足扣除部分由其另行支付，公司保留相应的起诉权利。

(3) 其他违反国家法律法规并被刑事处罚的行为。

4. 子公司代扣代缴股东及员工分红所产生的个人所得税。

五、总经理的权利

(一) 业务权

1. 决定对内分工、对外开拓市场等。

2. 确定子公司日常经营管理的激励模式，报子公司股东会批准。

(二) 人事权

1. 子公司不设专门财务部、人事部、教务部等职能部门。为实现组织的扁平化，子公司原则上不设副总经理，招生团队的负责人称谓为经理。

子公司内部组织架构及员工晋升的规定，可以参考总部的《员工晋升与任职资格体系》相关文件执行。

2. 子公司总经理有独立的人事权，有权决定子公司所有人员任免，报总部人事部备案，但劳动纠纷所产生的费用，包括但不限于经济补偿金的给付、仲裁费用等，由子公司承担。

3. 子公司的招生团队固定人员至少有1名3星级的招生老师。其他人员由总经理对外招聘、对内调剂或兼并等。

(1) 对内调剂。须本人有意向，由调入子公司总经理同意，但须一次性支付人员的培养费(标准为月平均工资的20%，以总部财务部数据以准)。当然子公司的招生团队有富余人员时，也可以向其他子公司的团队输送人员，培养费收费标准相同，但子公司的招生团队人数不得低于8个。

(2) 对外招聘。子公司的管理层及3星级(含)以上人员的招聘须通过总部人事部进行，人员转正后子公司需向总部人事部支付月工资的20%作为猎头费(以员工录用文件为准)，其他基层人员招聘不计算此费用。

(3) 对内兼并。不需要支付人员的培养费及猎头费，参考第四条退出规定的第一款执行。

4. 新设子公司后，原与总部签订的劳动合同作废，子公司所有员工须与新设子公司重新签订劳动合同(因涉及在京购房等事宜，需要社保缴费具有连续性的员工，经本人申请，报总部总经理同意后可例外，但总部代其支付的工资及社保费用等，每月进行内部结算，由子公司返还总部)。

(三) 财务权

1. 工资与社保。按照独立核算、自负盈亏的原则，由子公司承担。

2. 提成与奖金。由子公司承担。

3. 费用公摊。鉴于子公司与总部共用办公场所，总部财务部每月按各子公司的人数核算各子公司的租金、物业费、水电费等。

4. 总部人事、财务人员的工资按总部和子公司各50%分摊，其中子公司50%的部分，按各子公司实际销售收入分摊。具体操作为：每年春节前，统计各子公司上一年的销售收入，按各自占比计提。

5. 各项支出。话费+人员工资+水电公摊+猎头费用+培养费+劳动纠纷费+其他，于是形成了子公司的月利润表(如表2-60所示)，总部财务部每月底把此表发至子公司总经理，年底汇总后形成年度的利润表。

表2-60　子公司的月利润表　　　　　　　　　　　　　元

收入		费用		利润
1. 主营收入	自考	话费		
	网教	人员工资		
	成人高考	人员社保		
		人员福利		
		费用公摊		
		总部人事财务工资分摊		
		猎头费用		
2. 营业外收入	培养费	劳动纠纷费		
	其他	其他		
合计		合计		

6. 销售收入做账。有非开票业务发生时，可以汇入总部财务与子公司总经理共同管理的账户，以共同管理财务资金往来。

7. 费用管理。子公司总经理月度可以一次性审批2万元(含)的除工资之外的费用支出，超过2万元的，提报子公司股东会决定。

8. 投资管理。子公司总经理没有对外投资的权力，但可以提出具体的投资方案，报子公司股东会批准。

9. 预支管理。如果子公司总经理在任职期间发生重大的事件，例如买房、买车、家人生病等，子公司总经理季度预支额度为10万元(含)，超过10万元由总部总经理审批。子公司总经理的预支款应在子公司的对私账户里列支，且预支款应在来年春节前以分红方式还款抵扣。

总部总经理的预支额度与子公司总经理等同，按上述规定执行。

六、总经理的义务

1. 企业文化宣传。承担在子公司宣传总部企业文化的义务，主动让员工了解总部的愿景、目标、价值观、经营理念等。

2. 人才培养。一年内至少把1名子公司的经理培养成新设子公司的总经理，符合裂变式创业的条件。每年至少培养3星级或3星级以上的招生老师2人。

如果这两个指标未完成，应对子公司总经理的分红打折，即完成其中1个指标时，分红打9折；两个指标均未完成的，分红打8.5折。

3. 竞业限制。子公司总经理须与总部签订《竞业禁止协议》，子公司总经理离职后2年内不得从事与总部及子公司类似的业务，不得把子公司或总部之下的其他子公司的相关人员带走，否则构成同业竞争，对违反者处以50万元的罚款。

七、裂变式创业的规定

(一) 裂变条件

裂变式创业的对象为子公司负责招生的经理。

1. 业绩要求。当子公司经理的半年度个人业绩超过40万元，且整个招生团队业绩超过300万元时，经理可以向子公司总经理和总部申请新增1个招生团队(8～12人)，经同意后经理须在1个月内组建新的团队。

2. 团队要求。新建的团队中，至少有1名3星级招生老师。新建团队符合人数要求及3星级招生老师要求，完成团队命名后开始计算业绩。

3. 规则要求。裂变成功的经理，其原有的销售招生团队不得带走。

(二) 兼并的发生

1. 兼并发生的条件为：当总部下属的招生团队半年度销售收入排名最后一名，月均销售收入低于40万元，拟裂变的子公司经理所带的团队半年度销售收入与最后一名的差额大于200万元。

2. 符合裂变条件的子公司经理对上述业绩排名最后一名的团队进行兼并。兼并的顺序是：在3个工作日内业绩排名第1名的经理优先兼并，其不愿意兼并时，业绩排名第2名的经理接力兼并，以此类推。

新设子公司后，子公司总经理有权对相关人员进行调整。

3. 兼并时间以半年度为单位，且总部半年度工作会议结束后即可展开。

(三) 补偿的规定

裂变式创业机制有利于团队里优秀人才脱颖而出，但分家也是有代价的，另外考虑到原子公司总经理对经理的培养，故应对原子公司总经理做出必要的补偿。

1. 师带徒的补偿。通过裂变新设子公司时，总经理须把本人第1年分红的20%给原子公司总经理以报答提携及培养之恩。

补偿期限：分家后的1年。

2. 投资入股。经双方协商，原子公司的总经理可以投资入股方式进入新裂变的子公司，其占股比例为10%～20%。

3. 最佳伯乐评选。每年底总部对子公司总经理进行排名，评选出一名"最佳伯乐"，标准包括所裂变的子公司总经理的销售收入、净利润、数量及总部全体员工网络投票四个方面，打分权重分别为30%、25%、20%、25%。

(1) 奖励。总部于每年春节前组织评选，奖励1万元～3万元；

(2) 成为总部的股东。连续2年被评选为"最佳伯乐"的子公司总经理，有资格成为总部的股东，占股比例不超过10%，需要出资享有。

案例2-24 合伙企业(有限合伙)协议

第1条　根据《中华人民共和国合伙企业法》(以下简称《合伙企业法》)及有关法律、行政法规、规章的有关规定，经协商一致订立本协议。

第2条　本企业为有限合伙企业，是根据协议自愿组成的共同经营体。全体合伙人愿意遵守国家有关的法律、法规、规章，依法纳税，守法经营。

第3条　本协议条款与法律、行政法规、规章不符的，以法律、行政法规、规章的规定为准。

第4条　本协议经全体合伙人签名、盖章后生效。合伙人按照合伙协议享有权利，履行义务。

第5条　合伙企业名称：＿＿＿＿＿＿＿＿＿。

第6条　企业经营场所：＿＿＿＿＿＿＿＿＿。

第7条　合伙目的：为了保护全体合伙人的合伙权益，使本合伙企业取得最佳经济效益。(注：可根据实际情况，另行描述。)

第8条　合伙经营范围：

(注：参照《国民经济行业分类标准》具体填写。合伙经营范围用语不规范的，以企业登记机关根据前款加以规范、核准登记的为准。合伙经营范围变更时依法向企业登记机关办理变更登记。)

第9条　合伙人共＿＿＿＿个，分别是：

1.普通合伙人／有限合伙人(注：选择其中之一)：

住所(址)＿＿＿＿＿＿＿＿＿＿＿：

证件名称：＿＿＿＿＿＿＿＿＿＿＿；

证件号码：＿＿＿＿＿＿＿＿＿＿＿；

2.普通合伙人／有限合伙人(注：选择其中之一)：

住所(址)＿＿＿＿＿＿＿＿＿＿＿：

证件名称：＿＿＿＿＿＿＿＿＿＿＿；

证件号码：＿＿＿＿＿＿＿＿＿＿＿；

(注：可续写。有限合伙企业由二个以上五十个以下合伙人设立，但是法律另有规定的除外。有限合伙企业至少应当有一个普通合伙人。)

以上普通合伙人为自然人的，都具有完全民事行为能力。

第10条　合伙人的出资方式、数额和缴付期限：

1.普通合伙人：＿＿＿＿。

以货币出资＿＿＿万元，以＿＿＿(实物、知识产权、土地使用权、劳务或其他非货币财产权利，根据实际情况选择)作价出资＿＿＿万元，总认缴出资＿＿＿万元，占注册资本的＿＿％。

首期实缴出资＿＿＿万元，在申请合伙企业设立登记前缴纳，其余认缴出资在领取营业执照之日起____个月内缴足。

2. 有限合伙人：_____。

以货币出资____万元，以____(实物、知识产权、土地使用权、劳务或其他非货币财产权利，根据实际情况选择)作价出资____万元，总认缴出资____万元，占注册资本的____%。

首期实缴出资____万元，在申请合伙企业设立登记前缴纳，其余认缴出资在领取营业执照之日起____个月内缴足。

(注：可续写。以非货币财产出资的，依照法律、行政法规的规定，需要办理财产权转移手续的，应当依法办理。有限合伙人不得以劳务出资。)

第11条 合伙企业的利润分配，按如下方式分配：

(注：不得约定将全部利润分配给部分合伙人或者由部分合伙人承担全部亏损。合伙协议未约定或者约定不明确的，由合伙人协商决定；协商不成的，由合伙人按照实缴出资比例分配、分担；无法确定出资比例的，由合伙人平均分配、分担。)

第12条 合伙企业的亏损分担，按如下方式分担：

第13条 有限合伙企业由普通合伙人执行合伙事务。执行事务合伙人应具备如下条件：

并按如下程序选择产生：_____。

经全体合伙人决定(注：也可依据《合伙企业法》第二十六条的规定在本条约定其他决定方式，例如"经三分之二以上合伙人决定"。)，委托_____执行合伙事务，其他合伙人不再执行合伙事务。执行合伙事务的合伙人对外代表企业。

第14条 不执行合伙事务的合伙人有权监督执行事务合伙人执行合伙事务的情况。执行事务合伙人应当定期向其他合伙人报告事务执行情况以及合伙企业的经营和财务状况，其执行合伙事务所产生的收益归合伙企业，所产生的费用和亏损由合伙企业承担。

第15条 合伙人分别执行合伙事务的，执行事务合伙人可以对其他合伙人执行的事务提出异议。提出异议时，暂停该事务的执行。如果发生争议，依照本协议第十六条的规定做出表决。受委托执行合伙事务的合伙人不按照合伙协议的决定执行事务的，其他合伙人可以决定撤销该委托。

执行事务合伙人的除名条件为：_____。

执行事务合伙人的更换程序为：_____。

第16条 合伙人对合伙企业有关事项做出决议，实行合伙人一人一票并经全体合伙人过半数通过的表决办法。(注：也可依据《合伙企业法》第三十条的规定在本条约定其他表决办法。)

第17条 合伙企业的下列事项应当经全体合伙人一致同意：(注：也可依据《合伙企业法》第三十一条的规定在本条约定其他同意方式，例如约定下列全部或某一事项"应当经三分之二以上合伙人同意"或"经全体合伙事务执行人一致同意"等。)

(一) 改变合伙企业的名称；

(二) 改变合伙企业的经营范围、主要经营场所的地点；

(三) 处分合伙企业的不动产；

(四) 转让或者处分合伙企业的知识产权和其他财产权利；

(五) 以合伙企业名义为他人提供担保；

(六) 聘任合伙人以外的人担任合伙企业的经营管理人员。

第18条 普通合伙人不得自营或者同他人合作经营与本有限合伙企业相竞争的业务；有限合伙人可以自营或者同他人合作经营与本有限合伙企业相竞争的业务(注：也可依据《合伙企业法》第七十一条的规定在本条约定其他情形)。

除经全体合伙人一致同意(注：也可依据《合伙企业法》第三十二条的规定在本条约定其他同意方式)外，合伙人不得同本合伙企业进行交易。有限合伙人可以同本有限合伙企业进行交易(注：也可依据《合伙企业法》第七十条的规定在本条约定其他情形)。

第19条 经全体合伙人同意，合伙人可以增加或者减少对合伙企业的出资。(注：也可依据《合伙企业法》第三十四条的规定在本条约定其他决定方式。)

第20条 有限合伙人不执行合伙事务，不得对外代表有限合伙企业，有《合伙企业法》第六十八条规定的行为，不视为执行合伙事务。

第21条 新合伙人入伙，须经全体合伙人一致同意(注：也可依据《合伙企业法》第四十三条的规定在本条约定其他同意方式)，依法订立书面入伙协议。订立入伙协议时，原合伙人应当向新合伙人如实告知原合伙企业的经营状况和财物状况。入伙的新合伙人与原合伙人享有同等权利，承担同等责任(注：也可依据《合伙企业法》第四十四条的规定在本条约定新合伙人的其他权利和责任)。新普通合伙人对入伙前合伙企业的债务承担无限连带责任；新入伙的有限合伙人对入伙前有限合伙企业的债务，以其认缴的出资额为限承担责任。

第22条　有《合伙企业法》第四十五条规定的情形之一的，合伙人可以退伙(注：合伙协议约定合伙期限的，保留；否则，删除。)

合伙人在不给合伙企业事务执行造成不利影响的情况下，可以退伙，但应当提前三十日通知其他合伙人。

合伙人违反《合伙企业法》第四十五或四十六条规定退伙的，应当赔偿由此给合伙企业造成的损失。

第23条　普通合伙人有《合伙企业法》第四十八条规定的情形之一的和有限合伙人有《合伙企业法》第四十八条第一款第一项、第三项至第五项所列情形之一的，必须退伙。

普通合伙人被依法认定为无民事行为能力人或者限制民事行为能力人的，经其他合伙人一致同意，可以依法转为有限合伙人；其他合伙人未能一致同意的，该无民事行为能力或者限制民事行为能力的普通合伙人退伙。退伙事由实际发生之日为退伙生效日。

第24条　合伙人有《合伙企业法》第四十九条规定的情形之一的，经其他合伙人一致同意，可以将其除名。

对合伙人的除名决议应当书面通知被除名人。被除名人接到除名通知之日，除名生效，被除名人退伙。被除名人对除名决议有异议的，可以自接到除名通知之日起三十日内，向人民法院起诉。

第25条　普通合伙人死亡或者被依法宣告死亡的，对该合伙人在合伙企业中的财产份额享有合法继承权的继承人，经全体合伙人一致同意(注：也可依据《合伙企业法》第五十条的规定在本条约定其他同意方式)，从继承开始之日起，取得该合伙企业的合伙人资格。作为有限合伙人的自然人死亡、被依法宣告死亡或者作为有限合伙人的法人及其他组织终止时，其继承人或者权利承受人可以依法取得该有限合伙人在有限合伙企业中的资格。

有《合伙企业法》第五十条规定的情形之一，合伙企业应当向合伙人的继承人退还被继承合伙人的财产份额。

普通合伙人的继承人为无民事行为能力人或者限制民事行为能力人的，经全体合伙人一致同意，可以依法成为有限合伙人。全体合伙人未能一致同意的，合伙企业应当将被继承合伙人的财产份额退还该继承人。经全体合伙人决定，可以退还货币，也可以退还实物(注：也可依据《合伙企业法》第五十二条的规定在本条约定其他决定方式和退还办法)。

第26条　普通合伙人退伙后，对基于其退伙前的原因发生的合伙企业债务，承担无限连带责任；退伙时，合伙企业财产少于合伙企业债务的，该退伙人应当依照本协议第十一条的规定分担亏损。有限合伙人退伙后，对基于其退伙前的原因发生的有限合伙企业债务，以其退伙时从有限合伙企业中取回的财产承担责任。

第27条　经全体合伙人一致同意(注：也可依据《合伙企业法》第八十二条的规定在本条约定其他同意方式)，普通合伙人可以转变为有限合伙人，或者有限合伙人可以转变为普通合伙人。

有限合伙人转变为普通合伙人的，对其作为有限合伙人期间有限合伙企业发生的债务承担无限连带责任。普通合伙人转变为有限合伙人的，对其作为普通合伙人期间合伙企业发生的债务承担无限连带责任。

第28条　合伙人履行合伙协议发生争议的，合伙人可以通过协商或者调解解决。不愿通过协商、调解解决或者协商、调解不成的，可以按照合伙协议约定的仲裁条款或者事后达成的书面仲裁协议，向仲裁机构申请仲裁。合伙协议中未订立仲裁条款，事后又没有达成书面仲裁协议的，可以向人民法院起诉。

第29条　合伙企业有下列情形之一的，应当解散：

(一) 合伙期限届满，合伙人决定不再经营；

(二) 合伙协议约定的解散事由出现；

(三) 全体合伙人决定解散；

(四) 合伙人已不具备法定人数满三十天；

(五) 合伙协议约定的合伙目的已经实现或者无法实现；

(六) 依法被吊销营业执照、责令关闭或者被撤销；

(七) 法律、行政法规规定的其他原因。

第30条　合伙企业清算办法应当按《合伙企业法》的规定进行清算。清算期间，合伙企业存续，不得开展与清算无关的经营活动。

合伙企业财产在支付清算费用和职工工资、社会保险费用、法定补偿金以及缴纳所欠税款、清偿债务后的剩余财产，依照第十一条的规定进行分配。

第31条 清算结束后，清算人应当编制清算报告，经全体合伙人签名、盖章后，在十五日内向企业登记机关报送清算报告，申请办理合伙企业注销登记。

第32条 合伙人违反合伙协议的，应当依法承担违约责任。

第33条 经全体合伙人协商一致(注：也可根据《合伙企业法》第十九条第二款另行约定)，可以修改或者补充合伙协议。

第34条 本协议一式___份，合伙人各持一份，并报合伙企业登记机关一份(注：此条供合伙人参考，设立合伙企业必须依法向企业登记机关提交合伙协议。)

本协议未尽事宜，按国家有关规定执行。

全体合伙人签名、盖章：

(注：可选择。合伙人为自然人的应签名，为法人、其他组织的应加盖公章。)

案例2-25 新合伙人入伙协议

原合伙人信息：

合伙人甲：基本信息

合伙人乙：基本信息

新入伙人信息：基本信息

第一条 协议目的

经过全体合伙人共同协商，一致同意××作为新合伙人加入本合伙企业。

本协议以规范新入伙人权利和义务为目的，在《企业合伙协议》的基础上，由新合伙人与原合伙人协商一致后订立。新合伙人××已经完整阅读并充分了解了《新合伙人入伙协议》中规定的权利和义务，并同意完全遵守。

第二条 合伙的基本情况

本合伙企业是由合伙人××、××和××共同出资，以××为目的而结成的。合伙的期限为自签约之日起××年。

本合伙企业已经在工商部门完成登记，工商登记号为××，经营场所为××，由××作为合伙负责人按照授权处理日常合伙事务。

第三条　新合伙人的出资方式、数额、缴付期限

新合伙人××以××方式出资，计人民币××元；××年××月××日前实际缴足出资，逾期未缴或未缴足的，视为未加入合伙，已缴部分予以退还。

完成出资之日视为正式入伙，成为本企业的合伙人。

所有合伙人需签署《新合伙人出资证明》，确认新合伙人的出资份额。

第四条　利润分配

新合伙人的利润分配，自入伙日开始计算，以其出资额占合伙财产的比例为依据，按比例分配。

第五条　债务承担

新合伙人同意对加入合伙之前的所有债务承担偿付义务。原合伙人需要将合伙企业的经营状况向新合伙人如实告知，对于未予告知的债务，新合伙人不需要承担偿付义务。如新合伙人对外予以偿付的，则可以向其他合伙人进行追偿。合伙债务先由合伙财产进行清偿，合伙财产不足以清偿的，以入伙日起各合伙人的出资比例承担。

第六条　争议解决

各方在履行过程中产生的任何争议，都应由各方通过友好协商的方式解决，协商不成的，任何一方有权向××人民法院提起诉讼。

第七条　其他

1. 经协商一致，合伙人可以修改本协议或对未尽事宜进行补充；补充、修改内容与本协议相冲突的，以补充、修改后的内容为准。

2. 本协议一式××份，合伙人各执××份，均具有同等效力。

3. 本协议经全体合伙人签名、盖章后生效。

原合伙人签字：

日期：××年××月××日

新合伙人签字：

日期：××年××月××日

案例2-26 合伙人退伙协议

合伙人甲：基本信息

合伙人乙：基本信息

合伙人丙：基本信息

根据《中华人民共和国合伙企业法》、合伙协议的相关条款规定，按照自愿、平等、公平、诚实的原则，经全体合伙人协商一致，制定本协议。

1. 甲、乙、丙三方合伙经营的公司名称：××；地址：××；社会统一信用代码：××。

2. 甲、乙、丙三方于××年××月××日订立合伙协议，共同合伙经营事业，现因丙方××原因，提出退伙并经全体合伙人同意。

3. 经甲、乙双方同意，以××年××月××日为丙方退伙之日。

4. 甲、乙、丙三方于××年××月××日按照退伙时的合伙制企业的财产进行结算，确认需要退还退伙人丙方××元。

5. 丙方应缴清其在合伙期间内的一切税费。

6. 丙方对其退伙前已发生的合伙制企业债务，与其他合伙人承担连带责任。

7. 丙方退伙后，合伙事业某些事项需要丙方予以协助完成的，丙方有义务予以配合，如变更有关登记事项、变更有关协议主体、履行未完结的合同等。

8. 甲、乙、丙各方承诺对合伙、退伙事宜俱无隐瞒。任何一方隐瞒事实、损害另一方合法权益的，应承担相应法律责任。

9. 本协议自甲、乙、丙三方共同签字后生效，一式××份，甲、乙、丙三方各执××份为凭。

甲方：(签字)

乙方：(签字)

丙方：(签字)

签订日期：××年××月××日

案例2-27　竞业限制协议

甲方：

法定代表人：

联系方式：

联系地址：

乙方：

公民身份号码：

联系方式：

联系地址：

根据《劳动合同法》《反不正当竞争法》等法律法规的相关规定，鉴于乙方在甲方工作期间，已经或可能知悉甲方的重要商业秘密，为保护甲方的合法权益及竞争优势不受影响，确保乙方不与甲方形成竞业关系，本着平等、自愿、公平、诚信的精神，经充分协商后，双方达成以下协议。

一、竞业限制的范围、地域、期限

1. 乙方在职期间不得自营或者为他人经营与甲方同类、有竞争关系的业务。

2. 在双方解除或者终止劳动合同后，乙方不得自营或为他人经营与甲方有竞争的业务或到与甲方有竞争关系的其他用人单位任职。

(1) 竞争业务：是指与甲方及其关联公司从事或者计划从事的业务相同、相近或相竞争的其他业务。

(2) 有竞争关系：是指与该员工离职时甲方及其关联公司已经经营的项目和开展的业务有竞争关系，有竞争关系的单位包括与甲方及其关联公司直接竞争的单位及其直接或间接参股或控股或受同一公司控制的单位。

3. 竞业限制期限：双方签署本协议之日起至甲、乙双方解除或终止劳动合同之日起2年。

4. 竞业限制的地域范围：包括但不限于中华人民共和国境内。

二、乙方的义务

1. 双方解除或终止劳动合同后，乙方应在领取竞业补偿前三日向甲方提供已经履行了竞业限制约定义务的证明，并以此作为甲方向乙方支付该阶段竞业限制补偿金的前提，证明材料包括：

(1) 乙方与新单位(与甲方业务不相同或相似，无商业竞争关系)签订的劳动合同，或者能够证明与新的单位存在劳动关系的其他证明；

(2) 新的单位为其缴纳社会保险的证明；

(3) 失业证；

(4) 其他经甲方认可的足以证明乙方该阶段已经履行竞业限制义务的证明材料。

2. 乙方在甲方工作期间及乙方从甲方离职后，乙方承担的其他义务包括但不限于不泄漏、不使用、不使他人获得或使用甲方的商业秘密；不传播、不扩散不利于甲方的消息或报道；不直接或间接地劝诱或帮助他人劝诱甲方员工离开甲方。

3. 乙方承诺在双方约定的竞业限制期限内，不得在竞业限制的地域内直接或者间接地投资或从事与甲方业务相竞争的业务，或成立从事竞争业务的组织，或者向竞争对手提供任何服务或向其披露任何保密信息，不得正式或临时受雇于竞争对手或作为竞争对手的代理或代表从事活动。

三、竞业限制补偿金

1. 乙方在甲方及甲方关联公司工作期间履行竞业限制义务，甲方无须给乙方竞业限制补偿金。

2. 乙方离开甲方及其关联公司后，在本协议约定的履行竞业限制期限内，甲方应给予乙方竞业限制补偿金，每月的补偿金数额为￥____(大写人民币____圆整)。

3. 补偿金按季度支付，应在该支付月的15日将各期款项支付至乙方账户。

开户名称：

开户银行：

银行账号：

如乙方收款账户发生变更，应提前30日以书面形式通知甲方，并取得甲方书面确认答复函，否则因此导致款项无法到账、遗失等相应的后果由乙方自行承担，且竞业限制协议依然有效。

以上补偿金额为含税金额，由此产生的相应税款，由乙方自行承担。

四、协议的终止

出现下列情况之一的，本协议终止。

1. 甲方根据自身的经营情况，单方免除乙方的竞业限制义务；

2. 乙方所掌握的甲方重要商业秘密已经公开，而且由于该公开导致乙方的行为对甲方的竞争优势已无重要影响。

3. 甲方不履行本协议第三条规定的义务，拒绝(甲方无正当理由，延迟支付该到期补偿费超过三个月，或者甲方支付该到期补偿费的数额不足本协议规定数额的4/5的，即可视为拒绝支付)向乙方支付竞业限制补偿费的。

4. 其他法律法规规定的终止情形。

五、违约责任

乙方违反本协议约定的，应当承担违约责任，甲方有权要求乙方退还甲方已经支付的全部竞业限制补偿金，并向甲方支付违约金￥____(大写人民币____圆整)。违约金不足以弥补甲方经济损失的，乙方还需继续赔偿。

六、争议的解决

如甲、乙双方对本协议的内容或其履行发生任何争议，甲、乙双方应进行友好协商；协商不成或不愿协商时，任何一方均有权向甲方住所地人民法院提起诉讼。

七、其他

1. 本协议未尽事宜，双方可另行签订补充协议，补充协议与本协议约定相冲突的，以补充协议为准。补充协议与本协议具有同等法律效力。

2. 本协议一式两份，双方各执一份，具有同等法律效力。本协议自双方签字盖章之日起生效。

(以下无正文，为签订部分)

甲方(盖章)：　　　　　　　乙方(签字)：

授权代表：

签署时间：　年 月 日　　　签署时间：　年 月 日

签署地址：

乙方身份证复印件留底处

问卷2-1 **事业合伙项目决策模型**

为了更好地判断您公司是否适合实施事业合伙项目，请您对表2-61中内容进行评估。

表2-61 问卷

评估内容	评估得分
	1 2 3 4 5
1. 公司是否有清晰的战略发展目标及未来预期？	☐☐☐☐☐
2. 公司未来五年的发展动能与潜力是什么？	☐☐☐☐☐
3. 全体股东对合伙计划的支持程度如何？是否愿意稀释股份？	☐☐☐☐☐
4. 内部人力资源管理制度是否完善？(职位体系、人才评价机制、薪酬福利制度、企业文化机制)	☐☐☐☐☐
5. 有无完善的绩效考核方案？(目标制订)	☐☐☐☐☐
6. 公司财务是否清晰、透明、公开？是否愿意逐步合规？	☐☐☐☐☐
7. 公司是否有合适的激励对象？(三观一致)	☐☐☐☐☐
8. 员工出资的意愿、出资能力如何？	☐☐☐☐☐
9. 公司是否考虑过合伙计划的风险？(例如，员工持股后的持续性激励问题及躺在功劳簿上睡大觉问题)	☐☐☐☐☐
10. 公司是否考虑过退出问题？	☐☐☐☐☐
总得分	

第三节
股东合伙(SP)

本书所称的股东合伙(SP)是指在工商部门登记注册的合伙形式，是合伙的最高阶段，股东的权利受《公司法》及公司章程保护。公司做生意亏损了可以重来，而股东之间内斗，互不信任，互相伤害，而且能以法律之名，这更可怕！

如何预防兄弟变敌人的悲剧呢？笔者总结了股东合伙必须解决的十大问题(如图2-23所示)，切记要用共同利益去追求兄弟情谊，而不是用兄弟情谊去追求共同利益！这样才能合得长，合得久！

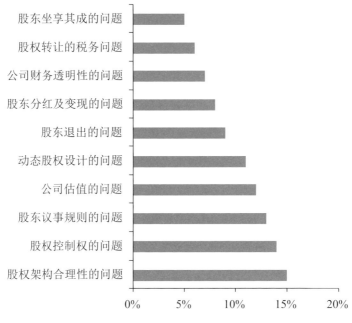

图2-23　股东合伙必须解决的十大问题

一、股权架构合理性的问题

股权架构合理性包括股东持股的形式(例如法人公司、自然人或合伙企业等)、股东股份的分配(例如67%、51%、34%、10%、平均分配等)、预留股份的设计(例如股份来源、比例、何时用完等)、实际控制人的确定(例如股份穿透、股份代持等)。

案例2-28 缺乏股权设计的"褚橙"能走多远?

2019年3月5日，在经历人生无数的风雨后，中国最具争议的企业家之一，91岁的褚橙创始人褚时健与世长辞。

王石曾用巴顿将军的名言评价过褚时健："衡量一个人成功的标志，不是看他登到顶峰的高度，而是看他跌到低谷的反弹力。"

这是对褚老的最大褒奖！但我们不得不担心褚橙最大的危机——股权架构不合理导致的隐患！

2007年褚橙过剩危机爆发，李亚鑫、任书逸(褚时健的外孙女)夫妇回国效力，为褚橙电商化及热销、褚时健个人IP打造等立下汗马功劳。

2013年4月，由任书逸任法定代表人的云南褚橙果品有限公司成立，注册资金为500万元，股权结构如表2-24所示。

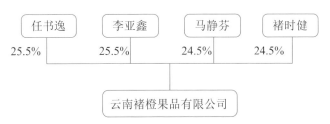

图2-24 云南褚橙果品有限公司股权架构图

股权平均分配的最大弊端就是公司没有核心人物，难以达成共识，决策效率低下，公司治理瘫痪等。更有甚者，可能出现家族成员之间只能同患难而不能共富贵的局面。褚时健在世时可以其个人影响力摆平，但现在呢?

目睹李亚鑫、任书逸夫妇生意做大的同时，褚时健有一丝的担忧，可能是其深受中国传统文化的影响，认为子承父业是天经地义的事。于是2013年7月，褚一斌放弃在新加坡的金融事业回国辅助褚时健，但云南褚橙果品有限公司已没有预留的股权再拿出来分配了，除非褚氏夫妇的股份进行转让(最多49%)。于是另起炉灶就成为必然的选择。

2017年11月，云南褚氏果业股份有限公司成立，注册资金为1500万元，股权架构如图2-25所示。

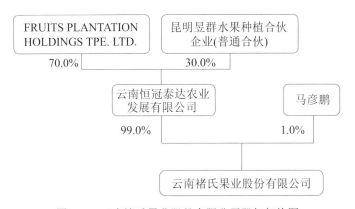

图2-25 云南褚氏果业股份有限公司股权架构图

从企查查可知，2014年9月成立的云南恒冠泰达农业发展有限公司注册资金99.99万美元，系中外合伙企业，实控人为褚一斌。

2015年10月，云南褚氏果业股份有限公司与阿里合作开出天猫旗舰店，与早在2012年就布局本来生活网的云南褚橙果品有限公司暗自较力。有趣的是天猫上有了两家售卖真"褚橙"的公司：李亚鑫主导下的"褚橙水果旗舰店"和褚一斌控制下的"褚氏新选水果旗舰店"。

2018年1月，褚氏父子圆满交接。时至今日，接班人的问题似乎没有"传承"更重要。不管由谁接班，未来褚橙是否会随着褚时健的逝去而繁华不再？

从案例2-28中我们知道，每家公司成立伊始就面临着股东名称及股权分配问题。如果你现在的企业股权构架像云南褚橙果品有限公司一样不合理，怎么办？笔者建议学习海底捞张勇的做法，要根据企业的发展阶段，动态调整股权结构。

案例2-29 海底捞初期股权架构不合理，张勇是如何调整的？

1994年张勇与其女友舒萍，施永宏与其女友李海燕，凑了近万元创办海底捞，四人各占25%的股份。

2004年，张勇夫妻和施永宏夫妻各占海底捞50%股份。公司发展很快，张勇让妻子舒萍和施永宏夫妇先后离开海底捞。2007张勇从施永宏夫妇手中以原始出资额(注：8000元)的价格购买其18%的股权，张勇夫妇合计持股68%，成为海底捞绝对控股股东，如图2-26所示。

为何施永宏自愿以原始出资额转让18%的股份呢？因为在海底捞发展中，张勇始终处于核心股东地位，而施永宏则为辅助角色。

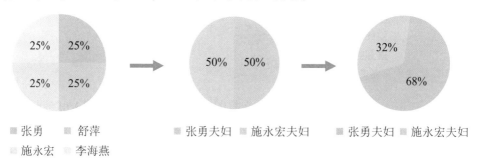

图2-26 海底捞绝对控股股东形成过程

笔者猜想，一是可能最初在签订合伙协议时有约定，如公司达到多少销售收入时张勇就回购施永宏手中的股权。二是施永宏的豁达、格局和情怀，只要蛋糕足够大，即使持股比例较小，照样赚得盆满钵满。

二、股东议事规则的问题

股东议事规则包括：股东会与董事会如何合法合规地召开？股东当中谁是带头人哥？当出现不同意见时听谁的？股东之间如何分工？公司亏损如何承担？股东死亡或离婚后股份如何处理？外部投资人进入时所有股东持股比例是否同比例稀释？股东代持协议如何起草？股东一致行动人协议如何约定？

案例2-30 某公司的股东议事规则(节选)

一、股东的分工

公司设立初期，为提高管理效率，不设董事会，具体经营管理事务由各股东兼任。

1. 甲股东负责的内容

(1) 负责目标公司总体经营事宜，包括技术、研发、销售、财务和综合管理；

(2) 与丙方共同负责目标公司前期重大采购事宜。

2. 乙股东负责的内容

(1) 负责目标公司的外贸销售业务；

(2) 负责协调当地政府关系。

3. 丙股东负责的内容

(1) 负责目标公司的工厂基建和生产运营管理事宜；

(2) 与甲方共同负责公司前期重大采购事宜。

二、亏损的规定

1. 公司如果连续两年出现经营性亏损并且经营性现金流为负，三方同意按同比例进行增资以补充公司的资本金。

2. 三方同意，因重大投资(与经营相关的投资)决策失误导致的亏损：

(1) 表决时三方均同意情况下，由各方按比例承担该亏损；

(2) 如果其中有一方或两方明确表示反对意见，承担亏损金额可适当降低，承担此亏损比例(例如80%);由坚持一方或两方承担此投资决策失误带来的亏损。

三、股份的稀释

1. 在外部投资人进入公司时,三方同意放弃优先购买权,且按照所持有的股份同比例稀释。

2. 未来成立员工持股平台时,三方同意放弃优先购买权,按照所持有的股份同比例稀释。

四、退出的规定

1. 自愿退出

(1) 原则上2021年12月31日之前任意一方不得退出,在此期间如因个人原因提出退出的,经公司股东会决议通过方可退出,退出价格按其实缴入股金八折计算。2021年12月31日之后的退出股份价格按照经审计的上一年度账面净资产折算。

(2) 公司股权的优先接收人依次为甲方、乙方、丙方(按三方的持股比例大小排列)。因股权转让而产生的个人所得税由转让方承担。

2. 融资退出

(1) 当公司估值达到2亿元且有投资人进入时,三方当中任一方可以把其个人持有股份当中的不超过30%股份转让给投资人,具体转让价格由各方协商确定,但不得低于1.0元/股。

(2) 当公司估值达到5亿元且有投资人进入时,三方当中任一方可以把其个人所持有股份的不超过20%转让给投资人,具体转让价格由各方协商确定,但不得低于1.0元/股。

(3) 因转让所产生的个税由出让方自行承担。

五、特殊规定

三方同意,若一方发生意外(例如死亡、因刑事犯罪入狱等),公司将在30日内以经审计的上年度账面净资产,或最近一轮融资的估值孰高者,收购意外股东持有的100%股权。

三、股权控制权的问题

关于股权控制权的问题,企业家可以学习赵匡胤的"杯酒释兵权",通过"留股让利"方式,让功臣们退出大宋公司股东序列,从而保证第一大股东对股东会的控制，确保第一大股东的中心地位，一个中心是"忠"字，两个中心就是"患"字了，也就是说国不可一日无君，家不可一日无主，股东们都想对公司拥有控制权，结果可想而知。

但第一大股东不能学"朱元璋炮打庆功楼"，以绞杀元老的方式来巩固其对大明公司的控股权。总之，用和平方式解决争端总比流血好！

因此，股权控制权要提前设计，要预防"把孩子养大，叫别人爹"的现象。这是第一大股东最关心的问题之一。笔者总结了第一大股东掌握公司股权控制权的6个方法，如图2-27所示。

图2-27 第一大股东掌握公司股权控制权

（一）一致行动人协议

案例2-31 福瑞股份(300049，SZ)把一致行动人协议写进公司章程

福瑞股份在申报IPO时，创始人王××持有21.99%股份(直接持股13.44%+间接通过福创投资持股8.55%)。为了在公司重大事项上保持一致，王××与自然人股东霍××、李××及杨××共同签署了《一致行动人协议》，如图2-28所示。

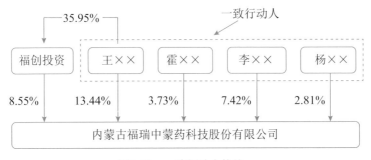

图2-28 一致行动人协议

我们可以得出王××的股份比例=21.99%+3.73%+7.42%+2.81%=35.95%，成为福瑞股份的实际控制人，并拥有一票否决权。

为了增加协议内容对抗第三方的效力，福瑞股份修改了公司的章程，这一招很值得我们学习，具体内容如下。

1. 第87条：根据一致行动人签署的《一致行动人协议》，其他一致行动人在公司行使经营管理决策权及在公司股东大会行使表决权时，应将在公司股东大会上的表决权委托王××行使。

2. 第120条：根据一致行动人签署的《一致行动人协议》，若在公司董事会中有一致行动人委派的人员担任董事或一致行动人本人担任董事时，其他一致行动人委派人员担任的董事或其本人(其他一致行动人本人担任董事时)在公司董事会上进行表决时，应将其在公司董事会上的表决权委托王××委派人员担任的董事或王××(王××本人担任董事时)行使。

3. 第194条：实际控制人是指虽不直接持有公司股份，或者其直接持有的股份达不到控股股东要求的比例，但通过投资关系、协议或者其他安排，能够实际支配公司行为的自然人或法人。本公司实际控制人为王××。

(二) 投票权委托

案例2-32 雷科防务(002413，SZ)关于投票权委托的规定

一、委托情况

1. 龙腾将投票权委托给北京理工资产经营有限公司(见表2-62)

表2-62　龙腾将投票权委托给北京理工资产经营有限公司

委托方姓名	委托股份数/股	占公司总股本的比例
龙腾	14 031 682	1.21%
合计	14 031 682	1.21%

北京理工资产经营有限公司持有雷科防务公司22 530 691股，占雷科防务公司总股本的1.95%，其下属公司北京理工创新高科技孵化器有限公司持有10 665 344股，占雷科防务公司总股本的0.92%，本次接受委托后北京理工资产经营有限公司可行使投票权为44 227 717股，占公司总股本的4.09%。

2.6个自然人股东将投票权委托给曾涛(见表2-63)

表2-63　6个自然人股东将投票权委托给曾涛

委托方姓名	委托股份数/股	占公司总股本的比例
毛二可	20 695 242	1.79%
任丽香	5 024 344	0.43%
胡程	4 438 546	0.38%
陈禾	3 537 317	0.31%
杨静	1 104 003	0.10%
杨小鹏	853 387	0.07%
合计	35 652 839	3.09%

曾涛先生持有雷科防务公司11 130 159股，占雷科防务公司总股本的0.96%，本次接受委托后曾涛先生可行使投票权为46 782 998股，占雷科防务公司总股本的4.05%。

3.6个自然人股东将投票权委托给曾大治(见表2-64)

表2-64　6个自然人股东将投票权委托给曾大治

委托方姓名	委托股份数/股	占公司总股本的比例
胡善清	7 074 637	0.61%
姚迪	4 573 728	0.40%
张静	856 164	0.07%
王长杰	922 159	0.08%
李阳	5 565 080	0.48%
赵保军	5 632 672	0.49%
合计	24 624 440	2.13%

曾大治先生持有雷科防务公司17 455 790股，占雷科防务公司总股本的1.51%，曾大治先生为北京雷科众投投资管理中心(有限合伙)执行事务合伙人，北京雷科众投投资管理中心(有限合伙)持有4 583 660股，占雷科防务公司总股本的0.40%，本次接受委托后曾大治可行使投票权为6 663 890股，占公司总股本的4.04%。

3. 刘伟、金烨、陈亮、丁泽刚、刘海波、唐林波、赵保国、周辉、冷力强、李健、战莹将投票权委托给杨柱(见表2-65)

表2-65　刘伟等人将投票权委托给杨柱

委托方姓名	委托股份数/股	占公司总股本的比例
刘伟	5 565 580	0.48%
丁泽刚	4 348 423	0.38%
刘海波	4 010 461	0.35%
金烨	4 438 546	0.38%
陈亮	4 370 953	0.38%
李健	3 357 071	0.29%
战莹	1 682 739	0.15%
唐林波	4 010 461	0.35%
赵保国	3 379 601	0.29%
周辉	3 379 601	0.29%
冷力强	3 379 601	0.29%
合计	4 192 3037	3.63%

杨柱先生持有雷科防务公司1 422 959股，占雷科防务公司总股本的0.12%，本次接受委托后杨柱先生可行使投票权为43 345 996股，占雷科防务公司总股本的3.75%。

二、《投票权委托协议》的主要内容

1. 委托方同意将所持有的雷科防务股份的投票权独家、无偿且不可撤销地委托受托方行使，受托方同意接受该委托。委托股份包括委托方目前持有的雷科防务的全部股份及在本协议约定的委托期间内增加的股份。

2. 委托方授权受托方作为委托股份唯一的、排他的受托人，在本协议约定的委托期间内，依据相关法律法规及上市公司章程行使如下投票权权利：

(1) 召集、召开、参加股东大会；

(2) 行使股东提案权，提议选举或者罢免董事、监事或提议其他议案；

(3) 对所有根据法律法规及上市公司章程规定需要股东大会审议、表决的事项行使表决权，对股东大会审议、表决事项进行投票，并签署相关文件；

(4) 其他与股东投票权相关的事项。

本协议项下的投票权委托为全权委托。对上市公司的各项议案，受托方可以按照自己的意愿自行投票，无须事先通知委托方或者征求委托方同意，亦无须委托方再就具体表决事项出具委托书等法律文件。

3. 本协议项下的投票权委托期间为本协议有效期内。

4. 本协议在下述情况发生后终止：

(1) 双方达成书面协议可以终止本协议。

(2) 如任何一方构成根本违约，则守约方有权单方终止本协议。

5. 除非经双方事先书面同意，任何一方均不得转让本协议项下的任何权利或义务。

6. 本协议有效期为三年，自本协议生效之日起计算。

7. 任何一方认为本协议需有补充修改之处或未尽事宜，须与另一方协商一致后，另行签订书面补充协议。补充协议与本协议具有同等法律效力。

(三) AB股架构

案例2-33 **小米的AB股架构，确保创始人的控制权**

2018年7月9日，小米在香港上市，成为港交所"同股不同权"新规下第一只使用AB股上市的企业股票。

创始人雷军仅仅拥有小米31.41%股份，却因拥有A类股和B类股(1份B类股投票权=1份A类股投票权20倍)，从而拥有小米55.7%的投票权，占有半数以上表决权。另一名联合创始人林斌同样拥有A类股和B类股，拥有小米30%的表决权，如图2-29所示。

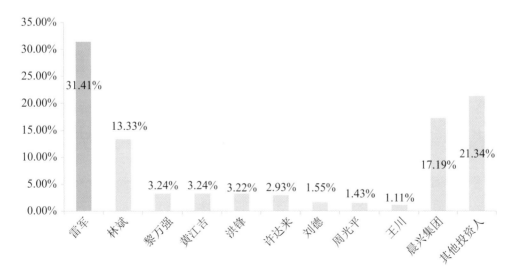

图2-29 小米的AB股架构

创始人和联合创始人两人表决权相加，占有四分之三以上表决权。无论一般表决事项，还是重大表决事项，雷军牢牢掌握小米的控制权。林斌基本上会站在雷军这边。

那么什么是AB股？A类股和普通股份一样，1份股份代表1个表决权，而B类股表决权却是A类股的*N*倍，*N*代表数字，*N*倍可以是10倍、15倍、20倍、70倍。AB股，即1份A类股代表1个表决权，1份B类股代表*N*个表决权，同股不同(表决)权。

A类股通常由普通公众和投资人持有。B类股由公司创始人(甚至其管理团队)持有。B类股可以转为A类股，但A类股不能转为B类股。

在实际操作中，AB股架构能否实施，唯一的决定因素就是创始人和投资人谁更有发言权。

虽然AB股架构打破了"同股同权"的平衡，但也存在极大的风险。一是我国公司法倡导"同股同权"，不承认此架构；二是决策的风险，例如在企业决策正确的前提下，大家相安无事，但是如果创始人团队决策失误，相当于其他的股东，甚至大股东都成了决策失误的"陪葬品"。

如果你公司自然人股东较多，既未与其他股东签订一致行动协议，又没有做投票权委托及AB股架构的安排，那么如何控制公司呢？也许双重公司架构是不错的制度安排。

(四) 双重公司架构

案例2-34 **第一大股东A如何通过双层公司架构，使其持股比例由26%上升到68%？**

甲公司有A~F六个自然人股东，分别持股26%、24%、15%、15%、10%及10%，账面净资产为578万元，具体股权架构如图2-30所示。

我们知道，这种股权架构的不足之处在于：股东A易丧失控股权；自然人股东过多，决策效率下降；没有实际控制人，股权分散，不利于融资。如何保障股东A对甲公司的控股权呢？经全体股东协商一致，在甲公司的上层再新设××控股公司(股东A为法定代表人，注册资金为10万元，把股东A～F放入)，如图2-31所示。

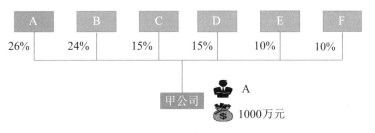

图2-30 股权架构

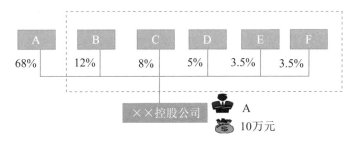

图2-31 在甲公司的上层再新设××控股公司

难点在于股东A是否有实力及能力成为控股股东，能否成功地说服股东B～F进入××控股公司？因此在实际操作中，关键是股东B～F能接受的对价是多少？经过所有股东协商，甲公司股权架构为自然人股东B、××控股公司及合伙企业，持股比例分别为12.42%、51%及36.58%，如图2-32所示。

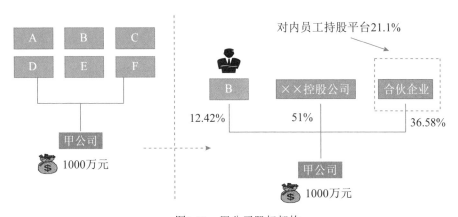

图2-32 甲公司股权架构

我们对自然人股东A～F在甲公司持股变化情况作一个对比，如表2-66所示。

表2-66　自然人股东A～F在甲公司持股变化情况

股东类型	变化前对甲公司的持股比例	变化后对甲公司的持股比例
自然人股东A	26%	68%×51%=34.68%
自然人股东B	24%	12.42%+12%×51%=18.54%
自然人股东C	15%	8%×51%=4.08%
自然人股东D	15%	5%×51%=2.55%
自然人股东E	10%	3.5%×51%=1.785%
自然人股东F	10%	3.5%×51%=1.785%
总计	100%	63.42%

也就是说，在甲公司中自然人股东B持股比例+×××控股公司持股比例=63.42%，剩余36.58%用于设立合伙企业，作为员工持股平台。

经全体股东协商一致，自然人股东D与F同时进入合伙企业持股，分别占9.4%及6.08%。因此合伙企业预留21.1%的股份(36.58%-9.4%-6.08%=21.1%)给未来优秀的员工，如表2-67所示。

表2-67　合伙企业预留股份给未来的优秀员工

股东类型	变化前对甲公司的持股比例	变化后对甲公司的持股比例
自然人股东A	26%	68%×51%=34.68%
自然人股东B	24%	12.42%+12%×51%=18.54%
自然人股东C	15%	8%×51%=4.08%
自然人股东D	15%	5%×51%+9.4%=11.95%
自然人股东E	10%	3.5%×51%=1.785%
自然人股东F	10%	3.5%×51%+6.08%=7.865%
总计	100%	78.9%

为平衡各方利益，股东A把自己持有的乙公司(注册资金为500万元，账目净资产为490万元，股东结构为A与G，法定代表人为股东G)的部分股权转让给股东B、C与E，因为乙公司主营供应链及物流大数据，发展前景不错，且有投资机构愿意投资入股，股东B、C与E自愿放弃在甲公司的部分股份，置换至乙公司持有一定比例的股份。

乙公司的法定代表人由股东G变更为股东C，股东A将其持有的90%股份转让给股东C、××控股公司及合伙企业。

因此，乙公司的股权架构如图2-33所示，其中股东B与E进入合伙企业，持股比例共计13.88%，预留15%股份作为未来优秀员工的持股平台。

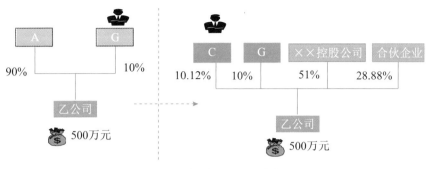

图2-33 股东B与E进入合伙企业

(五) 有限合伙企业

| 案例2-35 | 马云如何通过2个合伙企业控制估值高达2250亿美元的蚂蚁科技？ |

蚂蚁科技有两个大股东，一个是杭州君瀚股权投资合伙企业(有限合伙)，持有蚂蚁科技28.4483%的股权，另一个是杭州君澳股权投资合伙企业(有限合伙)，持有蚂蚁科技21.5344%的股权。

而君瀚合伙和君澳合伙，有一个共同的普通合伙人(GP)，杭州云铂投资咨询有限公司。云铂公司仅持有君瀚合伙企业0.47%的份额，持有君澳合伙企业0.04%的份额。云铂公司的注册资本为1010万元，实际控制人为马云，持股比例为34%，如图2-34所示。

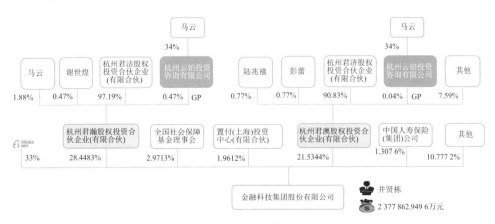

图2-34 蚂蚁金服股权关系

因此，马云通过出资1010万元就控制了一个市值超过万亿元的金融帝国，可谓四两拨千斤。

(六) 公司章程

绝大部分公司章程只是简单照抄照搬公司法的规定，没有个性化的条款，对大股东的控制权保护不够，对许多重要事项未进行详细的规定，造成公司章程可操作性不强，制定出来后往往被束之高阁。为避免风险及纠纷，在公司章程中大股东可以约定如下条款。

1. 股东持股比例可与出资比例不一致

股东持有股权的比例一般与其实际出资比例一致，但有限责任公司的全体股东内部也可以约定不按实际出资比例持有股权，这样的约定并不影响公司资本对公司债权担保等对外基本功能的实现。如该约定是各方当事人的真实意思表示，且未损害他人的利益，不违反法律和行政法规的规定，应属有效，股东按照约定持有的股权应当受到法律的保护。大股东可以通过少出资、多享有股权比例模式掌握公司的控制权，在公司章程中要约定清楚。

2. 分红比例、认缴公司新增资本比例可与出资比例不一致

《公司法》第34条：股东按照实缴的出资比例分取红利；公司新增资本时，股东有权优先按照实缴的出资比例认缴出资。但是，全体股东约定不按照出资比例分取红利或者不按照出资比例优先认缴出资的除外。大股东可以进行同股不同利的设计，比如持有80%的股权，可以享有40%的分红权，把钱分出去，把团队的心留下来。在公司章程中也可以约定对新增资本有优先认购权。

3. 表决权可与出资比例不一致

《公司法》第42条：股东会会议由股东按照出资比例行使表决权；但是，公司章程另有规定的除外。创始人可以进行同股不同权的设计，比如持有40%的股权，可以约定有80%的表决权。时刻牢记控制权比股份更重要，尽可能保证控制权，释放分红权。

案例2-36 **甲公司通过章程约定A股东出资20%，占68%表决权**

甲公司注册资金为100万元，且全部实缴到位，其中A出资30万元、B出资20

万元、C出资50万元，如果按同股同表决权的话，那么三人分别享有30%、20%及50%的表决权，此时C对甲公司股东会具有控制权。

但是C是财务投资人，不参与公司的经营管理；A全职，负责公司业务开发、日常管理；B全职协助A开展工作。经全体股东协商一致，股东表决权调整如表2-68所示。

表2-68　股东表决权

内容 ＼ 股东	A股东	B股东	C股东
出资金额/万元	30	20	50
出资占比	30%	20%	50%
表决权比例	68%	20%	12%

因此，虽然A出资30%，但是通过公司章程的约定，可以享有68%的表决权。

4. 通过公司章程限制股权转让时的剩余股东同意权、优先购买权

《公司法》第71条：有限责任公司的股东之间可以相互转让其全部或者部分股权。

股东向股东以外的人转让股权，应当经其他股东过半数同意。股东应就其股权转让事项书面通知其他股东征求同意，其他股东自接到书面通知之日起满三十日未答复的，视为同意转让。其他股东半数以上不同意转让的，不同意的股东应当购买该转让的股权；不购买的，视为同意转让。

经股东同意转让的股权，在同等条件下，其他股东有优先购买权。两个以上股东主张行使优先购买权的，协商确定各自的购买比例；协商不成的，按照转让时各自的出资比例行使优先购买权。公司章程对股权转让另有规定的，从其规定。

大股东如何在股权转让中保护自己呢？可以约定：股权不得向股东以外的人转让；或者约定在公司成立五年内，不得向股东以外的人转让股权；还可以约定股东转让的股权由创始人回购。

5. 公司章程可排除股东资格的继承

《公司法》第75条：自然人股东死亡后，其合法继承人可以继承股东资格；但是，公司章程另有规定的除外。

大股东可以这样约定：自然人股东死亡后，其法定继承人不能直接取得股东资格，其他不同意继承人加入的股东应当以合理的价格购买其拥有的股权。或者约定法定继承人只享有分红权，无其他股东权利。

案例2-37 **股东创业协议**

甲方/乙方/丙方/丁方：

公民身份号码：

住所地：

联系电话：

甲乙丙丁(简称"四方")四方本着平等自愿、优势互补、责任共担、利益共享的原则，就合作创立并运营××项目(简称该项目)事宜达成如下协议(简称本协议)，四方皆须遵照执行。

一、项目简介

1.该项目属于＿＿行业，目标客户是＿＿＿＿＿＿。

2.该项目创立宗旨：＿＿＿＿＿＿＿＿＿。

3.发展战略：＿＿＿＿＿＿＿＿＿＿。

二、职责分工

四方作为该项目前期核心股东，为了共同的目标和愿望走到一起，现将分工明确如下。

岗位	中文名	负责人	主要职能描述
CEO	首席执行官	甲(姓名)	1. 战略：负责项目战略、商业模式以及阶段性策略的制定。 2. 人才：负责项目所需要的人才，负责新合伙人的招纳。 3. 融资：负责项目发展阶段的融资策略
CTO	首席产品官	乙(姓名)	1. 负责按照战略开展阶段性产品研发。 2. 负责产品安全性测试和升级
COO	首席运营官	丙(姓名)	1. 负责项目运营维护。 2. 负责产品试产及推广。 3. 负责用户调研反馈
CMO	首席营销官	丁(姓名)	1. 负责产品渠道销售。 2. 负责产品市场建设

三、股权利益分配

股东	出资比例	股权	利益分配
甲(姓名)	67%	67%	
乙(姓名)	18%	18%	
丙(姓名)	10%	10%	
丁(姓名)	5%	5%	

1. 股权转让。原则上每个合伙人的股权不得随意转让其他方。如果确实需转让，必须书面提交股东会全体股东表决通过方可执行，否则视为无效。

2. 股权变现。四方同意股份变现条件包括：

(1) 在公司IPO上市前，股权变现仅限于其他方投资人之到账现金方式。

(2) 本项目获得投资后，在不影响项目发展及征得投资人(股东)同意的前提下，需要变现的一方(其后简称"变现方")可书面提交股东会多数表决通过，然后变现，被出让的股权仅限于公司股东受让。

(3) 变现额=自己所持股份比例×其他方投资到账金额×(不高于20%)。

(4) 下次变现时间为新投资者跟投之后，计算方式同上，以保证投资人信心稳定及项目平稳发展。

四、薪资财务约定

1. 在获得投资前或项目盈利前，四方合作关系属于持股免薪联合创业。

2. 该项目从创立之初即按照公司模式管理运作，由甲方暂时负责财务管理，定期向团队汇报后四方签字，以便作为融资的账目凭证。

3. 项目获得首轮投资后开始扩建团队，引进财务主管及市场拓展主管等人才，完善公司管理制度，四方皆遵守公司管理制度。

五、分歧表决原则

1. 岗位工作分歧

如果遇到岗位工作上的分歧，应采取"专业负责制"原则，即首先应倾听专业负责合伙人(比如A)的观点及解释，然后全体股东表决。如果全体股东皆不同意A的解释，而A坚持按他的方案展开工作，此时如果CEO不投反对票，可按A的方案执行，但A须对执行后果负责，同时CEO负有连带责任。

2. 实施策略分歧

针对发展策略的分歧，原则上应先展开用户调研，听取用户建议，之后由全体股东表态决定。如果全体股东仍无法解决分歧，则由CEO最终拍板定夺，CEO

承担决定后果的主要责任。

六、退出机制

1. 新股东进入原则

如项目发展需引入新股东，必须满足以下条件。

(1) 专业技能与现有股东互补而不重叠。

(2) 经过多数(或全体)股东面试认同。

(3) 股权比例须由全员股东协商决定。

(4) 全体股东股份按原股权比例稀释。

2. 股东退出原则

(1) 某合伙人因能力、精力或时间不能胜任项目发展需要，已经严重阻碍项目发展，由全体股东表决通过后可与该合伙人解除合伙关系；该合伙人之前的投资额按半年期分××次无息返还，对于该合伙人的技能及精力投入的补偿，由股东会按行规表决计算。

(2) 某合伙人因主观因素希望退出该项目，可向股东会提交申请，由全体股东表决通过后可与该合伙人解除合伙关系；该合伙人之前的投资额按××年期分××次无息返还；对该合伙人的技能及精力投入不做任何补偿；该合伙人不再享有项目的任何权益。

七、项目推进计划

项目阶段	阶段项目主体	责任人	完成时间	审核
第一阶段				
第二阶段				
第三阶段				
第四阶段				
……				

八、项目保护原则

1. 四方都须对该项目的商业模式和信息进行保密并承诺不对其他方公布。

2. 四方都不能与任何公司或同行开展类似业务的合伙或合作，否则视为严重违约并自动退出项目，不再享有项目任何股权及权益。

九、项目终止原则

1. 如因天灾、政策、法律、重大公共安全事件等不可抗力因素导致本项目终止，四方皆不承担法律责任。

2. 该项目如在××年××月前仍未达到目标，经全体股东表决通过后终止，四方皆不承担法律责任。

3. 如有违反本协议以上任何一条条款者，视为违约并自动放弃所属特权及权益。

十、附则

1. 如有未尽事宜，四方协商处理，协商一致后，另行签订补充协议，具有同等法律效力。

2. 如遇到不能协商一致之事宜，四方同意在甲方所在地的人民法院提起诉讼。

3. 本协议一式四份，四方签字后各执一份，具有同等法律效力。

甲方签字：

乙方签字：

丙方签字：

丁方签字：

时间：　　年　月　日

案例2-38 股东一致行动人协议

甲方：＿＿＿＿＿＿

身份号码：＿＿＿＿＿＿＿＿＿＿＿＿＿

联系地址：＿＿＿＿＿＿＿＿＿＿＿＿＿

乙方：＿＿＿＿＿＿

身份号码：＿＿＿＿＿＿＿＿＿＿＿＿＿

联系地址：＿＿＿＿＿＿＿＿＿＿＿＿＿

鉴于：

1. 甲乙双方均为北京××科技有限责任公司(以下简称 "公司")股东。

2. 为保障公司持续、稳定发展，提高公司经营、决策的效率，甲乙双方拟在公司股东会中采取 "一致行动"，以共同控制公司。

因此，甲乙双方根据《公司法》《合同法》等法律、法规规定，为维持甲乙双方对公司的共同控制，双方在平等互利、协商一致的基础上达成以下一致行动协议条款,以资共同信守。

第一条　一致行动事项

在本协议存续期间,协议双方应就以下事项采取一致行动。

1. 涉及公司股东会的会议召集、会议提案、董事与监事等人事提名、会议投票、经营决策、公司管理、行动建议等事项;

2. 根据《公司法》及公司《章程》,应由股东会决定的相关事项;

3. 对公司未来发展、业务经营、资产权益、股东权益产生重大影响的事项;

4. 在《公司法》和《章程》规定范围内,甲方认为应采取一致行动的其他事项。

上述各类事项统称为"一致行动事项"。

第二条　一致行动事项的执行

1. 甲乙双方同意,在就一致行动事项采取相应行动前,应就相关事项进行事先协商,并形成一致意见;在形成一致意见前,任一方不得单独采取相关行动;若经协商无法达成一致意见的,应以甲方的意见为准。

2. 甲乙双方同意,由甲方代表双方执行一致行动事项,为此,乙方同意全权授权甲方代乙方行使各项股东权利(以下简称"全权授权"),且未经甲方书面同意,乙方不得擅自委托他人行使表决权、提名权、推荐权、提案权等,或撤销甲方代乙方行使的表决权、提名权、推荐权、提案权等,且上述全权授权不可撤销。

3. 乙方同意,未经甲方书面同意,不得就本协议约定的一致行动事项与他人采取一致行动,或以委托、信托等任何方式将其直接或间接持有的全部或部分包括公司股权、表决权在内的股东权益委托第三方行使。

4. 甲乙双方应根据本协议之本义,互相通报、告知公司的重要信息与情报。

第三条　全权授权的特别约定

1. 乙方同意,非经甲方书面同意,乙方不得单方撤销全权授权及甲方根据该全权授权代乙方行使的任何股东权利;对于甲方代乙方行使的股东权利,签署有关法律文件,乙方均认可其法律效力。

2. 乙方确认,甲方根据该全权授权,自主行使对公司享有的所有股东权利,即使其事先未经乙方同意,乙方亦表示认可且未经甲方同意,不会单方撤销。

3. 乙方确认,当甲方根据该全权授权代乙方行使相关股东权利时,若需要乙方提供有关协助或签署、提供或出具相关文件时，乙方均将予以全面配合。

4. 乙方同意，甲方根据该全权授权，不当行使乙方上述股东权利，而对乙方造成的损害，均由乙方与甲方共同协商解决，乙方不得通过擅自解除本协议，或撤销甲方代为行使相关行为之法律效力等手段来主张相关权利。

5. 乙方确认，乙方违反该全权授权特别约定内容的，采取的任何行为之效力，不得对抗甲方及其相关行为。

第四条 协议的变更、终止

1. 本协议经双方协商一致同意，可进行修改或补充，但所作修改与补充不得违背本协议之基本精神。

2. 除公司控制权因非可归责于协议双方之原因发生变化外，于本协议有效期间本协议不得解除。

3. 本协议应仅根据甲方之书面同意而终止。

第五条 协议的担保与违约责任

1. 任一方违反本协议约定的，违约方应赔偿守约方所遭受的实际损失。

2. 违约及其追责不影响违约方继续承担本协议项下的义务。

第六条 争议解决

就本协议的解释、执行所发生的一切争议应首先通过友好协商解决。协商不成的，可向甲方有管辖权的人民法院提起诉讼。

第七条 其他

1. 甲乙双方的名称、住所、组织形式等事项之变化，皆不影响本协议之效力。

2. 就本协议未尽事宜，各方有权协商制定书面补充协议。补充协议与本协议具有同等法律效力。

3. 本协议自双方签署之日起生效。

4. 本协议一式两份，双方当事人各持一份，两份协议具有同等法律效力。

案例2-39 股权代持协议

本协议由以下双方于 年 月 日在____市____区签订：

委托人(甲方)：_____

公民身份号码：_____

联系地址：＿＿＿＿＿＿＿＿＿＿＿＿＿＿＿

联系电话(手机)：＿＿＿＿＿＿＿＿＿

受托人(乙方)：＿＿＿＿＿

公民身份号码：＿＿＿＿＿＿＿＿＿＿＿＿＿

联系地址：＿＿＿＿＿＿＿＿＿＿＿＿＿＿

联系电话(手机)：＿＿＿＿＿＿＿＿＿

鉴于：

××有限公司(以下简称"目标公司"，统一社会信用代码：＿＿＿＿＿＿＿)系根据中国法律合法设立并存续的有限责任公司，公司注册资本为人民币300万元。现甲、乙双方本着平等自愿的原则，经友好协商，根据中国法律规定，就甲方委托乙方代为取得并持有目标公司80%的股权(即目标公司240万元人民币出资，以下简称"代持股权")的有关事宜，经协商一致，达成如下协议。

1 股权代持关系的界定

1.1 甲方委托乙方以乙方名义对外代为持有目标公司的股份，在工商部门登记至乙方名下。乙方作为名义股东，仅为代持目的。

1.2 甲、乙双方确认，上述代持股权系由甲方实际出资且甲方享有完全的股东权利，乙方系受甲方委托代甲方以乙方名义持有。乙方基于代持股权所享有的股东权益皆实际归甲方所有，甲方(或于法定事项下的甲方继承人或其他依法指定的人员)为代持股权之唯一实际权益人。

1.3 乙方所行使的一切与代持股权有关的股东权利，都是基于本协议的约定及甲方之委托所取得的；乙方对代持股权不享有本协议约定及甲方委托之外的其他任何独立、有效的权益。

2 代持股权

2.1 甲方作为代持股权实际出资人，享有《公司法》、公司《章程》及相关有效协议文件规定的股东权益，并实际履行股东义务。

2.2 乙方在行使股东权利之前，应当事先与甲方保持充分沟通并了解甲方实际出资人真实意愿或指令。乙方按照甲方意愿或指令行使代持股权所对应的股东权利的各项行为的经济盈亏与法律责任由甲方承受。

2.3 未有甲方事先书面指令或同意，乙方不得将代持股权进行转让、质押、财产分割、处分或其他将会导致代持股权发生流转的行为。

2.4 当甲方以书面形式通知时，乙方有义务根据甲方之书面指令，将所持股权(全部或部分)转让给甲方指定的第三方。如因转让代持股权之需要，第三方须向乙方支付股权转让款等款项的，乙方应于收到该等款项，扣除法定税费后立即转移给甲方或甲方指定的相关方。

2.5 未经甲方事先书面同意，乙方不得对本协议项下的代持股权的全部或部分事务进行转委托、转代持。

3 股东权利

3.1 乙方作为名义股东，应当按照甲方意愿或指令，行使代持股权所对应的股东权利，包括但不仅限于参加股东会议、行使表决权、派遣董事会成员、签署股东会议决议文件、行使股东知情权利、依法提起股东诉讼等，双方另有书面约定的除外。

3.2 乙方在以股东身份参与公司经营管理过程中需要行使代持股权所对应股东会表决权的，应至少提前5日通知甲方并取得甲方的书面指令。

3.3 甲方作为公司实际股东，享有对目标公司的知情权，乙方应予以充分保障，对该知情权的行使，乙方负有无条件地协助与配合义务。该协助与配合义务包括但不仅限于在法律允许的范围内提供甲方所需之公司信息及资料、甲方知情权受损时依甲方之指令提起诉讼。

3.4 代持股权所对应的收益、监督权等投资权益，由甲方实际享有，乙方有义务及时、完整、有效地向甲方告知并转移该等收益。乙方不得在目标公司中故意放弃、排除甲方的合法利益。

3.5 双方同意代持股权发生的非因乙方过错产生的商业风险由甲方承担。

4 特别约定

4.1 甲方可随时书面通知乙方解除本代持协议，但应提前15天向乙方发出书面通知并告知承接代持股权的人员或组织，对此乙方将无条件予以协助与配合，其中包括但不仅限于签署股权转让等文件，并在合理期限内配合完成将代持股权过户至甲方指定人名下的相关登记手续。

4.2 当根据甲方书面通知，由乙方将代持股权过户至甲方名下或其指定的相关方名下，或依法进行认缴出资减资时，本代持协议自动终止。

4.3 未经甲方书面明确同意，乙方不能单方解除代持协议或中止履行代持义务。

4.4　如乙方违反本协议规定义务的，应向甲方支付10万/次的违约金，且应承担由此给甲方造成的实际损失(包括维权与消除影响所发生的律师费、差旅费、咨询费等必要支出)。

4.5　双方确认，于文首留存的联系地址、电话为双方约定的书面通知方式，任一方以该两项联系方式之一发出的书面通知均为有效。如任一方于上面留存的联系方式发生变更的，应于变更后5天内书面通知另一方，否则由此产生的法律责任与损失由该方承担。

5　保密

5.1　非经甲方书面同意，乙方不得对外向任何人披露、承认本协议的存在、代持股权安排、协议内容、甲方的姓名、身份、社会资源和其他特定信息或未公开信息，或其他可以确认甲方身份的其他信息，否则应向甲方承担不低于10万元/次违约披露的违约金。

5.2　本保密条款的有效期不受本协议终止或法律效力的限制，长期有效。

6　司法管辖及争议解决

6.1　本协议及相关法律关系，由中华人民共和国的有关法律来解释，并受其管辖。

6.2　因本协议委托事宜引发、形成或与之相关的任何争议，双方应以友好协商的方式解决；协商不成，任何一方可向上海仲裁委员会依其仲裁规则提起仲裁，该仲裁判决为最终结果。

7　其他

7.1　对本协议的任何变更、补充，需经甲、乙双方书面同意，方可生效。

7.2　本协议未尽事项，由甲、乙双方协商一致，指定补充协议。

7.3　在乙方代理甲方持有代持股权期间，目标公司发生增资、减资等事宜，或发生乙方根据甲方指示转让部分代持股权等情形的，本协议所指之代持股权数量则同时随之做相应调整。

7.4　乙方同意，如本协议内容存在歧义，乙方同意以对甲方最为有利的理解执行。

7.5　本协议自双方签字后生效。

7.6　协议一式两份，甲、乙双方各执一份，各份具同等法律效力。

案例2-40 股权代持解除协议

甲方(原代持人)：_____

住所地：_____

公民身份号码：_____

乙方(原委托人)：_____

住所地：_____

公民身份号码：_____

鉴于：

甲乙双方于××年××月××日签订《股权代持协议》，甲方持有的××××有限公司××万股股份(占注册资本的××%)中有××万股股份(占注册资本的××%)为代乙方持有(下称"代持股份")。经甲乙双方友好协商，就上述代持股份还原事宜一致达成如下协议。

一、代持事项确认

甲乙双方确认甲方持有的××有限公司××万股代持股份是受托代乙方持有的，乙方为××有限公司××万股代持股份的实际出资人，享有实际股东权利并履行相应的股东义务，甲方受乙方委托并根据乙方的指示代为行使股东权利和履行股东义务，××有限公司的任何股东投资收益均由甲方代为收取并已全部交付乙方，甲方并未实际享有××有限公司的股东投资收益。

二、代持解除

甲方现将持有的××有限公司××万股代持股份归还乙方，甲乙双方一致同意解除××年××月××日签订的《股权代持协议》。

本次代持股份还原不产生对价，也不发生实际给付行为。

三、股份过户

乙方应负责本协议项下代持股份还原的全部过户手续，包括但不限于：

1. 指定股份受让方并保证指定受让方满足公司股东所需资格，包括贷款银行的认同；

2. 负责与××有限公司的前期沟通并获得其同意；

3. 获得监管部门的审批通过(如需)；

4. 负责股份转让的托管、挂牌、工商变更登记等。

甲方按照乙方的指令协助办理代持股份过户手续，甲方应保证于本协议签订生效后15个工作日内完成代持股份的过户。上述期间已包含监管部门、银行等第三方机构的合理响应时间，甲方不得以第三方迟延作为抗辩理由。

四、过渡期安排

本协议签署后至代持股份完成过户期间，甲方不再接受乙方委托代为行使股东权利和履行股东义务，相应股东权利义务事宜由乙方自行解决并直接承受相应法律后果，甲方不承担任何责任。

五、资料保管

代持股份过户或乙方指定受让方后××日内，乙方应将甲乙双方签订的《股权代持协议》原件和相应付款依据原件交予甲方保管，乙方留存复印件(或自行约定)。

六、税费承担

1. 股份代持期间股东投资收益等所欠缴的税费全部由乙方承担；

2. 甲方按照乙方指令还原代持股份的过户办理(包括托管、挂牌、登记等流程)中按照法律规定应由任何一方缴纳的税费全部由乙方承担。

七、豁免条款

1. 乙方认可本协议签署日前甲方以××有限公司股东名义所做出的一切行为，并承担甲方相应行为的一切法律后果。乙方承诺不予追究甲方基于股份代持所产生的任何责任。

2. 代持股份完成过户后，甲乙双方就股权代持事项不存在任何未完结事项、待支付款项、权属争议或潜在纠纷。

3. 在代持股份还原过程中，非甲方过错导致的无法过户等给乙方或第三方造成任何损失由乙方自行承担，与甲方无关。

八、违约责任

任何一方违约，需赔偿对方违约金××万并赔偿相应的直接和间接损失。

九、保密条款

1. 甲乙双方对本协议内容及本协议履行过程中所接触到的或获知的对方的任何商业信息负有保密义务，但基于法律、政府机关、监管机构或证券交易所的要求进行披露，向专业顾问或律师披露或对方事先给予书面同意的情形除外；

2. 本条所涉及的保密义务在本协议终止后仍然有效，直至有关事项的公布为止；

3. 一方对违反保密义务给另一方造成的一切直接或间接损失负有赔偿责任。

十、效力条款

本协议一式两份，甲乙双方各持壹份，双方签字盖章后生效。

甲方(签字)：　　　　　　　　　　　乙方(签字)：

日期：　　　　　　　　　　　　　　日期：

案例2-41 投票权委托协议

甲方(受托方)：＿＿＿＿＿＿

住所：＿＿＿＿＿＿＿＿＿＿＿＿＿

联系方式：＿＿＿＿＿＿＿＿＿＿＿＿＿

公民身份号码：＿＿＿＿＿＿＿＿＿＿＿＿＿

乙方(委托方)：＿＿＿＿＿＿

住所：＿＿＿＿＿＿＿＿＿＿＿＿＿

联系方式：＿＿＿＿＿＿＿＿＿＿＿＿＿

公民身份号码：＿＿＿＿＿＿＿＿＿＿＿＿＿

甲方、乙方均为＿＿＿＿＿＿＿公司(以下简称"公司")的股东，其持股比例分别为＿＿%、＿＿%。为突显甲方作为标的公司控股股东的地位，各方根据现行法律法规的规定，本着自愿公平、协商一致的原则签订《投票权委托协议》(以下简称"本协议")，以资信守。

1. 乙方同意，在处理有关公司经营发展且根据《公司法》等有关法律法规和《公司章程》需要由公司股东会做出决议的事项时，乙方不可撤销地均委托并授权甲方行使表决权；

2. 采取投票权委托的方式为：就有关公司经营发展的上述事项在相关股东会上行使表决权时乙方均委托并授权甲方行使乙方的表决权；

3.本协议其他未尽事宜，由各方签订书面的补充协议或协商解决。

4.本协议自签署之日起生效，本协议长期有效。

甲方(签章):   乙方(签章):

年　月　日   年　月　日

第四节
生态链合伙(EP)

生态链合伙从产业链的角度来看，可分为上游合伙、下游合伙。前者主要表现为供应商合伙、制造商合伙、原材料商合伙等，后者包括经销商合伙、项目合伙、城市合伙等。从合伙形式来看，主要表现为如何把有权力的人、有资源的人、有钱的人变为合伙人。

一、上游合伙人

案例2-42 **易居是如何把上游开发商变成合伙人的？**

2018年7月20日，易居企业集团(HK02048)正式登陆港交所，采用典型的VIE架构，其股权架构如图2-35所示，从中可以看到上游开发商碧桂园的身影。

易居是国内最大的一手房代理机构，即帮助开发商卖房子的销售公司，其核心竞争力是销售团队的规模与素质。

易居2018年财报显示，2018年销售收入近60亿元，同比增长28.4%。

因此，其经营模式的关键还在上游：想尽一切办法，从开发商那里拿到代理销售权，尤其是优质楼盘的代理销售权。

易居最终把上游的客户——开发商做成了股东。2016年8月，易居引入万科、恒大、融创等13家房企入股。2017年，又引入碧桂园等房企股东。

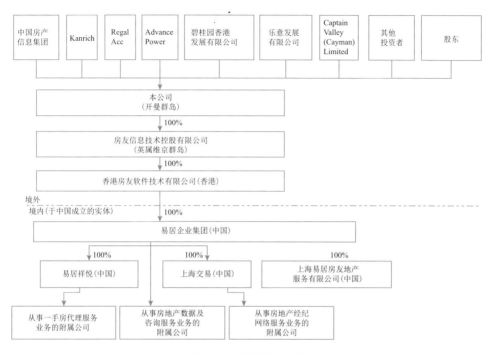

图2-35　易居股权架构

易居与开发商的结算金额=佣金率×已售物业平均价格×已售物业总面积。易居的佣金率一般在0.8%～0.9%。

至此，碧桂园、恒大、万科均持有15%的易居股份。而易居所有股东中，囊括国内26家百强房企。这是上游合伙的经典案例！这样做的好处有以下4个方面。

(1) 绑定关系。对于一手房代理商来说，易居从开发商手中拿到的一般都是楼盘代销的大单，由于地产行业的格局已经基本定型，直接通过股权绑定上游，其结果是易居获得代理销售权的难度降低了。

(2) 变相入股。房地产代销企业的收入，其实就相当于开发商的销售费用，而开发商入股是一种变相降低销售费用、将"销售"外包的方式。

(3) 稳定团队。房产销售公司高度依赖团队的稳定性。如果销售团队离职，很容易把手中的客户带走。如果客户变成股东，即便销售人员离职，也很难撼动固有的客户关系。

(4) 关联交易。对一般公司来说，关联交易越多，越要警惕。而对房地产代销公司来说，关联交易反而是客户关系实力的体现，关联交易越多，反而订单确定性越高，未来业绩确定性越高。

案例2-43 某公司是如何把上游厂家变成合伙人的？

某公司是车载电子元器件、光通信设备元器件的中间贸易商。其上游为国内大大小小的生产厂家及国外品牌驻华办事处。公司近两年销售额增长率均超过50%，且投资机构有意向投资入股，发展前景光明。为了解决上游厂家提价的问题，公司决定对厂家按照其供货量进行股权激励，把厂家变为合伙人。

一、送股

1. 签订采购合同：让上游厂家与该公司签订《××公司生态链合伙人股权激励协议》，约定目标合同额，该公司于每年春节前核算上年度全体厂家的实际完成合同额，且厂家按实际完成合同额来置换公司的实股，为方便核算，该公司把实际完成合同额分成存量及增量两部分。

2. 送股上限：送股上限为公司股份的10%，预留5.0%的股份作为机动股。

3. 送股期限：自2019年1月1日至2021年1月1日终止，共2年。

4. 送股价格：零元/股，免费赠送。

5. 实际完成合同额的存量部分：以300万元为门槛，对应不同的送股比例(如表2-69所示)。

表2-69 合伙人合同额存量换股权对应表

股份占比 入围	存量	
门槛/万元	X=当年实际完成合同额/万元	占公司比例
300	300≤X＜500	0.15%
	500≤X＜1000	0.30%
	X≥1000	0.50%

6. 实际完成合同额的增量部分：以100万元为门槛，对应不同的送股比例(如表2-70所示)。

表2-70 合伙人合同额增量换股权对应表

股份占比 入围	增量	
门槛/万元	X=当年实际完成合同额-上年度实际完成合同额/万元	占公司比例/%
100	100≤X＜300	0.20%
	300≤X＜500	0.40%
	500≤X＜800	0.60%
	X≥800	0.80%

举例1：2019年某厂家A目标合同额为1200万元，当年实际完成合同额800万元，去年实际完成合同额800万元，则厂家A存量实股占公司比例=0.30%；增量实股占公司比例=0%，即2019年厂家A共获得公司的实股奖励(占公司比例)=0.30%。

举例2：2019年某厂家B目标合同额为400万元，当年实际完成合同额700万元，去年实际完成合同额300万元，则厂家B存量实股占公司比例=0.30%，增量实股占公司比例=0.40%，即2019年厂家B共获得公司的实股奖励(占公司比例)=0.70%。

二、购股

1. 购股期限：自2019年1月1日至2022年1月1日终止，共3年。

2. 购股条件：厂家合同额完成比例≥50%时，完成比例=(当年实际完成合同额-上年度实际合同额)/上年度实际合同额。

3. 购股比例：某厂家购股比例上限=2.0×上年度获得的送股比例。

4. 购股价格：

(1) 公司发生外部融资前，根据公司营业收入确定购股价格(如表2-71所示)。

表2-71 外部融资前合伙人购股的每股价格

X=公司营业收入/元	每股价格/元/股
1.0亿≤X<3.0亿	3.00
3.0亿≤X<5.0亿	5.00
X≥5.0亿	8.00

(2) 公司发生外部融资后，因产生市场公允价格，厂家购股价格=60%×公司的最近一轮融资的每股价格。

5. 出资批次：厂家须一次性出资，公司财务部应在15日内通知厂家完成购股，逾期视同放弃其权利。

假如2020年公司注册资金为500万元，公司营业收入为2.5亿元，厂家A目标合同额为1500万元，实际目标合同额为2500万元，符合购股的规定。假如获得送股比例为0.5%，则可购股比例上限=2.0×0.5%=1.0%。

测算1：公司未从外部融资，某上游厂家出资购买金额=500×1.0%×3.0=15.0(万元)；

测算2：公司从外部融资，注册资金由500万元增加到750万元，外部投资人以10.0元/股进入公司，某上游厂家出资购买金额=750×1.0%×(10×60%)=45.0(万元)。

在本案例中，对于国内中小厂家来说，通常情况下老板与该公司直接打交道、定价格、定数量，他们不存在离职的问题，是长久的合作伙伴。而对于国外品牌驻华办事处的采购经理来说，他们是职业经理人，可能会离职或调岗，原有的关系可能就不复存在了。

此时在方案中要考虑原采购经理的利益补偿事宜，不要卸磨杀驴、过河拆桥。在实际操作中，可以考虑当他们不在岗时，公司可以回购他们通过努力而赚到的实股(涉及特殊情况的，此实股可由他们的亲戚或信得过的朋友代持)，同时对于回购也要讲究一定的技巧。

即通过现金来变现他们手中的股份，然后公司把收回的股份再分配给新上任的采购经理，确保一单不落，合伙再继。

二、下游合伙人

案例2-44 某医疗公司是如何把7个行业内经销商变成合伙人的？

李×宁(曾是某上市公司区域总经理、销售冠军，有良好的行业人脉)；王××(前列腺导管生产许可证批文的拥有者、医学专家)；赵××(拥有近1000平方米的GMP实验室)。

以上三名创始人系多年的朋友，看到前列腺导管国产化带来的巨大市场空间，打算成立B公司(如图2-36所示)，注册资金为3000万元，主营业务为前列腺导管的研发、生产与销售。

第一步：新设控股公司——A公司

把三名联合创始人放入A公司，经协商持股比例分别为67%、23%及10%，保证了第一大股东李×宁的控股权。

第二步：资金股设计

在B公司成立前，同行业的10名经销商对该项目很感兴趣，打算投资入股成为原始股东。另有2名有钱人也愿意溢价投资入股。经筛选，7名经销商及1名有钱人入围，前者具有较强的销售能力，能为新公司带来业务；后者仅为财务投资人，为李×宁的知己及恩人，在李×宁起初创业时给予资金上的支持，感情上不好拒绝。

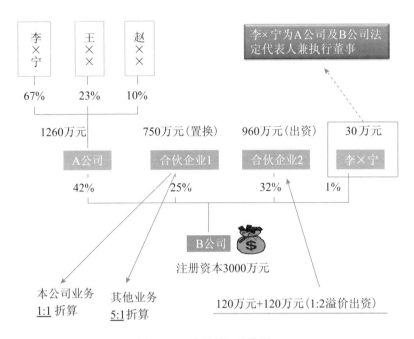

图2-36　B公司股权结构图

本着"自然人股东要越少越好，合伙人要越多越好"的原则，公司新设合伙企业2做经销商入伙平台，其中GP为李×宁，出资30万元，占1.0%股份；7名经销商各出资120万元(即1元/股)，为LP，1名有钱人出资240万元(即2元/股，相当于经销商的120万元出资)，为LP，合计出资1080万元。经所有股东一致同意，GP的30万元及LP的960万元进入公司注册资本，剩余120万元(1080-960)进入公司的资本公积。

上述出资已于2018年5月20日前到位。

第三步：人力股(贡献股)设计

1. 鉴于7名经销商有各自的企业，为扩大本公司的销售收入，B公司与上述股东新成立7个合资公司(如图2-37所示)。

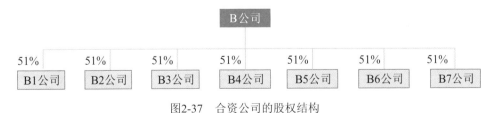

图2-37　合资公司的股权结构

2. 各新成立的合资公司注册资金均为10万元。为合并财务报表之考虑，B公司控股，占51%股份。

3. 因B公司定位于IPO上市公司，前期要做大销售额，故各经销商的销售收入=1×经营B公司产品的销售收入+1/5×经营其他公司产品销售收入。

4. 根据各经销商的销售收入排名来置换B公司的股份

(1) 股份来源：新设立的合伙企业1，其GP为李×宁，LP为通过销售业绩来置换股份的7名经销商。

(2) 触动条件：分2次置换，即当B公司销售收入达到5000万元时，在合伙企业1中拿出200万股来置换；当B公司销售收入达到1.2亿元时，拿出200万股来置换，共计400万股，预留350万股给其他投资人。

① 当B公司销售收入超过5000万元时对应的经销排名如表2-72所示。

表2-72 B公司销售收入超过5000万元时对应的经销排名

经销商销售收入排名	5000万元对应的每股价格/元/股	经销商销售收入明细/万元	置换股份数量/万股	经销商出资金额/万元
第1名	0	1400	50.0	0
第2名	0.2	1100	39.3	7.86
第3名	0.3	900	32.1	9.63
第4名	0.5	800	28.6	14.3
第5名	0.6	600	21.4	12.84
第6名	0.7	500	17.9	12.53
第7名	0.8	300	10.8	8.64
合计		5600	200	65.8

② 当B公司销售收入超过1.2亿元时对应的经销商排名如表2-73所示。

表2-73 B公司销售收入超过1.2亿元时对应的经销商排名

经销商销售收入排名	1.2亿元对应的每股价格/元/股	经销商销售收入明细/万元	置换股份数量/万股	经销商出资金额/万元
第1名	0.5	3200	50.8	25.4
第2名	0.8	2500	39.7	31.76
第3名	1.0	2000	31.7	31.7
第4名	1.2	1800	28.6	34.32
第5名	1.3	1500	23.8	30.94
第6名	1.4	1000	15.9	22.26
第7名	1.5	600	9.5	14.25
合计		12 600	200	190.63

5. 思考

(1) 合伙企业1的GP与LP，如果实缴完成对B公司的出资，则出资金额高达750万元，而这些股份(份额)是要转让给经销商的，谁会当雷锋？如果是认缴出资，意味着经销商获得合伙企业1中的股份(份额)是通过折价方式实现的(即低于1元/股或未来B公司的净资产)，是否会产生股份支付及税务支出等问题？另外认缴而未缴部分(例如某LP认缴仅出资10%)，是否由获得该转让股份(份额)的经销商来完成？税务成本由哪方来承担？

(2) 经营其他公司的相同产品，方案是按销售收入的1/5折算，这是为了上市做高销售业绩之考虑，笔者理解这是一个过渡及折衷的方案，但未来B公司需要规定本公司产品销售收入应远大于其他公司的相同产品，否则经销商可能不愿意卖B公司的产品。

(3) 销售换股的触动条件(即超过5000万元及1.2亿元)对全体经销商有效，无论给B公司带来的销售收入有多少，从某种意义上来说是"普惠性的合伙"，大家干好干坏都有激励，可能会与方案的初衷相违背，是否可以仅对销售收入前三名的经销商进行激励？是否设置某个经销商享有本方案的前提为个人业绩超过一定的金额(例如1000万元)？是否在方案中增设经销商的淘汰机制？如果有经销商中途退出，如何解决？

三、城市合伙人

案例2-45　爱尔眼科是如何通过使用PE基金+城市合伙人制度成为行业第一的？

爱尔眼科医院集团是知名全球连锁眼科医疗机构、IPO上市医疗机构。截至2019年，已在中国大陆30个省市区建立290余家专业眼科医院，年门诊量超过650万人。并且，在美国、欧洲和中国香港开设了80余家眼科医院。

从营收和净利来看，2009年至2017年，爱尔眼科的营收从6.06亿元增长到59.63亿元，年复合增长率高达33.07%；扣非后净利润从0.92亿元增长到7.76亿元，年复合增长率为30.57%。这种增长速度在上市公司中也很罕见！如图2-38所示。

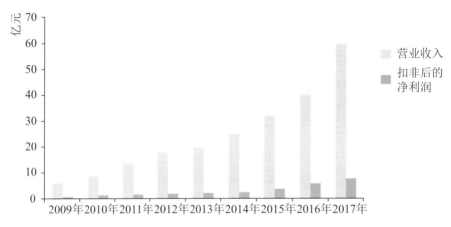

图2-38　爱尔眼科2009—2017年营业收入及扣非后的净利润

从现金流量表来看，从2009年的1.69亿元增长至2017年13.3亿元，年复合增长率为29.41%，说明其历年的利润都转化成了实实在在的现金，盈利质量优异。如图2-39所示。

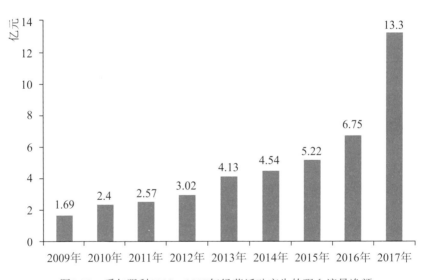

图2-39　爱尔眼科2009—2017年经营活动产生的现金流量净额

2018年10月27日爱尔眼科发布了第三季度财务报表，从报告可以看出，爱尔眼科第三季度营业收入达23.44亿元，同比增长30.8%；经营性现金流高达12.3亿，是名副其实的绩优生！

如此靓丽的财报，爱尔眼科是如何达到的呢？那就是不断进行并购及实行城市合伙人制度的结果。

1. 并购加速企业的扩张

爱尔眼科是资本运营的高手，2017年爱尔眼科收购项目共11个，花费7.45亿元，表2-74为部分收购项目。

表2-74 部分收购资产项目

被购买方名称	股权取得时点	股权取得成本	股权取得比例	股权取得方式	购买日	购买日的确定依据
佛山爱尔眼科医院有限公司	2017年01月01日	35 358 000.00	60.00%	现金购买	2017年01月01日	取得被购买方实际控制权
清远爱尔眼科医院有限公司	2017年01月01日	26 448 000.00	80.00%	现金购买	2017年01月01日	取得被购买方实际控制权
东莞爱尔眼科医院有限公司	2017年01月01日	98 475 000.00	75.00%	现金购买	2017年01月01日	取得被购买方实际控制权
滨州沪滨爱尔眼科医院有限公司	2017年01月01日	208 845 000.00	70.00%	现金购买	2017年01月01日	取得被购买方实际控制权

2014年，爱尔眼科就开始设立并购资金，它的方法是通过并购基金来收购市盈率较低的医院，经营一段时间，达到一定的利润后再由上市公司爱尔眼科进行收购。

我们可以看出，爱尔眼科高明之处在于在上市公司体外形成了医院的生态链，当上市公司需要利润时，马上可以让报表好看！

为方便大家的理解，笔者列出了基金公司通常的操作方法，如图2-40所示。

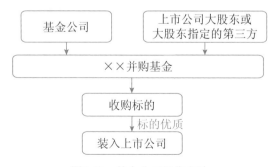

图2-40 基金公司操作方法

例如，爱尔眼科目前的总市值为694.28亿元，市盈率为93.50倍，利润为7.43

亿元。但是，公司利润的年增长率维持在30%左右，如何才能维持住市值？

可以操作的方法是：以一个较低的估值，并购一家公司。比如，以20倍市盈率的估值全资并购一家年利润为2.58亿元的标的公司，总价51.60亿元。收购完成之后并表，上市公司的净利润变成10亿元，利润增长率达35%。假如全部使用现金收购，没有发行新股，在股价不变的情况下，市盈率下降到约70倍。公司估值一下子就变便宜了。

而在爱尔眼科的网点扩张规划中，2020年爱尔眼科将完成开设8个中心城市医院、20个省会城市医院、200个地级市医院和1000家县级医院。

上述宏伟目标，不靠并购是完全实现不了的！

2018年10月27日，爱尔眼科发布公告称设立亮视长星产业基金，总规模10亿元，为未来发展储备更多眼科领域的并购标的。其中前海安星出资100万元，招商资管出资7.5亿元，爱尔眼科全资子公司拉萨亮视出资1.9亿元，铭鸿创投出资5900万元。

通过产业资金并购，爱尔眼科2017年形成了超过21亿元商誉(注：在并购时，项目的估值高于相应的净资产从而产生商誉)，公司近100亿元总资产才产生7.7亿元利润，比银行利息稍高些。

原则上商誉只要不低于原先的预期，就无须计提减值准备，不会对上市公司损益造成不良影响。但不难看出，一旦并购公司业绩不达预期，计提大额商誉减值，会成为爱尔眼科利润的大杀器。

为配合爱尔眼科的全国扩张，除设立了产业基金外，不得不提的是它独特的城市合伙人制度模式。这两者相得益彰。

2. 城市合伙人计划

(1) 股权架构

2017年爱尔眼科公司的年报显示，创始人陈邦通过爱尔医疗投资集团有限公司间接持有上市公司爱尔眼科40.78%的股份，再加上个人持股，保证了对上市公司的控制权，如图2-41所示。

那么爱尔医疗投资集团有限公司的股权架构又是如何呢？爱尔医疗投资集团公司由2个自然人股东构成：陈邦与李力。其中陈邦绝对控股，持股比例高达近80%，保证了对公司的决策权。

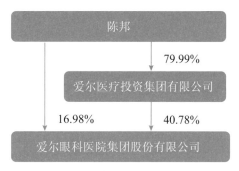

图2-41 2017年爱尔眼科股权架构

国内基金公司通常的做法是：享受20%的分红，且收取2%的年管理费。笔者发现在上述合伙人计划中，GP(普通合伙人)免费服务甘当雷锋，充分说明爱尔眼科对合伙人的爱才是真的爱！

(2) 城市合伙人退出赚多少钱？

例如东莞爱尔眼科医院有限公司成立于2014年8月28日，当时股东结构如表2-75所示。

表2-75 东莞爱尔眼科医院有限公司2014年股东结构

股东名称	出资额/万元	出资比例
深圳前海东方爱尔医疗产业并购合伙企业(有限合伙)	2175	75%
广州视线医疗产业投资合伙企业(有限合伙)	725	25%
合计	2900	100%

2016年12月，股东深圳前海东方爱尔医疗产业并购合伙企业(有限合伙)将其所持有75%的股份，以1.29亿元转让给爱尔眼科集团股份有限公司。

在短短的2年时间内，通过本次交易合伙人的收益增值了593%=1.29亿/2175万。

3. 内部合伙人计划(摘要2014年4月的《合伙人计划》)

(1) 第四条 计划的实施方式

为了对核心人才进行点对点的定向激励，本计划采取有限合伙企业的实施方式。公司下属子公司作为合伙企业的GP，负责合伙企业的投资运作和日常管理。

核心人才作为LP出资到合伙企业，享有合伙协议及章程规定的权利，履行相应的义务。公司对合伙人进行动态考核，包括其本职工作业绩及作为合伙人的尽责情况。

合伙企业可以分期设立，视各省区新医院投资的进展情况分期设立，具体名称以工商字号为准。

合伙企业成立后，与公司或爱尔并购基金共同设立新医院。

比如郑州爱尔眼科医院有限公司就是上市公司与湖南亮视交银眼科医疗合伙企业共同投资设立的，如图2-42所示。

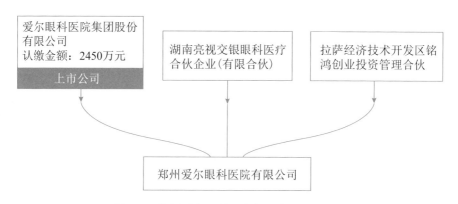

图2-42 郑州爱尔眼科医院有限公司股权结构

(2) 第六条 合伙人的资格认定

对新医院发展具有较大作用的上级医院核心人才；

新医院(含地州市级医院、县级医院、门诊部、视光中心)的核心人才；

公司认为有必要纳入计划及未来拟引进的重要人才；

公司总部、大区、省区的核心人才。

(3) 第九条 合伙企业的期限与收益分配

合伙企业经营期限一般为3至5年。若因项目实际需要，可延长或缩短经营期限。为了体现公司对合伙企业的支持，GP对合伙企业不收取管理费。合伙企业在取得收益并扣除各项运营成本、费用后，按照各合伙人的出资比例分配利润。

案例2-46 某公司项目合伙方案(节选)

甲方：杭州市××医药有限公司

乙方：

鉴于甲方具有完备的生产线与相应的制药批文，乙方拥有一定的销售分销渠道，经甲乙双方协商，本着互利共赢原则，确定以项目制形式执行合伙方案，具体如下。

一、合伙形式

甲方以生产线或生产批文入伙，乙方以销售渠道入伙。销售收入全部计入甲方的账户，并由甲方开具发票。

二、合伙分配

为调动乙方的积极性，甲方本着最大让利原则，以项目合伙的净利润作为合伙分配基数，即甲方：乙方=50%：50%。项目合伙净利润=销售收入-销售成本-水电气费用-生产制造成本-直接人工-企业所得税。

(测算：假设2018年项目合伙的净利润为200万元，则乙方可分到100万元的合伙金。)

三、合伙配股

甲方配股分为两种形式，即送股和购股。

(一) 送股

乙方年销售收入平衡点为1000万元，即乙方给甲方带来的销售收入超过1000万元时，甲方按照每10万元销售收入免费赠送乙方100股的注册股(即甲方的原始股)。乙方将来拥有的股份数量，在甲方的合伙企业中列示。

销售收入的确定以甲方认定的销售回款为准。

(测算：假设甲方的注册资金为500万元，2018年乙方完成销售收入1200万元，享受甲方的合伙配股计划，乙方获得原始股=1200/10×100=1.2(万股)。假设2018年甲方估值为1亿元，则乙方原始股估值=1亿元/500万股×1.2万股=24万元。)

(二) 购股

1. 数量约定：甲方根据乙方的上一年度所获得的送股数量，核定乙方的购股数量上限，即乙方购股数量上限=5×上一年度所获得的送股数量。乙方须在当年行权，完成购股计划；逾期未行权的，视同乙方放弃。

2. 价格约定：按当年甲方估值的7.5折购买。

3. 估值约定：甲方的估值按PS法(即销售收入估值法)

销售收入X	PS倍数
$X \leq 5000$万元	2.0
5000万元$< X \leq 1$亿元	3.0
1亿元$< X \leq 2$亿元	4.0

(测算1：乙方可购买股数上限=5×1.2万股=6万股。假设2018年甲方估值为1亿元，注册资金为500万元，则股价为20元/股，这时乙方购买价格=20元/股×75%=15元/股。因此乙方现金出资上限=6万股×15元/股=90万元。)

(测算2：这时乙方通过送股和购股拥有甲方股数上限=1.2万股+6万股=7.2万股。假如2019年甲方公司销售收入为8000万元，注册资金为1000万元，则按照上述的估值规定甲方公司估值=8000万元×3=2.4亿元，乙方估值=2.4亿元/1000万股×7.2万股=172.8万元。)

案例2-47 某公司经销商合伙方案节选

甲方：深圳市××科技有限公司

乙方：××经销商

一、销售返点

甲方同意以乙方实际销售收入的2%作为提成。销售收入确定以甲方实际收到乙方的货款并开具发票为准。甲方每季度末核算乙方的提成，并在次月10日完成，如遇节假日则顺延。

二、增量分成

乙方的销售收入平衡点为800万元，即超过部分为增量。增量分成的核算时间为年底，即每年年末甲方核算乙方的增量销售收入。销售收入确定以甲方实际收到乙方的货款并开具发票为准。增量的分成采取累进制，如下表所示。

年度平衡点/元	增量累进/元	分成
800万	0～300万(含)	0.5%
	300～600万(含)	1.0%
	600～1000万(含)	1.5%
	1000万以上	2.0%

(例如，A合伙人2018年完成销售收入1300万元，则A分成=(300万元-0)×0.5%+(500万元-300万元)×1%=3.5万元。)

三、投资转股

乙方可以选择如下方式与甲方进行合作。

(一) 债权融资

1. 甲方为充足现金流之考虑，拟向乙方融资1000万元，期限为两年，自双方签订本协议时起算。年利息率为8%，利息费每年底支付。

2. 鉴于甲方即将开展新三板挂牌与IPO规划工作，在IPO前甲方同意乙方可以债转股，即将乙方出借给甲方的1000万元转成甲方的股份，股份比例按照当时甲方的估值来测算，按估值的8折折股。

(例如乙方借给甲方50万元，2019年乙方请求债转股，当时甲方的估值为1亿元，总股本为1000万股，即股价为10元/股，按估值的8折折股则乙方可享受的股价=8元/股。因此乙方的股份数=50万元/8元/股=6.25万股。)

3. 债转股后，乙方成为甲方的股东，甲方不再向乙方支付利息费。甲方成立合伙企业作为持股平台，甲方按照乙方的股份数折算成持股比例后，在合伙企业股东明细中列支。

(例如甲方总股数为500万股，所成立的合伙企业占股15%，即75万股；而乙方持有甲方6.25万股，则乙方占合伙企业的股权比例为8.3%。)

(二) 股权融资

1. 乙方以现金方式对甲方进行投资，总出资为_____万元，占甲方___%的股份。乙方许诺签订本协议后的5个工作日内完成出资，否则乙方的出资资格自然终止。甲乙双方经协商一致同意，乙方根据甲方的业绩条件，确定乙方的出资批次及出资的日期，但乙方的出资批次不得超过3期(含)。乙方不得约定与甲方签订相应的对赌协议。

2. 根据乙方的持股比例，乙方一次性投入超过500万元(含)的，以自然人股东身份出现在甲方的股东明细中。假如乙方的500万元投资款中，有至少2名(含)投资人的，乙方代持其他人的股份，乙方的代持协议以甲方的样本为准。乙方一次性投入少于500万元的，乙方成为甲方的股东后，出现在甲方的合伙企业名录中。

3. 乙方1年内退股的，甲方按乙方所投入资金以1:1比例回购，并按照甲方占用乙方资金的时长，以年利率的10%给付。乙方2年后退股的，按照甲方估值无息退出。乙方要转让股份时甲方具有优先购买权。

甲方公司按PS法估值(即销售收入估值法)，并约定如下。

销售收入X	PS倍数
X≤5000万元	2.0
5000万元<X≤1亿元	3.0
1亿元<X≤2亿元	4.0

(例如，甲方公司2019年销售收入为4000万元，总股本为1000万股，则甲方估值为8000万元，则乙方此时的股价=8元/股。假如乙方原始投入50万元，以前的购买价格为5元/股，并选择退股，则乙方退出金额=50万元×(8/5)=80万元。)

四、股权激励

甲方在2017—2019年，拿出3%的股份，奖励销售前5名的事业合伙人，解锁条件为甲方的业绩完成情况，如下表所示。

甲方年销售额	3000万元(含)以下	3000万元～6000万元(含)	6000万元～1亿元(含)	1亿元以上
前5名事业合伙人合计获得股权比例上限	0	1.5%	2%	3%
某事业合伙人实际获得的股权比例合计	0	(某事业合伙人的实际销售额÷全体事业合伙人实际销售额)×1.5%	(某事业合伙人的实际销售额÷全体事业合伙人实际销售额)×2%	3%

(例如，甲方公司2018年销售额达到8000万元，则按上述表格解锁2%。假如乙方完成1200万元，位列所有事业合伙人第3名，则乙方获得的股权比例=(1200/8000)×2%=3‰。)

第三章

合伙的财税法律

——跨界思维，领域相交

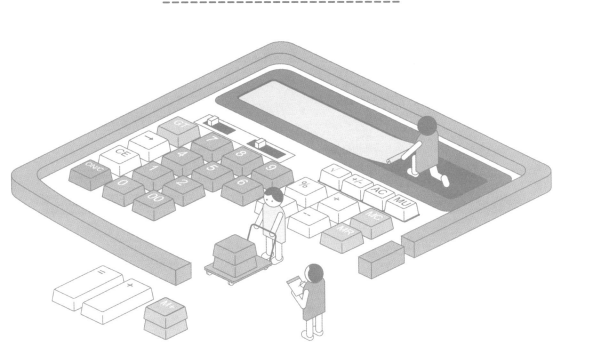

KPI指标来源于财务三张报表，而三张财务报表之间的勾稽关系又说明了KPI指标的动态性，KPI指标的动态性构成了目标管理的内容，目标管理决定了合伙的解锁条件或行权条件。

持股平台类型、股权转让、收购兼并、资产重组等会涉及税务问题。公司治理结构、股东协议、公司章程、对外投资等会涉及众多法律事项。

因此合伙是一个跨界的概念，企业要在顶层设计环节就提前规划，否则多交税、交冤枉税、法律纠纷、对簿公堂就可能发生。

第一节
合伙的财务问题

现金流、净利润及营业收入是企业最重要的经营指标，分别对应企业的现金流量表及利润表。而净资产及资本公积金是税务机关最关注的财务数据，对应企业的资产负债表。由此可见，看懂财务三张报表是企业家们必修的课程。

一、从财务看股权比例

对于企业家来说，不同的持股比例意味着权利的不同，如表3-1所示。

表3-1　不同的持股比例的含义

持股比例	含义
≥10%	申请解散公司及召开临时股东会
>1/3	一票否决权
>50%	相对控股权
>2/3	绝对控股权
>20%	特殊意义

持股20%与50%在财务上有特殊的意义。

根据《企业会计准则第2号——长期股权投资》第7条、第9条的规定，通常会将投资企业与被投资企业之间的关系划分为4类，即控制、共同控制、重大影响、既不共同控制也不构成重大影响。几乎所有股权投资，都和它们有联系。

(1) 若投资方A对被投资企业B的持股比例在50%以上，则A对B构成控制关系，B就是A的子公司，会计核算方法为"成本法"。

(2) 若持股比例刚好为50%，A对B构成共同控制，A就是B的联营企业，会计核算方法为"权益法"。

(3) 若持股比例在50%以下，20%以上(包含20%)，A对B拥有重大影响，A是B的合营企业，会计核算方法为"权益法"。

(4) 若持股比例在20%以下，则A对B既不构成共同控制也不产生重大影响。此时，依照新会计准则的规定，需要纳入"金融资产"考虑，以金融工具准则核算。如图3-1所示。

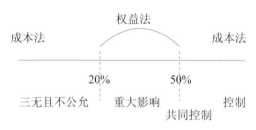

图3-1　持股20%与50%在财务上的特殊意义

案例3-1　A公司持股由60%下降至40%，账面价格如何调整？

2017年3月，A公司以900万元取得B公司60%的股权，A、B公司没有关联方关系，当日B公司可辨认净资产公允价值为1400万元，除一项固定资产外，其他可辨认资产、负债的公允价值与账面价值相等。该固定资产账面价值为100万元，公允价值为200万元，预计尚可使用年限为5年，采用年限平均法摊销，无残值。

2018年4月，A公司以500万元出售B公司20%股权，剩余40%股权当日公允价值为1000万元，股权出售后A公司对B公司不再具有控制权，但具有重大影响。

B公司2018年1月1日至2019年1月1日实现净利润1020万元，分配现金股利200万元，可供出售金融资产公允价值增加50万元。假定A公司拥有其他子公司，仍需编制合并财务报表，A公司按净利润的10%提取法定盈余公积，A、B公司之间未发生内部交易。不考虑所得税费用和长期股权投资明细科目之间的结转。

分析：这是一个典型的由于出售股权丧失控制权的经济业务，A公司需要编制合并财务报表。2017年B公司是A公司的子公司，纳入A公司2017年合并财务报表的编制范围。

2018年A公司合并财务报表的编制过程中，要将剩余40%股权的账面价值调整为公允价值，并将个别财务报表中确认的处置损益进行期间调整，由处置当期损益调整到期初留存收益或资本公积，再将资本公积转为投资收益。

具体会计分录如下(金额单位：万元，下同)。

1.A公司个别财务报表分录

(1) 出售20%股权

借：银行存款　500

　　贷：长期股权投资　300

　　贷：投资收益　200

(2) 剩余40%股权追溯调整为权益法

① 初始投资成本的追溯调整。剩余股权投资成本为600万元(900-300)，大于原取得股权时在B公司可辨认净资产公允价值中享有的份额560万元(1400×40%)，不需要调整长期股权投资成本。

② 剩余股权的追溯调整。2018年1月1日至2019年1月1日B公司按购买日公允价值持续计算的净损益导致的净资产增加值=1020-(200-100)÷5-200=800(万元)。

借：长期股权投资——损益调整　340

　　贷：盈余公积　32(800×40%×10%)

　　贷：利润分配——未分配利润　288(800×40%×90%)

　　贷：资本公积——其他资本公积　20(50×40%)

因此A公司个别财务报表中剩余40%股权的账面价值=900-300+340=940(万元)。

2.A公司合并财务报表分录

(1) 将剩余股权投资账面价值调整到公允价值

借：长期股权投资　60(1000-940)

　　贷：投资收益　60

(2) 对个别财务报表中确认的投资收益进行追溯还原

借：投资收益　170

贷：盈余公积——年初　16(800×20%×10%)

贷：未分配利润——年初　144(800×20%×90%)

贷：资本公积——年初　10(50×20%)

(3) 将A公司确认的资本公积转入投资收益

借：资本公积　30(20+10)

贷：投资收益　30

总之，无论是成本法或权益法，本身并不是利润调节的手法。关键在于成本法与权益法之间的变更，会带来会计处理的差异，因而才滋生了会计利润调节的空间。

案例3-2　力帆股份改变会计核算方式，增加利润约1亿元

2003年6月，力帆股份入股重庆银行，持有重庆银行6.41%的股份，为重庆银行第六大股东，采用"成本法"核算。

2013年11月，重庆银行在香港证券交易所上市，力帆股份通过境外控股子公司力帆国际，在二级市场购买了1.39亿股，约占重庆银行总股本的5.17%。

这样一来，截至2013年12月，力帆股份与子公司力帆国际，合计持有重庆银行约9.93%的股份，为重庆银行第三大股东。注意，持股比例不及10%。但是，力帆股份却发布公告，称要用"权益法"代替"成本法"进行核算。

我们知道，要想用"权益法"核算，必须要满足持股比例在20%以上、50%以下才行。但是，力帆股份凭什么证明，他可以采用"权益法"核算呢？

就是这样一个小小的会计核算方式变更，力帆股份在2013年确认了对重庆银行的投资收益1.63亿元，比2012年以成本法核算的投资收益647.8万元增长了241%。

总结：会计准则规定重大影响可以通过在董事会拥有席位，以表决的方式来施加影响，或者向被投资企业派送关键管理人员、提供关键技术、参与政策制定、发生重要交易，也可以算作重大影响。

力帆股份真是高手！合情、合理、合法、合规！

但笔者认为，力帆股份当年投资收益暴涨的原因，不在于新增投资，而只是对曾经的长期股权投资，变更了会计核算方式，仅此而已。这也就意味着，这部分利润的增加，仅仅是账面利润，而没有实际现金流的支撑。

二、从财务看业绩对赌

沈从文说过："我这一辈子走过许多地方的路，行过许多地方的桥，看过许多次数的云，喝过许多种类的酒，却只爱过一个正当年龄的人。"我投资了它，有过海誓山盟的对赌，后来我被这个人害惨了。这是一个珠宝大姐与地产小弟之间的悲惨爱情故事。

案例3-3 | **明牌珠宝赢了业绩对赌，输了长期股权减值**

2015年明牌珠宝(002574，SZ)营业收入为52亿元，扣非净利润仅为610万元；2016年业绩惨不忍睹，营业收入为33亿元，扣非净利润为0.99万元(摘自2016年报)。

2015年明牌珠宝发生了什么呢？原来有一笔并购业务。

2015年12月25日，明牌珠宝发布公告称以7亿元收购苏州好屋25%的股权，苏州好屋是一家互联网房地产经纪公司，收购的目的是为了推进"互联网+"，具有战略意义。

收购当时，苏州好屋的财务状况如表3-2所示。

表3-2　收购时苏州好屋的财务状况　　　　　　　　　　　　　　　元

财务指标 \ 年度	2013年度	2014年度	2015年1—9月
营业收入	2.42亿	6.5亿	5.87亿
扣非净利润	501.64万	2338.14万	4001.12万

从财报来看，增长不错，挺般配的。苏州好屋为了入赘豪门，与明牌珠宝签订了业绩对赌协议，承诺2016—2018年扣非净利润分别为1.8亿元、2.5亿元及3.2亿元。若完不成，则进行现金补偿。

苏州好屋2015年1—9月只完成了4000万元扣非净利润，2016年就敢对赌扣非净利润1.8亿元！真的猛士，敢于直面惨淡的人生，敢于正视淋漓的鲜血！

再来看下并购后的结果，苏州好屋2016年及2017年净利润分别为1.31亿元和1.65亿元。但2017年扣非净利润为1.45亿元，显然步子迈得太大了。

于是触发业绩对赌。对赌协议是这样约定的：某盈利承诺方的现金补偿额=(上一会计年度承诺盈利数-上一会计年度实际盈利数)÷盈利承诺期间的承诺盈利数总和×本次股权转让和增资后苏州好屋的全部股权价格280 000万元×本次股权转让和增资后公司合计持有苏州好屋的股权比例25%×某盈利承诺方所出让的出资额÷盈利承诺方所出让的出资额之和-某盈利承诺方已支付现金补偿额。

2017年度，苏州好屋实现扣非归母的净利润为14 532.53万元，未达到承诺盈利金额，根据协议约定上述盈利承诺方共需向明牌珠宝补偿9769.64万元。明牌珠宝将本期收到的2016年业绩补偿款4957.45万元计入投资收益。

关键是按照会计准则的规定，2017年明牌珠宝对苏州好屋的长期股权投资要计提减值准备5629.91万元。

新的会计准则下的利润表有一个"资产减值"会计科目，于是明牌珠宝计提减值准备5629.91万元，冲减了企业的利润。因此2016年明牌珠宝的扣非净利润0.99万元就没有争议了。

长期股权投资一般通过业绩对赌来保障自身的权益，投资方收到对赌的现金补偿就高枕无忧了吗？明牌珠宝给了我们一个很好的警示，因为还有一处"雷"，即减值。

三、从财务看股份支付

股份支付是事业合伙与股东合伙经常遇到的术语，是指企业为获取职工和其他方提供的服务而授予权益工具或者承担以权益工具为基础确定的负债的交易，在授予日按照权益工具的公允价值计入相关成本或费用，相应计入资本公积中的其他资本公积。

可以看出，股份支付会影响企业的利润，进而影响分红；而股份支付计入哪个年度是挺有讲究的，从某种意义上来说，对高手而言也是一种利润调节的手段。

我们经常说的股票期权就是一个典型的股份支付行为，它通常涉及4个主要环节，即授予(Grant)、可行权(Vest)、行权(Exercise)和出售(Sale)，如图3-2所示。

图3-2　股票期权的4个环节

案例3-4　A公司三年内确定股份支付282万元

2017年6月，为奖励并激励高管，上市公司A公司与其管理层成员签署股份支付协议，规定如果管理层成员在其后三年中都在公司任职服务，并且公司股价每年均提高10%以上，管理层成员即可以低于市价的价格购买一定数量的本公司股票。

A公司以期权定价模型估计授予的此项期权在授予日的公允价值为3 000 000元。

在授予日A公司估计三年内管理层离职的比例为每年10%；在第二年年末A公司调整其估计离职率为5%；到第三年末，公司实际离职率为6%。

第一年公司股价提高了12%，第二年提高了15%，第三年提高了18%。

A公司应如何处理？笔者解题如下。

1. 如果不同时满足服务三年和公司股价年增长10%以上的要求，管理层成员就无权行使其股票期权，因此二者都属于可行权条件，其中服务满三年是一项服务期限条件，10%的股价增长要求是一项市场业绩条件。

按照股份支付准则的规定，笔者计算如下。

(1) 第一年末确认的服务费用=3 000 000×1/3×90%=900 000

借：管理费用　900 000

　　贷：资本公积——其他资本公积　900 000

(2) 第二年末累计确认的服务费用=3 000 000×2/3×95%=1 900 000

由此第二年应确认的费用=1 900 000-900 000=1 000 000

借：管理费用　1 000 000

　　贷：资本公积——其他资本公积　1 000 000

(3) 第三年末累计确认的服务费用=3 000 000×94%=2 820 000

第三年应确认的费用=2 820 000-1 900 000=920 000

借：管理费用　920 000

　　贷：资本公积——其他资本公积　920 000

最后，94%的管理层成员满足了市场条件之外的全部可行权条件，A公司在三年的年末均确认了收到的管理层提供的服务，并相应确认了费用。

我们可以看出，管理层经过三年行权后，确定股份支付，累计计入管理费用282万元(90+100+92)。

2. 会计处理

(1) 权益结算的股份支付(按授予日权益工具的公允价值计量)

对于权益结算的针对职工的股份支付，应当按照授予日权益工具的公允价值计入成本费用和资本公积(其他资本公积)，不确认其后续公允价值变动。

借：管理费用

　　贷：资本公积——其他资本公积

(2) 现金结算的股份支付(按资产负债表日权益工具的公允价值计量)

对于现金结算的涉及职工的股份支付，应当按照每个资产负债表日权益工具的公允价值重新计量，确定成本费用和应付职工薪酬。

借：管理费用

　　贷：应付职工薪酬

案例3-5　瑞和有限以PE值与股权激励价格之差为股份支付依据

2009年7月24日，瑞和有限股东会通过决议，同意瑞展实业将所持有的瑞和有限20%股权以2400万元价格转让给邓××等47位公司管理层及员工，将所持有的瑞和有限10%股权以2000万元价格转让给嘉裕房地产。

招股说明书称"由于实施股权激励增加管理费用1600万元，导致2009年管理费用大幅高于2008年及2010年水平"。

而2009年该公司归属于母公司净利润只有1461万元，又据非经常损益表显示，1600万元股权支付费用是经常性费用，扣非后该公司归属于母公司净利润是1400万元。很明显，该宗股权激励费用确认依据是同期PE入股价格和股权激励价格差：2000/10%×20%-2400=1600(万元)。

这导致2009年该公司盈利水平较2008年出现大幅下滑，如表3-3所示。

表3-3 2009年与2008年盈利水平比较 万元

项目	2010年	2009年	2008年
营业收入	101 216.79	68 349.26	50 647.38
营业利润	7785.14	2087.24	3702.53
利润总额	7808.13	2164.23	2683.89
净利润	6031.02	1461.37	2208.19

案例3-6 **百胜软件公司因总裁离职触及的股份支付**

1.《百胜软件公司与金××解除劳动关系协议书》主要约定如下。

第一条 订立背景：乙方于2012年7月1日进入甲方工作并担任总裁职务，于2013年5月13日起担任甲方的董事。现经友好协商一致，甲乙双方同意解除双方之劳动关系。同时，乙方亦自愿不再担任甲方的董事，现各方就前述事宜达成一致意见，各方同意以本书面协议之形式对相关事宜进行明确。

第三条 关于甲乙双方解除劳动关系

3.1 经甲乙丙三方协商一致，在本协议书签订及丙方首次支付150万元补偿金后，甲乙双方解除劳动关系。

3.2 依据三方于2012年6月29日与甲方签订的《合作协议》及2013年3月15日签订的《补充协议》，甲方须向乙方支付相关补偿金，现丙方同意在本协议生效后代甲方向乙方支付补偿金300万元。

3.3 乙方无条件退还丙方之前赠予的全部股权(甲方6%之股权)，丙方同意给予乙方补偿2%的股权。

2. 2013年5月，为对引进的管理人员实施股权激励，公司控股股东、实际控制人黄×将其所持公司180万元出资(6%股权)作价0元转让给自然人金××。2013年11月金××因个人原因辞职，依据2013年11月15日双方签署的《百胜公司与金××解除劳动关系协议书》，金××于解约时在百胜有限工作满一年，按照约定可以获得2%的股权，因此将其余4%的股权退还给黄×。公司对于金××持有剩余的2%股权进行股份支付的会计处理。该项股权转让不涉及绩效目标，无分期行权条款，故于2013年度一次性确认为当期费用，只对2013年度业绩产生影响，对2014年度及以后年度公司业绩无影响。上述股份支付当期确认使得公司2013年度当期净利润为794.42万元，若不考虑股份支付的影响，公司2013年度实现的净利润为894.28万元。

3. 2013年度的账务处理

借：管理费用——职工薪酬　998 592.48

　　贷：资本公积——其他资本公积　998 592.48

最后笔者建议：

(1) 大股东存量转让、员工增资持有股份时，不论是通过持股公司还是直接持有，两种情形均要执行股份支付准则。

(2) 如果是同一次入股价格不一致的，肯定要执行会计准则；如果不是同一次，那么最稳妥方式就是间隔6个月以上。

(3) 公允价值确定：如果有PE投资，那么以PE入股价格为准，如果有多个价格时以最高为准；如果没有投资，那么以每股净资产为准，建议以评估值溢价10%~15%作为公允价值。

第二节
合伙的税务问题

富兰克林说过："人的一生有两件事不可避免，一是死亡，二是纳税。"税务问题的本质，不是不交税，而是在合法的前提下少交税，不交冤枉税。

一、税收优惠政策解读

对于企业家来说，首先要掌握中小企业的税收优惠政策，并能将其运用到股权转让及内部改革中去。小微企业普惠性减税措施是2019年减税降费的"先手棋"，对深化供给侧结构性改革，减轻企业负担，激发市场活力，推动形成积极的社会预期等具有重要作用。2018—2019年部分税收优惠政策如图3-3所示。

（一）财税〔2019〕13号文件

第1条：对月销售额10万元以下(以1个季度为1个纳税期的，季度销售额未超过30万元)的增值税小规模纳税人，免征增值税。本条适用于合伙企业、个人独资企业。

增值税

1. 起征点上调：
       每月10万元
       每季30万元
2. 税率下调：
       16%→13%
       10%→9%

个人所得税

1. 新个税法实施
2. 创投优惠普及全国

企业所得税

1. 扩大小微企业范围
   资产总额5000万元以下
   从业人数300人以下
   应纳税所得额300万元以下
2. 调整小微企业税负
   5%，10%

其他

可以在50%的税额幅度内减征资源税、城市维护建设税、房产税、城镇土地使用税、印花税、耕地占用税和教育费附加、地方教育附加

图3-3　2018—2019年部分税收优惠政策

第2条：对小型微利企业年应纳税所得额不超过100万元的部分，减按25%计入应纳税所得额，按20%的税率缴纳企业所得税；对年应纳税所得额超过100万元但不超过300万元的部分，减按50%计入应纳税所得额，按20%的税率缴纳企业所得税。

因合伙企业、个人独资企业本身并不缴纳所得税，故本条不适用。但对于在合伙企业中的缴纳企业所得税的法人和其他组织合伙人，如符合财税〔2019〕13号文件第二条的规定，则可以享受小型微利企业的企业所得税优惠政策。

(1) 小型微利企业是指从事国家非限制和禁止行业，且同时符合如下条件：年度应纳税所得额不超过300万元、从业人数不超过300人、资产总额不超过5000万元。

(2) 由省、自治区、直辖市人民政府根据本地区实际情况以及宏观调控需要确定，对增值税小规模纳税人可以在50%的税额幅度内减征资源税、城市维护建设税、房产税、城镇土地使用税、印花税(不含证券交易印花税)、耕地占用税和教育费附加、地方教育附加。

(3) 执行期限为2019年1月1日至2021年12月31日。

从2019年4月1日起，对于一般纳税人的企业来说，增值税率实行三档税率，即制造业等行业现行16%的税率降至13%；交通运输业、建筑业等行业现行10%的税率降至9%；保持6%一档的税率不变。

根据2018年新修订的《个人所得税法》第15条规定，个人转让不动产的，税务机关应当根据不动产登记等相关信息核验应缴的个人所得税，登记机构办理转移登记时，应当查验与该不动产转让相关的个人所得税的完税凭证。个人转让股权办理变更登记的，市场主体登记机关应当查验与该股权交易相关的个人所得税的完税凭证。

自2019年1月1日起，对依法备案的创投企业，可选择按单一投资基金核算，其个人合伙人从该基金取得的股权转让和股息红利所得，按20%税率缴纳个人所得税；或选择按创投企业年度所得整体核算，其个人合伙人从企业所得，按5%～35%超额累进税率计算个人所得税。上述政策实施期限暂定5年。

(二) 财税〔2018〕55号文件

1. 公司制创业投资企业采取股权投资方式直接投资于种子期、初创期科技型企业(以下简称初创科技型企业)满两年(24个月，下同)的，可以按照投资额的70%在股权持有满两年的当年抵扣该公司制创业投资企业的应纳税所得额；当年不足抵扣的，可以在以后纳税年度结转抵扣。

2. 有限合伙制创业投资企业(以下简称合伙创投企业)采取股权投资方式直接投资于初创科技型企业满两年的，该合伙创投企业的合伙人分别按以下方式处理。

(1) 法人合伙人可以按照对初创科技型企业投资额的70%抵扣法人合伙人从合伙创投企业分得的所得；当年不足抵扣的，可以在以后纳税年度结转抵扣。

(2) 个人合伙人可以按照对初创科技型企业投资额的70%抵扣个人合伙人从合伙创投企业分得的经营所得；当年不足抵扣的，可以在以后纳税年度结转抵扣。

(3) 天使投资个人采取股权投资方式直接投资于初创科技型企业满两年的，可以按照投资额的70%抵扣转让该初创科技型企业股权取得的应纳税所得额；当期不足抵扣的，可以在以后取得转让该初创科技型企业股权的应纳税所得额时结转抵扣。

案例3-7 投资公司A，需要交多少税?

某有限合伙创投企业C成立于2017年2月，其中投资公司A及自然人B占份额均为50%，同时约定五五分红。2017年3月企业C投资1000万元到××有限公司D(初创期科技型企业)，占股30%，如图3-4所示。

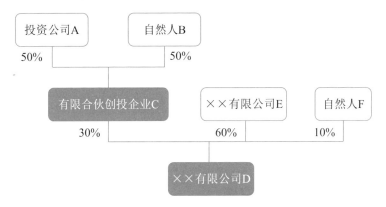

图3-4 ××有限公司D股权结构

2019年5月，有限合伙创投企业C从××有限公司D分回收益800万元，按照合伙企业"先分后税"的规定，投资公司A可分得400万元。另外投资公司A利润总额为850万元，企业所得税率为25%。要求核算投资公司A应缴纳的企业所得税。

笔者解答如下:

投资公司A投资满两年，符合财税〔2018〕55号文件的规定。

投资公司A对应的能抵扣的全额=1000×50%(合伙人出资比例)×70%=350(万元)，余下的50万元(400-350)并入利润计算企业所得税=(850+50)×25%=225(万元)。

假如投资公司A分回200万元，因为能抵的是350万元，而余下的150万元可在以后的年度再从有限合伙创投企业C分回的收益里结转抵扣，而不能在当年的850万利润结转抵扣。

假如2017年3月，自然人F是天使投资人，投资300万元到××有限公司D，2019年5月以600万元转让其持有的全部股份，自然人F的投资收益是多少?

自然人F投资满两年，符合财税〔2018〕55号文件的规定。

自然人F的应纳税所得额=(600-300-300×70%)×20%=18(万元)

自然人F的投资收益=600-300-18=282(万元)

二、股权激励的涉税分析

财税〔2016〕101号文件是目前非上市公司股权激励的最常用的文件，也是税务机关征税的重要依据。因此我们要学会学透，并能用在工作中。

非上市公司授予本公司员工的股票期权、股权期权、限制性股票和股权奖励，符合规定条件的，经向主管税务机关备案，可实行递延纳税政策，即员工在取得股权激励时可暂不纳税，递延至转让该股权时纳税；股权转让时，按照股权转让收入减除股权取得成本以及合理税费后的差额，适用"财产转让所得"项目，按照20%的税率计算缴纳个人所得税。

股权转让时，股票(权)期权取得成本按行权价确定，限制性股票取得成本按实际出资额确定，股权奖励取得成本为零。

1. 主要变化

(1) 合并为一个纳税环节，即取得股权时不征税，转让环节征税。

(2) 改变了所得的性质，即按"财税转让所得"项目纳税，不再按"工资薪金所得"项目纳税，税负可降低10%～20%。

2. 概念定义

(1) 股票(权)期权，是指公司给予激励对象在一定期限内以事先约定的价格购买本公司股票(权)的权利。

(2) 限制性股票，是指公司按照预先确定的条件授予激励对象一定数量的本公司股权，激励对象只有工作年限或业绩目标符合股权激励计划规定条件时才可以处置该股权。

(3) 股权奖励，指公司无偿授予激励对象一定份额的股权或一定数量的股份。

3. 适用类型

(1) 101号文件列举了股票期权、股权期权、限制性股票和股权奖励4种类型。

(2) 干股、期股、业绩股票、虚拟股权、股票增值权、账面增值权、员工持股计划及激励基金等均不能享受101号文件的政策。因此在实际操作中，可以把期股改成"限制性股票"。

4. 递延税条件(同时满足)

(1) 非上市公司(含新三板挂牌企业)；

(2) 上述4种激励模式；

(3) 属于境内居民企业的股权激励计划；

(4) 股权激励计划经公司董事会、股东会审议通过；

(5) 激励标的应为境内居民企业的本公司股权；

(6) 股权激励对象的范围和比例；

(7) 持股时间的要求；

(8) 股票(权)期权自授予日至行权日的时间不得超过10年；

(9) 实施股权奖励的公司及其奖励股权标的公司所属行业均不在负面清单中。

案例3-8 美团股权激励计划符合101号文的规定吗?

2016年9月26日，北京市海淀区法院受理了原告刘先生与被告北京三快科技有限公司(以下简称三快科技公司)劳动争议一案。该案系因美团股权激励计划引发的争议。

原告刘先生诉称，2011年2月1日其入职三快科技公司，担任城市经理一职。在职期间其通过《MEITUAN CORPORATION—2011 STOCK INCENTIVE PLAN—NOTICE OF STOCK OPTION AWARD(美团公司——2011年股权激励计划——股票期权授予通知)》，被授予35 000股的股票期权，三快科技公司的法定代表人王兴在该通知中签字。2013年8月21日其离职，此后双方因股票期权的行权事宜产生争议。

刘先生诉至法院，要求确认其股票期权行权日为2013年8月20日，且同时应得股票期权为17 953股；确认其股票期权行权日的每股股票价值按三快科技公司经审计的2012年度会计报告中每股净资产值进行确认；确认其行权时股票增值收益所得按全年一次性奖金的征税办法计算征收个人所得税并由三快科技公司代扣代缴；三快科技公司在刘先生支付行权款之日起三日内向刘先生提供行权收据和股份证书。

被告三快科技公司辩称，刘先生2011年2月1日入职其公司，担任城市经理，后变更为销售经理，2013年8月21日双方解除劳动关系。刘先生起诉主体错误，《股票期权授予通知》并非其公司做出，而是MEITUAN CORPORATION(美团公司，一家依据开曼群岛法律设立的公司)做出，该公司与刘先生之间不存在劳动关系，本案不属于劳动争议；《股票期权授予通知》及《股票期权授予协议》中载明管辖法院为香港法院，海淀法院没有管辖权；其公司并未发行股票，与美团公司之间不存在相互持股的关系，客观上不存在向刘先生授予第三方股权的可能性。

本案的特殊之处在于，美团是一家VIE架构的公司，其实施的期权激励存在以下特点。

(1) 三快科技是美团的境内运营主体，美团公司是三快科技实现境外上市的主体公司，刘先生入职的是三快科技；

(2) 境内运营主体三快科技不会上市，也就是说，美团公司的期权对员工才真正有激励作用，因此刘先生获授的是美团公司的期权；

(3) 国内各地法院对涉及VIE架构的案件看法不一，裁判结果难一致。例如：VIE架构下的期权纠纷是否属于劳动争议？起诉的对象是境内公司还是境外公司？

(4) 美团公司是VIE架构下的境外公司，诉讼的相关法律文书需要经有关国家部门的传递，诉讼周期较长。

那么本案例能否适用101号文呢？因美团公司是在开曼群岛注册的公司，为境外非居民企业，故不符合101号文的规定，也不适用递延纳税的相关规定。

案例3-9 普乐方文化的激励股权标的符合101号文的规定吗？

2016年9月30日，深圳市普乐方文化科技股份有限公司(新三板挂牌简称：普乐方文化)发布了《2016年第二期股权激励计划(草案)》，为进一步完善普乐方文化的法人治理结构，建立、健全普乐方文化长效的激励机制，普乐方文化制定了该股权激励计划。

该计划的激励股权由江民中将其通过深圳市普乐方投资管理有限公司(以下简称"普乐方投资")间接持有的普乐方文化部分股权转让给激励对象，如图3-5所示。

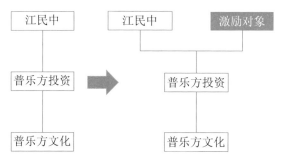

图3-5　股权激励计划

普乐方投资系普乐方文化登记在册股东，直接持有其305.5500万股股票。江民中持有普乐方投资60.5398%股权，系公司董事长、控股股东、实际控制人之一。

该计划激励股权的授予价格为2.5000元/股。该计划拟向激励对象授予20.4000万股，占普乐方投资所持普乐方文化股权的6.6765%。该计划的授予日激励对象向江民中支付全额股权转让款，且普乐方投资完成股东变更的手续。

(1) 101号文件规定，激励标的应为境内居民企业的本公司股权，而本案股权激励计划的实施主体是挂牌企业"普乐方文化"；

(2) 作为激励标的的股权来源不是实施主体本身，而是其控股股东"普乐方投资"；

(3) 不适用101号文件的规定，本次股权转让应按照"工资薪金所得"项目缴纳个税。

请大家思考如下的问题。

(1) 大股东无偿赠送股权给员工或员工持股平台，大股东需要交个税吗？

(2) 大股东如果交了个税，员工下次转让的计税基础是多少？

(3) 大股东承诺员工持股计划市价低于成本，大股东补足，员工需要交个税吗？

案例3-10　兴渝股份对经销商激励符合101号文的规定吗？

2016年6月重庆兴渝涂料股份有限公司发布的《股票期权激励计划》中将为公司业绩指标做出重大贡献的经销商作为激励对象。

不超过《经销商激励方案草案》公告时公司股本总额2750万股的7.27%。激励对象是为公司业绩指标做出重大贡献的经销商。该计划涉及的激励对象均为预留激励对象，期权行权以公司对经销商未来业绩考核结果为依据。

(1) 101号文件规定，激励对象应为公司董事会或股东(大)会决定的技术骨干和高级管理人员，激励对象人数累计不得超过本公司最近6个月在职职工平均人数的30%；

(2) 主要是为了防止企业将股权激励变相地搞成一般性员工的福利，而失去政策本身的支持鼓励的意义；

(3)《公司法》第216条规定，高级管理人员包括"公司的经理、副经理、财务负责人，上市公司董事会秘书和公司章程规定的其他人员"。

三、股权转让的涉税分析

个人股权转让会涉及税务缴纳、资产评估及工商登记。自2019年1月1日起，个人股权转让办理工商变更登记前，要提供完税证明。新《个人所得税法》第15条：个人转让股权办理变更登记的，市场主体登记机关应当查验与该股权交易相关的个人所得税的完税凭证。

完税凭证是由税务机关出具的(见图3-6)，而国税公告〔2014〕67号文件(见案例3-18)是税务机关指导个人股权转让最重要的文件，也是目前最新的文件，企业家们有必要反复研读。

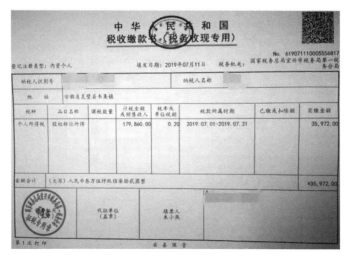

图3-6　税务机关出具的完税凭证

税务机关对你公司账面净资产存疑时(例如你公司注册时间较长、同类公司净资产远高于你公司),一般会要求你去做资产评估,你不懂政策时就会花冤枉钱。笔者认为个人股权转让需进行资产评估,仅限于以下4种情形。

(1) 无形资产或土地房屋超过总资产20%时;

(2) 非货币出资(例如固定资产、设备等出资);

(3) 企业重组并购;

(4) 涉及国有资产转让。

案例3-11 **公司转自然人与自然人转公司的区别**

甲公司账面实收资本500万元,未分配利润2000万元,转让价格5000万元,如图3-7所示。

图3-7 公司转自然人模式

现A公司将其持有甲公司100%的股权转让给自然人股东张三,请问A公司及张三要交多少税?在实际操作中有两种方案,即先分配后转让及先转让后分配(如表3-4所示)。

表3-4 公司转自然人模式下的两种方案比较

	方案1		方案2
先分配	按照《企业所得税法》第26条规定,符合条件的居民企业之间的股息、红利等权益性投资收益,为免税收入	先转让	A公司应缴企业所得税=(5000-500)×25%=1125(万元)
后转让	A公司应缴企业所得税=(3000-500)×25%=625(万元)	后分配	张三要缴个人所得税=2000×20%=400(万元)

可以看出,方案1更优。因此,实际操作中应注意适当改变交易结构可能带来不同的效果。

我们更深入思考下,如果是自然人转公司呢,即自然人股东李四将其持有甲公司100%的股权转让给A公司，如图3-8所示。

图3-8 自然人转公司模式

我们同样得出两种不同的方案，如表3-5所示。

表3-5 自然人转公司模式下的两种方案比较

	方案1		方案2
先分配	张三应缴个人所得税 =2000×20%=400(万元)	先转让	张三应缴个人所得税 =(5000-500)×20%=900(万元)
后转让	张三应缴个人所得税 =(3000-500)×20%=500(万元)	后分配	按照《企业所得税法》第26条规定，符合条件的居民企业之间的股息、红利等权益性投资收益，为免税收入

在自然人转公司的模式下，张三均缴纳个人所得税900万元。但是在第2种方案下，A公司投资成本由500万元变为5000万元，扣除2000万元已分配利润，甲公司实际账面价值为3000万元，今后甲公司的2000万元的增值溢价不交税(例如将来甲公司公积金转增注册资本)。

案例3-12 某公司自然人股权转让是如何计税的？

某甲公司为一人独资企业，注册资金为1000万元，股东为自然人A；2017年底的资产负债表摘要如表3-6所示，假如以下股权转让未发生其他税费。

表3-6 甲公司2017年底的资产负债表摘要 　　　　　　　　　万元

负债	4000
实收资本	1000
资本公积	1000
盈余公积	1000
未分配利润	3000
所有者权益	6000
总资产	10 000

2018年3月，自然人B以5000万元向自然人A购买甲公司100%的股权(虽低于净资产账面价，但有主管税务机关认可的正当理由)。

2018年11月，甲企业将资本公积、盈余公积、未分配利润等盈余累积4000万元转增注册资本。

2019年4月，自然人B将其持有的甲企业100%股权以8000万元转让给自然人C。

要求：计算自然人A、B、C应缴纳多少个人所得税?

1. 自然人A应缴纳个人所得税

自然人A以5000万元转让股权，其所得4000万元(5000-1000)应按财产转让所得缴纳个人所得税=4000×20%=800(万元)。

2. 自然人B应缴纳个人所得税

2018年3月的5000万元收购款中，除了实收资本的1000万元外，实际上相当于以4000万元购买了自然人A持有的5000万元的盈余累积，即5000万元的盈余累积中，有4000万元进入股权交易价格，剩余1000万元未计入。

2018年11月甲企业转增注册资本时，其中所转增的3000万元不征收个税，所转增的1000万元，应按"利息、股息、红利所得"项目缴纳个税=1000×20%=200(万元)。

3. 自然人C应缴纳个人所得税

2019年4月，股权转让时财产原值=收购时实际支付的对价+盈余累积转增股本已缴纳个税部分，即5000+1000=6000(万元)。因此自然人C应缴纳个税=(8000-6000)×20%=400(万元)。

最后笔者对股权转让涉税问题做一下小结。即股东持有股权，来源于股权的收益有"股权转让收入"和"股息分红"。按照税法的规定，两者的税负是不一样的。

1. 股权转让收入的税负(见表3-7)

表3-7　股权转让收入的税负

持股方式	股东最终税率	备注
个人直接持股	20%	按"财产转让所得"应税项目计税
通过有限公司间接持股	双重征税 综合税率40%	持股公司企业所得税25%，股东个人所得税20%，综合税率25%+(1-25%)×20%=40%

(续表)

持股方式	股东最终税率	备注
通过有限合伙企业间接持股	5%～35%超额累进税率，可享受一定的税收优惠政策	合伙企业以每个合伙人为纳税义务人，合伙人为自然人的，征收个人所得税

2. 股息分红税负(见表3-8)

表3-8　股息分红税负

持股方式	股东最终税率	备注
个人直接持股	20%	按"利息、股息、红利所得"应税项目计税
通过有限公司间接持股	20%	居民企业直接投资于其他居民企业取得的股息、红利等权益性投资收益为免税收入，但公司持股平台将得到的股息红利分配给个人股东时，需按20%税率缴纳个人所得税
通过有限合伙企业间接持股	20%	合伙企业对外投资分回的股息红利，不并入合伙企业的收入，而是单独作为有限合伙企业个人所得的利息、股息、红利所得应税项目计税

通过表3-7和表3-8的分析，我们可以看出使用有限公司作为持股平台，在转让环节税收比较高。这也是在实际操作中大部分人愿意用有限合伙企业作为持股平台的原因。

四、合伙企业的涉税分析

案例3-13 **好太太自然人股东将股权转让给合伙企业，由哪个主体来纳税？**

好太太(603848，SH)于2017年11月13日发布招股意向书，披露往期自然人股东沈××将其持有的好太太有限2.1125%的股权(出资额67.60万元)转让给员工持股平台——智享家(有限合伙)。随后，智享家将股权转让款919.36万元直接转账给好太太有限，好太太有限将749.01万元计入"其他应付款"，并将170.35万元个税计入自身"应交税费"，并向其主管税务机关缴付。

定价依据：股东沈××将其所持有的好太太有限2.1125%的股权(出资额67.60万元)，以919.36万元的价格转让给智享家。以公司截至2015年10月31日合并财务报表每份注册资本净资产13.14元为基准，以每份注册资本溢价0.46元确定每份注册资本转让价格为13.60元。

股权转让个税：为便于沈××履行缴纳股权转让个人所得税义务，智享家将股权转让款919.36万元直接转账给公司。公司将其中749.01万元计入其他应付款，将170.35万元计入应交税费。2016年1月13日，公司代沈××向广州市番禺区地方税务局缴付个人所得税170.35万元。

好太太股东明细如表3-9所示。

表3-9 好太太股东明细

股东名称	认缴注册资金		实缴注册资金	
	金额/万元	比例/%	金额/万元	比例/%
沈××	1932.40	60.3875	1932.40	60.3875
王××	1000.00	31.25	1000.00	31.25
侯××	200.00	6.25	200.00	6.25
智享家	67.60	2.1125	67.60	2.1125
合计	3200.00	100.00	3200.00	100.00

(一) 税法规定

1. 财税〔2008〕159号文件：关于合伙企业合伙人所得税问题的通知

案例3-14 有限合伙企业收到分红与份额转让应如何纳税？

法人合伙人A公司和自然人李四以50%：50%的比例投资设立了B合伙企业(注：为有限合伙，下同)，成立后B合伙企业投资了几个项目，现在分别收到这几个项目公司的分红款1000万元。另外，B合伙企业投资C公司成本约1000万元，以股权转让方式退出，收到2000万元转让款，现该合伙企业拟将1000万元分红款，以及2000万元转让款一并分配给两个合伙人。假设法人公司企业所得税均为25%。

问题1：B合伙企业分得分红款1000万元，股权转让所得1000万元由谁来缴税？

回答：根据财税〔2008〕159号第2条规定，合伙企业以每一个合伙人为纳税义务人。合伙人是自然人的，缴纳个人所得税；合伙人是法人和其他组织的，缴纳企业所得税。

即B有限合伙企业是税收透明体，既不是个人所得税纳税义务人，也不是企业所得税纳税义务人。合伙人李四是自然人，缴纳个人所得税；A公司是法人，缴纳企业所得税。

2. 问题2：缴税地点在哪里？

回答：根据国税总公告〔2014年〕第67号第19条规定，个人股权转让所得个人所得税以被投资企业所在地税务机关为主管税务机关。若转让方为自然人，应在被投资企业所在地地税机关办理相关事宜；若转让方为法人和其他组织，应在机构所在地地税机关办理相关事宜。

故李四所得须在B合伙企业所在地税务机关办理缴纳个人所得税，A公司为法人，在A公司机构所在地办理企业所得税缴纳。

问题3：项目公司已按25%的税率缴纳企业所得税，A公司作为法人合伙人按比例分回的税后股息500万元，是否可以作为免税收入，不用再缴纳25%的企业所得税？

回答：不能，根据《企业所得税法》第26条规定，符合条件的居民企业之间的股息、红利等权益性投资收益为免税收入。对于法人合伙人A公司，因为它不是直接投资给居民企业，而是通过B合伙企业间接投资给居民企业项目公司，税务机关认为中间有个B合伙企业，因此不属于免税收入，故合伙人A公司还要再缴25%企业所得税。实务中建议与税务机关沟通，看能否将合伙企业视为税收透明体，获得直接投资免税认同。

问题4：听说合伙企业实行"先分后税"，A公司和李四需要分红到手才缴税，可否采取不分红方式，就不用缴税了？也就是缴税的时间是如何规定的？

回答：理解错误。根据财税〔2008〕159号文件第3条规定，合伙企业生产经营所得和其他所得采取"先分后税"的原则。前款所称生产经营所得和其他所得，包括合伙企业分配给所有合伙人的所得和企业当年留存的所得(利润)，且合伙人按照"协议约定、协商决定、出资比例、合伙人数"4个原则依序分配并确定应纳税所得额。

根据上述规定，作为合伙企业的合伙人，不论合伙企业是否分利润，只要其有留存利润，该部分留存利润也应先按规定的比例分配，也就是"先分后税"的意思，并不是先到手才有纳税义务，即不管到不到手，先把所得分了，再按各自适用税率计算缴税。步骤如下。

(1) 合伙企业先按照个体工商户计算所得的办法计算出应纳税所得额；

(2) 计算出的所得无论是否实际分配，全部按照合伙协议或约定比例计算为合伙人所得；

(3) 合伙企业合伙人是自然人的，缴纳个人所得税，合伙人是法人和其他组织的，计入法人企业当年的应纳税所得额计算缴纳企业所得税。

问题5：股息分红500万元如何缴税？

回答：根据国税函〔2001〕84号文件第2条规定：个人独资企业和合伙企业对外投资分回的利息或者股息、红利，"不并入企业的收入"，而"应单独作为投资者个人"取得的利息、股息、红利所得，按"利息、股息、红利所得"应税项目计算缴纳个人所得税。

也就是合伙企业收到1000万元分红款，不并入合伙企业的其他收入中，而是直接按比例分给李四500万元，由李四按20%税率缴纳个人所得税(注："利息、股息、红利所得"适用税率为20%)。另外500万元分给A公司，并入应纳税所得缴纳25%企业所得税。

问题6：合伙企业的股权转让所得1000万元如何缴税？

回答：根据财税〔2000〕91号文件第4条规定：个人独资企业和合伙企业每一纳税年度的收入总额减除成本、费用以及损失后的余额，作为投资者个人的生产经营所得，比照个人所得税法的"个体工商户的生产经营所得"应税项目，适用5%～35%的五级超额累进税率，计算征收个人所得税，如表3-10所示。

表3-10 个人所得税计算方法

级数	含税级距	税率	速算扣除数/元	税率
1	不超过30 000元	5%	0	0.5%
2	超过30 000元到90 000元部分	10%	1500	0.5%～0.83%
3	超过90 000元到300 000元部分	20%	10 500	0.83%～1.65%
4	超过300 000元到500 000元部分	30%	40 500	1.65%～2.19%
5	超过500 000元部分	35%	65 500	2.19%～3.49%

按照上述规定，B合伙企业的股权转让所得1000万元属于合伙企业的生产经营所得，依据合伙企业生产经营所得采取"先分后税"的原则，先分所得后，对

于个人投资人，比照个人所得税法的"个体工商户的生产经营所得"应税项目，适用5%～35%的五级超额累进税率，计算征收个人所得税；对于法人企业投资者，应当按适用税率缴纳企业所得税。

案例3-15 张三的《个人所得税经营所得纳税申报表(B表)》

2018年2月，自然人张三和李四分别出资100万元及200万元，共同投资成立了甲合伙企业(有限合伙)。合伙协议约定张三在甲合伙企业工作，负责企业日常经营与管理，每月取得固定工资10 000元(未考虑专项扣除)；李四为财务投资人，只出资不参与经营。同时约定，张三和李四对经营所得的分配比例分别为50%和50%。

2019年，甲合伙企业共实现销售收入8 000 000元，允许扣除的成本、费用7 000 000元(含张三工资)，甲合伙企业无其他收入及支付项目。

假设2019年张三未发生综合所得，年度专项附加扣除金额40 000元。请问2019年张三应纳个人所得税多少？

解题：2019年，张三从甲合伙企业取得的经营所得=(800-700)×50%+1.0×12=62.0(万元)。由于张三当年没有综合所得，年度专项附加扣除4.0万元，不考虑专项扣除。

按照财税〔2018〕98号的规定，对纳税人在2018年10月1日(含)后实际取得的工资、薪金所得，减除费用统一按照5000元/月执行，因此2019年张三的减除费用为6.0万元(5000×12)。

张三在合伙企业的实际分配比例=(甲合伙企业的利润总额×50%+年度工资收入)/(甲合伙企业的利润总额+年度工资收入)=(100×50%+12)/(100+12)=55.357%。

可以得出，2019年张三个人所得税"经营所得"应纳税所得额=62.0-6.0-4.0=52.0(万元)，或者=112×55.357%-6.0-4.0=52.0(万元)。

因此张三应纳税额=52.0×35%-6.55=11.65(万元)(注：因张三经营所得超过50万元，适用35%的税档)。张三填报的《个人所得税经营所得纳税申报表(B表)》如表3-11所示。

表3-11　个人所得税经营所得纳税申报表(B表)

税款所属期：　2019 年 01月 01 日 至 2019 年 12 月 31 日

纳税人姓名：

纳税人识别号：□□□□□□□□□□□□□□□□□□　　　　　　　金额单位：人民币元(列至角分)

被投资单位信息	名称	甲合伙企业	纳税人识别号(统一社会信用代码)		
项目				行次	金额/比例
一、收入总额				1	8 000 000
其中：国债利息收入				2	
二、成本费用(3=4+5+6+7+8+9+10)				3	7 000 000
三、利润总额(11=1-2-3)				11	1 000 000
四、纳税调整增加额(12=13+27)				12	120 000
(一)超过规定标准的扣除项目金额(13=14+15+16+17+18+19+20+21+22+23+24+25+26)				13	
(二)不允许扣除的项目金额(27=28+29+30+31+32+33+34+35+36)				27	120 000
8.投资者工资薪金支出				35	120 000
9.其他不允许扣除的支出				36	
五、纳税调整减少额				37	
六、纳税调整后所得(38=11+12-37)				38	1 120 000
七、弥补以前年度亏损				39	
八、合伙企业个人合伙人分配比例(%)				40	**55.357%**
九、允许扣除的个人费用及其他扣除(41=42+43+48+55)				41	100 000
(一)投资者减除费用				42	60 000
(二)专项扣除(43=44+45+46+47)				43	40 000
十、投资抵扣				60	
十一、准予扣除的个人捐赠支出				61	
十二、应纳税所得额(62=38-39-41-60-61)或[62=(38-39)×40-41-60-61]				62	520 000
十三、税率(%)				63	**35%**
十四、速算扣除数				64	65 500
十五、应纳税额（65=62×63-64）				65	116 500
十六、减免税额(附报《个人所得税减免税事项报告表》)				66	
十七、已缴税额				67	
十八、应补/退税额(68=65-66-67)				68	
谨声明：本表是根据国家税收法律法规及相关规定填报的，是真实的、可靠的、完整的					
			纳税人签字：　　　年　　月　　日		
经办人： 经办人身份证件号码： 代理机构签章： 代理机构统一社会信用代码：			受理人： 受理税务机关(章)： 受理日期：　　　年　　月　　日		

国家税务总局监制

　　从案例3-15中可知，2019年张三须缴纳个税11.65万元，有什么办法合法地少交点税呢？也许合伙企业的核定征收政策及财务返还政策能帮得上张三的忙。

(二) 核定征收

核定征收是由于纳税人的会计账簿不健全，资料残缺，难以查账，或者其他原因难以准确确定纳税人应纳税所得额时，由税务机关采用合理的方式依法核定纳税人应纳税款的一种征收方式。根据财税〔2000〕年91号文件第7条的规定：有下列情形之一的，主管税务机关应采取核定征收方式征收个人所得税。

(1) 企业依照国家有关规定应当设置但未设置账簿的；

(2) 企业虽设置账簿，但账目混乱或者成本资料、收入凭证、费用凭证残缺不全，难以查账的；

(3) 纳税人发生纳税义务，未按照规定的期限办理纳税申报，经税务机关责令限期申报，逾期仍不申报的。

第8条的规定：第7条所说核定征收方式，包括定额征收、核定应税所得率征收以及其他合理的征收方式。

第9条的规定：实行核定应税所得率征收方式的，自2018年10月1日起新个人生产经营所得(核定征收)算法如下。

应纳所得税额=应纳税所得额×适用分级税率-速算扣除额

应纳税所得额=收入总额×应税所得率

$\qquad$=成本费用支出额÷(1-应税所得率)×应税所得率

应税所得率应按表3-12规定的标准执行(取最低值)。

表3-12　应税所得率标准执行

行业	应税所得率/%
农、林、牧、渔业	3～10
制造业	5～15
批发和零售贸易业	4～15
交通运输业	7～15
建筑业	8～20
饮食业	8～25
娱乐业	15～30
其他行业	10～30

因此案例3-15中的甲合伙企业如果享受核算征收(假如是服务行业，应税所得率10%)的话，张三须缴纳个税=11.65×10%=1.165(万元)，节省了9成的税！

案例3-16 **核定征收的合伙企业(有限合伙)开100万元发票，需要交多少税？**

1. 个税核定征收：1 000 000×10%=100 000(元)；

适用分税级距：100 000×20%-10 500=9500(元)。

2. 缴纳增值税：1 000 000×3.3%=33 000(元)(注：小规模纳税人3%，再加上附加税约0.3%，合计3.3%。)

3. 应纳税总额=33 000+9500=42 500元，综合税率在4.25%左右。

请大家进一步思考，如果该合伙企业(有限合伙)年经营所得额为110万元，有哪些优惠政策可以享受呢？合伙企业是否适用财税〔2019〕13号文件的规定？

(1) 企业所得税的相关规定不适用于该合伙企业；

(2) 根据增值税的相关规定，因经营所得额未超过120万元，适用于该合伙企业，免征增值税。于是该合伙企业应纳税总额=9500元，综合税率为0.95%！

2019年7月26日深圳税务局重磅推出《关于经营所得核定征收个人所得税有关问题的公告》(3号公告)及《关于个人所得税征收管理有关问题的公告》(4号公告)，将个税减负推向高潮。最大的变化是将除娱乐业外的其他行业的应税所得率统一调整为5%，这些行业包括农、林、牧、渔业；采矿业；制造业；电力、热力、燃气及水生产和供应业；建筑业；批发和零售业；交通运输、仓储和邮政业；住宿和餐饮业；信息传输、软件和信息技术服务业；金融业；房地产业；租赁和商务服务业；科学研究和技术服务业；水利、环境和公共设施管理业；居民服务、修理和其他服务业；教育；卫生和社会工作；文化、体育和娱乐业(90娱乐业除外)；公共管理、社会保障和社会组织；国际组织。

假如你的合伙企业或个人独资企业从事第三方服务业，按照表3-12的规定，应税所得率为10%。而现在深圳放大招，直接将应税所得率减半至5%！笔者对此做了一个简单的测算，如表3-13所示。

如果你的工资及劳务服务费年收入500万元，现在可以改变工作模式，自己设立合伙企业或个人独资企业，转换成合作的咨询、设计或者管理服务且核定征收的话，那么，根据表3-13所示其综合税率仅为3.85%，则应缴纳个税=500万元×3.85%=19.85万元。

表3-13 纳税额测算表

开票金额/元(含税)	开票金额/元(不含税，税率3%)	核定税率	核定利润/元	个税税率	速算扣除数/元	实际缴纳个税/元	增值税(3%)/元	附加税6%(小规模减半)/元	综合纳税/元	综合税负
1 000 000	970 873.79	5%	48 543.69	10%	1500.00	3354.37	0.00	0.00	3354.37	0.34%
2 000 000	1 941 747.57	5%	97 087.38	20%	10 500.00	8917.48	58 252.43	3495.15	70 665.05	3.53%
3 000 000	2 912 621.36	5%	145 631.07	20%	10 500.00	18 626.21	87 378.64	5242.72	111 247.57	3.71%
4 000 000	3 883 495.15	5%	194 174.76	20%	10 500.00	28 334.95	116 504.85	6990.29	151 830.10	3.80%
5 000 000	4 854 368.93	5%	242 718.45	20%	10 500.00	38 043.69	145 631.07	8737.86	192 412.62	3.85%

(三) 财政返还

2010年1月22日，上市公司三五互联的股权架构(如图3-9所示)显示厦门中网兴管理咨询有限公司占股10%，为第一大股东龚少晖个人减持的平台(71.25%)。

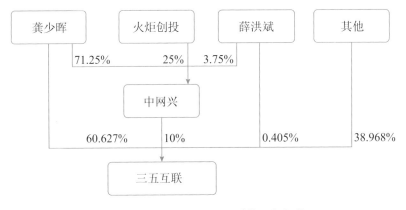

图3-9　上市公司三五互联的股权架构

2013年10月10日，三五互联发布《关于股东公司名称及地址变更的公告》，称将占其5.61%股份的股东"厦门中网兴管理咨询有限公司"迁址并变更名称为"西藏山南中网兴管理咨询有限公司"。为何要搬家到西藏呢? 因为西藏方面给予了法人公司直接工商变更为合伙企业的政策，而且当地的合伙企业享受最高返还个人所得税纳税额的50%。

税收洼地找好后，三五互联发布公告于2013年12月20日、2013年12月31日、2014年1月7日，控股股东龚少晖分3次通过西藏中网兴减持其拥有的5.61%的全部股份，合计变现1.2亿元，而其对应的原始投资成本为712.5万元。税收顶层设计不错! 现将迁址前后龚少晖个人减持三五互联股票的税负比较一下，如表3-14所示。

表3-14　龚少晖个人减持三五互联股票的税负比较

变更前后	厦门中网兴管理咨询有限公司	西藏山南中网兴管理咨询有限公司
注册地址	福建厦门	西藏山南
持股形式	有限公司	合伙企业
企业所得税	(12 000-712.5)×25% =2821.875(万元)	无
个人所得税	(12 000-2821.875)×20% =1835.625(万元)	(12 000-712.5)×20% =2257.5(万元)
财政返还	无	2257.5×50%=1128.75(万元)
税负率	(2821.875+1835.625)/12 000 =38.8125%	(2257.5-1128.75)/12 000 =9.406 25%
节税金额	无	(2821.875+1835.625)-1128.75 =3528.75(万元)

其实西藏这样的财政返还政策，是地方的招商引资计划，如果与国家的税法相冲突，可能会被叫停。因为财税〔2009〕59号文件规定：企业由法人转变为个人独资企业、合伙企业等非法人组织，或将登记注册地转移至境外(包括港澳台地区)，应视同企业进行清算、分配，股东重新投资成立新企业。

显然西藏山南的做法与59号文件相抵触，实施了一段时间后被叫停。于是便有厦门中网兴管理咨询有限公司只搬家却无法变更的尴尬局面。

因此，财政返还筹划不适合做长期规划，各地方政府给予企业各种财政奖励或补贴来吸引外地企业落户本地或在本地纳税的行为，其本质上属于各地方争夺税源，不属于国家鼓励的行为。故笔者提醒，财政返还适合于有短期变现意图并将承担巨额税款的企业。如果是作为长期持股平台，由于财政返还政策的不稳定性，尚需要综合考虑税务清算的必要性、工商变更的便利性等因素，请谨慎选择。

案例3-18 　**《股权转让所得个人所得税管理办法(试行)》**
(国税公告2014年第67号，节选)

第二条　本办法所称股权是指自然人股东(以下简称个人)投资于在中国境内成立的企业或组织(以下统称被投资企业，不包括个人独资企业和合伙企业)的股权或股份。

【解读】合伙企业的合伙人转让权益份额并不适用于67号公告，若未来有可能出台"合伙企业合伙人所得税管理办法"的话，在这类的文件中应该明确处理规则。

第四条　个人转让股权，以股权转让收入减除股权原值和合理费用后的余额为应纳税所得额，按"财产转让所得"缴纳个人所得税。合理费用是指股权转让时按照规定支付的有关税费。

第五条　个人股权转让所得个人所得税，以股权转让方为纳税人，以受让方为扣缴义务人。

【解读】这个条款在实际执行中会存在很多困难。例如受让人与被投资企业不在一个城市，如一位常驻成都市的自然人股东将其持有的一家登记注册在杭州市江干区的公司股权转让给了上海的一家公司，按照政策规定上海公司是受让方，其应该依法履行扣缴义务，这笔税款的征收机关为被投资企业所在地的杭州市江干区地方税务局。

第六条　扣缴义务人应于股权转让相关协议签订后5个工作日内，将股权转让的有关情况报告主管税务机关。被投资企业应当详细记录股东持有本企业股权的相关成本，如实向税务机关提供与股权转让有关的信息，协助税务机关依法执行公务。

【解读】但是对于扣缴义务人是自然人并且与被投资企业不在一个城市的基本没法履行向主管税务机关报告的义务。

第九条　纳税人按照合同约定，在满足约定条件后取得的后续收入，应当作为股权转让收入。

【解读】这条规定为了解决"盈利补偿"协议(也称为"对赌条款")中收购方向被收购方支付奖励款的征税问题，但是这条只是明确了"盈利补偿"协议中转让方收取奖金款的税务处理方法，并没有规定在被投资企业没有达到约定的利润指标时转让方向受让方进行补偿的税务处理方法。

第十二条　符合下列情形之一，视为股权转让收入明显偏低:

1. 申报的股权转让收入低于股权对应的净资产份额的。其中，被投资企业拥有土地使用权、房屋、房地产企业未销售房产、知识产权、探矿权、采矿权、股权等资产的，申报的股权转让收入低于股权对应的净资产公允价值份额的;

2. 申报的股权转让收入低于初始投资成本或低于取得该股权所支付的价款及相关税费的;

3. 申报的股权转让收入低于相同或类似条件下同一企业同一股东或其他股东

股权转让收入的；

4. 申报的股权转让收入低于相同或类似条件下同类行业的企业股权转让收入的；

5. 不具合理性的无偿让渡股权或股份；

6. 主管税务机关认定的其他情形。

【解读】第一种情况是交易价格低于对应的净资产份额，例如李四将其持有的A公司30%股权转让，初始投资成本为100万元，A公司的净资产账面价值为1000万元，若李四以低于300万元的价格将其转让，这就属于公告中规定的转让收入偏低的情况。

第二种情况是申报的收入比初始投资成本低。这种情况不能一刀切地就认定是转让收入明显偏低，还要结合被投资企业的净资产情况。比如被投资企业连续亏损，并且这个企业没有土地、房屋等值钱的资产，净资产就会比股本(实收资本)还低。

第三种和第四种情况是指低于同一企业或者同类行业企业股权转让收入。但是，这里的政策还应该进一步细化。例如，低于同一企业的股权转让收入，这里面还应该考虑所处的不同阶段、不同时期以及国家宏观的产业政策等。

第十三条 符合下列条件之一的股权转让收入明显偏低，视为有正当理由：

1. 能出具有效文件，证明被投资企业因国家政策调整，生产经营受到重大影响，导致低价转让股权；

2. 继承或将股权转让给其能提供具有法律效力身份关系证明的配偶、父母、子女、祖父母、外祖父母、孙子女、外孙子女、兄弟姐妹以及对转让人承担直接抚养或者赡养义务的抚养人或者赡养人；

3. 相关法律、政府文件或企业章程规定，并有相关资料充分证明转让价格合理且真实的本企业员工持有的不能对外转让股权的内部转让；

4. 股权转让双方能够提供有效证据证明其合理性的其他合理情形。

【解读】第一种情况是国家政策调整致使企业的生产经营产生比较大的影响，投资者将股权低价转让。

第二种情况是指在近亲属之间转让股权。

第三种情况主要是为了解决管理层持股的个人所得税问题，这类股权可以按照账面净资产进行内部流通而不向外部转让。

第十四条 主管税务机关应依次按照下列方法核定股权转让收入。

1. 净资产核定法

股权转让收入按照每股净资产或股权对应的净资产份额核定。被投资企业的土地使用权、房屋、房地产企业未销售房产、知识产权、探矿权、采矿权、股权等资产占企业总资产比例超过20%的，主管税务机关可参照纳税人提供的具有法定资质的中介机构出具的资产评估报告核定股权转让收入。

6个月内再次发生股权转让且被投资企业净资产未发生重大变化的，主管税务机关可参照上一次股权转让时被投资企业的资产评估报告核定此次股权转让收入。

2. 类比法

(1) 参照相同或类似条件下同一企业同一股东或其他股东股权转让收入核定；

(2) 参照相同或类似条件下同类行业企业股权转让收入核定；

(3) 其他合理方法：主管税务机关采用以上方法核定股权转让收入存在困难的，可以采取其他合理方法核定。

【解读】第一种情况是指被投资企业的土地使用权、房屋、房地产企业未销售房产、知识产权、探矿权、采矿权、股权等资产占企业总资产比例超过20%的需要评估公司出具评估报告，这里面的20%应该是指账面价值的20%。

第十五条 个人转让股权的原值依照以下方法确认：

1. 以现金出资方式取得的股权，按照实际支付的价款与取得股权直接相关的合理税费之和确认股权原值；

2. 以非货币性资产出资方式取得的股权，按照税务机关认可或核定的投资入股时非货币性资产价格与取得股权直接相关的合理税费之和确认股权原值；

3. 通过无偿让渡方式取得股权，具备本办法第十三条第二项所列情形的，按取得股权发生的合理税费与原持有人的股权原值之和确认股权原值；

4. 被投资企业以资本公积、盈余公积、未分配利润转增股本，个人股东已依法缴纳个人所得税的，以转增额和相关税费之和确认其新转增股本的股权原值；

5. 除以上情形外，由主管税务机关按照避免重复征收个人所得税的原则合理确认股权原值。

【解读】以现金方式取得的股权，包括以直接投资和受让方式取得的股权，按照支付的对价以及取得股权的相关税费作为原值。

以非货币性资产出资方式取得的，按照非货币性资产入股时确认的价格及相关税费作为原值。但是，这里面需要的注意的是，如果在上一个投资环节股东并没有就资产入股价与原值之间的差额缴纳个人所得税，则未来再转让股权时需要对原值进行调整。

通过无偿方式取得的，由于没有付出对价，那么只能按照取得时缴纳的相关税费及上一环节的原值来确认，但是这种情况仅是指公告中认可的亲属之间无偿转让的情况。

第三节
合伙的法律问题

企业家在与他人合伙做生意和引入朋友作投资人时，会遇到各种各样的法律问题，例如公司章程表述不严谨被其他股东钻了漏洞，想设置同股不同权但没有可行方案，小股东没有按期出资又不好处理，投资者股权转让与代持纠纷，对赌条款缺陷等。从某种意义上来说，当企业家权益受到侵害时，法律是唯一的公平正义。

正因为有这么多风险，我们在做咨询项目时，会让律师、税务师提前参与方案的讨论，事先规避法律纠纷，打通项目落地的最后一公里。

一、股东纠纷有哪些堵心的"事"

(一) 股东出资纠纷

【问卷调查3-1】拒不出资的股东，将会丧失哪些权利？(　　　)

A. 投票权

B. 同比增资权

C. 股权受让权

D. 分红权

E. 知情权

F. 剩余财产请求权

案例3-19 小股东解除大股东的资格

万禹公司诉豪旭公司过程如图3-10所示，万禹公司股权结构如图3-11所示。

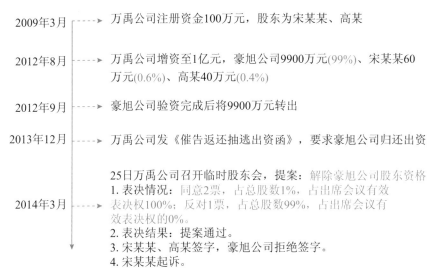

2009年3月 ┄┄▶ 万禹公司注册资金100万元，股东为宋某某、高某

2012年8月 ┄┄▶ 万禹公司增资至1亿元，豪旭公司9900万元(99%)、宋某某60万元(0.6%)、高某40万元(0.4%)

2012年9月 ┄┄▶ 豪旭公司验资完成后将9900万元转出

2013年12月 ┄┄▶ 万禹公司发《催告返还抽逃出资函》，要求豪旭公司归还出资

2014年3月 ┄┄▶ 25日万禹公司召开临时股东会，提案：解除豪旭公司股东资格
1. 表决情况：同意2票，占总股数1%，占出席会议有效表决权100%；反对1票，占总股数99%，占出席会议有效表决权的0%。
2. 表决结果：提案通过。
3. 宋某某、高某签字，豪旭公司拒绝签字。
4. 宋某某起诉。

图3-10　万禹公司诉豪旭公司过程

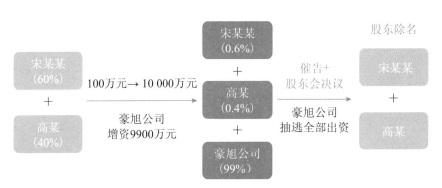

图3-11　万禹公司股权结构

一审法院驳回宋某某的诉讼请求。宋某某和万禹公司不服，提起上诉。

二审法院认为，豪旭公司抽逃了其认缴的9900万元的全部出资款，且经万禹公司催告后在合理期限内仍不返还。

(1) 根据《公司法司法解释三》第17条有关股东除名的规定，股东会对拒不出资股东予以除名的，该股东对该表决事项不具有表决权。

(2) 本案对于豪旭公司抽逃全部出资的行为，万禹公司已给予了合理期限的通告，并在召开股东会时通知豪旭公司的代表参加，并给予其申辩的权利。

(3) 表决时豪旭公司对其是否被解除股东资格不具有表决权。万禹公司另两名股东以100%表决权同意并通过了解除豪旭公司股东资格的决议，该决议有效。

(4) 豪旭公司股东资格被解除后，万禹公司应当及时办理法定减资程序或者由其他股东或第三人缴纳相应的出资。

据此，二审判决：撤销一审判决及确认万禹公司于2014年3月25日做出的股东会决议有效。

(二) 股权转让纠纷

【问卷调查3-2】图3-12中哪个时间点是股权(股份)转让生效之日？(　　　)

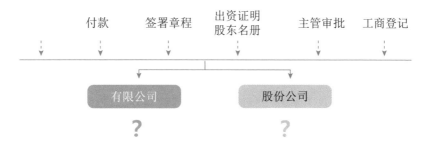

图3-12 股权(股份)转让生效之日

案例3-20 股权转让后反悔，隐名股东权益如何保障？

荆纪国诉大康牧业过程如图3-13所示，原因示意图如图3-14所示。

2008年8月20日	190万股(2.98%) 董事长陈黎明→ 荆纪国 证据：《股份转让协议》+《股权证》。
2008年12月30日	陈黎明：收到荆纪国的190万元转让款。
2010年11月18日	大康牧业成功上市，但《招股说明书》没有荆纪国的名字
2016年6月30日	荆纪国持有190万股→ 2859.12万股+派现321 100元。荆纪国起诉。

图3-13 荆纪国诉大康牧业过程

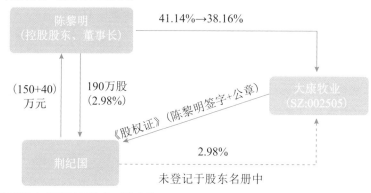

双方签署《股权转让协议》

陈黎明出具股权转让款《收据》

图3-14 荆纪国诉大康牧业原因示意图

最高人民法院2018年7月2日做出终审判决：

(1) 本案中，在《股份转让协议》签订后，陈黎明并未将转让的190万股股份交付给荆纪国，而是由其继续持有，其与荆纪国之间实际形成股份转让与股份代持两种法律关系。在该法律关系中，陈黎明仅作为被转让股份的显名股东存在，该部分被转让股份产生的权利义务应由作为实际权利人的荆纪国享有，190万股股份产生的派生权益亦应归属于荆纪国。

(2)《股份转让协议》第3条明确约定，陈黎明从其股份转让之日起，不再享有大康公司该转让部分的权利，亦不承担相应的义务，该转让部分的权利义务由荆纪国承继。表明陈黎明与荆纪国就此190万股股份在转让后产生的权利义务做出了明确、具体的安排。

(3) 陈黎明于判决生效之日起十日内向荆纪国支付证券代码002505大康公司2859.12万股股票的相应财产权益(股票价格按执行之日价格确定，2016年6月30日之后产生的分红，转、赠股，配送股继续计算至执行之日止)。

(4) 陈黎明于判决生效之日起十日内向荆纪国支付诉争股票已派发的现金红利321 100元。

(三) 股权代持纠纷

【问卷调查3-3】股权代持，最重要的是做对哪件事? ( )

A. 付款单备注："代持款" B. 签署代持合同

C. 通知其他股东 D. 选对代持人

案例3-21 刘婧的代持关系为何未受最高人民法院的支持？

刘婧的代持关系如图3-15所示。

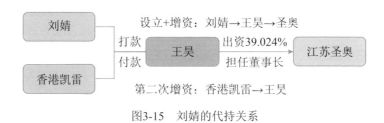

图3-15 刘婧的代持关系

第一期增资：刘婧于2008年5月13日和6月10日向王昊银行账户两次汇款650.4万元和4487.76万元，王昊在收到该两笔款项后于当日即汇入江苏圣奥公司银行账户，用于在该公司的股权出资及增资。

刘婧向王昊汇款，但未说明汇款用途(注：刘婧、王昊之间存在多次款项往来，不能排除王昊向刘婧借款出资的可能性)，也未能提交具有委托王昊认购江苏圣奥公司股份内容的其他证据。王昊以自己名义使用了汇款资金，认购了江苏圣奥公司股份，并以自己名义在江苏圣奥公司登记股东和行使股东权利。

第二期增资：2008年6月27日，王昊作为股东通过其建设银行账户将第二期增资款17 951.04万元汇入江苏圣奥公司的注册资金账户，建设银行的存折上将款项性质明确为"王昊投资款"。王昊的出资款来源于香港凯雷公司支付的股权转让对价，因王昊为江苏圣奥公司登记在册的股东，该款项与刘婧无关。王昊经过两次增资合计持有该公司39.024%的股份。

刘婧向法院提起诉讼，请求判令：

1.确认王昊所持江苏圣奥公司的39.024%的股权归刘婧所有；

2.王昊配合刘婧办理相应的股权变更手续。

本案中，刘婧未提交其与王昊之间关于建立委托关系或者代持股关系的协议，其提交的其他证据也不能证明其与王昊之间对委托关系或者代持股关系形成了共同意思表示或者其间实际形成了事实上的代持股份关系。

因刘婧在本案中未能提供直接证据证明其主张，提交的间接证据未能形成完整的证据链，不具有排他性，举证不具有优势，其在本案中的诉讼主张，最高人民法院不予支持。王昊与刘婧之间的资金往来实际存在，其资金关系可以另行解决。

附：最高人民法院2016年6月10日终审判决

(1) 本案中，刘婧主张其为登记在王昊名下的江苏圣奥公司股权实际出资人，其与王昊之间为代持股关系，故请求确认其为股权所有人。

(2) 针对刘婧提供银行资金划转凭证，虽证明刘婧两次向王昊汇款，且王昊当日即将款项汇入江苏圣奥公司银行账户用于股权出资及增资，但因资金往来性质存在多种可能性，故两笔资金划转在数额和时间上相吻合的事实，难以直接判定双方对资金的用途形成了共同意思表示，因此不能根据资金流转的事实推定双方存在委托或者代持关系。

(3) 针对刘婧提交的证人证言，因证人没有直接参加王昊与刘婧设立法律关系的证据，故相关证人证言属于传来证据，证明力相对较弱。

(4) 针对刘婧提出的其在公司的实际控制人地位系基于股东身份的主张，虽然有一定的合理成分，但并不能排除可能发生的其他合理情形，故不能据此判定其具有股东身份。

(5) 除以上间接证据外，刘婧并未提交股权代持协议或股权转让协议等证明其与王昊之间已就持有公司股权形成了共同意思表示，或者其间实际形成了事实上的代持股份关系。

据此，最高法院认定，因刘婧在本案中未能提供直接证据证明其主张，提交的间接证据未能形成完整的证据链，不具有排他性，举证不具有优势，其在本案中的诉讼主张，最高法院不予支持。

二、投融资协议有哪些"雷"

(一) 反稀释条款

反稀释条款(Anti-dilution)，是指在投资人以一定的价格入股目标公司后，有权避免已有股权价值发生不合理的贬值，或持股比例发生意愿之外的被动稀释。

【问卷调查3-4】关于反稀释条款，下列哪些说法是不正确的？(　　　)

A. 反稀释就是不能减少投资者的股权数量

B. 原股东转让股权，也会违反反稀释条款

C. 反稀释权，不应影响公司未来引入投资者

D. 只要下次投资价格不低于原价格，就不构成稀释

E. 如果是股权转让入股，则不存在反稀释要求

1. 条款示例

本次增资完成后，公司再次向原股东或其他投资者增发股份的，应满足以下条件。

(1) 再次增资价格不低于本次增资价格、再次增资时最近一期价格或公司经审计的每股账面净资产中的较高者(在此期间如进行过分红、送股、增资，可按复权价格进行调整);

(2) 本次投资完成后，公司首次公开发行股票之前，若公司以任何形式进行新的股权融资，投资人有权按其持股比例，以同等条件及价格优先认购新增股权。

2. 风险分析

反稀释条款的权利基础始于公司法上的优先认购权，该条款可能是所有股权投资协议中最常见的条款，主要原因是其自身具有较高的合理性。但在实务中，仍存在一些合理的例外，比如通过增资方式为员工股权激励预留股权池，对此建议于协议中予以补充。此外，大股东还应识别反稀释权条款的滥用，比如不区分入股价格的绝对反稀释，应只有后续增资价格低于投资者原入股价格时，投资者才有权行使反稀释条款，从而避免影响公司持续融资，或导致大股东承担不必要的增资而稀释股本。

(二) 竞业禁止条款

竞业禁止(Non-competition Restrictions)是指根据法律规定或用人单位通过劳动合同等协议的规定，禁止员工在本单位任职期间同时兼职于与其所在单位有业务竞争的单位，或禁止他们在原单位离职后一段时间内从业于与原单位有业务竞争的单位，包括劳动者自行创建的与原单位业务范围相同的企业。

【问卷调查3-5】关于竞业禁止，下列哪些理解是错误的? (   )

A. 竞业禁止只应限于董事、正副总经理

B. 对公司大股东，设置竞业禁止义务不合理

C. 竞业禁止，只包括公司在职期间，离职后无须遵守

D. 除竞业义务人员外，还应包括其配偶、近亲属

1. 条款示例

(1) 所有与公司现有经营有关的业务应由公司或公司的控股子公司经营，公司股东、董事长、总经理、管理层重要成员、核心技术人员不得另外经营与公司相同或相似的业务。

(2) 上述人员确认，截至本协议签署之日，公司已签署且未履行完毕的关联交易的商业条款均是公平和公允的，不存在损害标的公司利益或者不合理加重标的公司负担的情形。

2. 风险分析

在我国《公司法》和《劳动合同法》中，均规定了对特定人员的竞业禁止或竞业限制义务。在投资实务中，投资者往往会在这两项条款基础上，扩大和增强竞业禁止义务要求，比如将公司的大股东及相关人员的近亲属，纳入竞业义务主体范围，或增加违反竞业义务的责任，比如无偿将竞业主体和业务纳入目标公司资产范围。

虽然该做法有一定的合理性，但在个别案例中会存在一刀切的可能，比如创始人近亲属于很早时间就开始从事同行业，强行要求其停止竞业业务既不合理也不公平。对此，公司在投资协议签署时，应予以认真考虑，避免简单处理和盲目答应。

(三) 一票否决权条款

一票否决权(Veto Power)，指在股东会、董事会上，当某股东或董事投反对票时，该议案或者被表决的内容就会被否决。

【问卷调查3-6】投资人的一票否决权，适用于以下哪些事项? (　　　)

A. 公司解散、分立、合并

B. 修改公司章程

C. 引进新的投资者

D. 罢/选公司董事长

E. 解/聘任财务总监

F. 公司向银行借款300万元

G. 公司在上海设立分公司

案例3-22 ofo单车死在一票否决权？

马化腾认为ofo单车的失败部分原因是一票否决权，因为ofo单车5个股东(戴威、朱啸虎、滴滴、阿里及经纬)同时拥有一票否决权，这样的公司肯定会有问题！

1. 滴滴一票否决，孙正义15亿美元融资流产

2016年9月，滴滴成为ofo的战略投资人，在董事会获得了一票否决权。2017年中，ofo疯狂烧钱铺车和补贴，资金短缺。程维从日本拉来软银一笔15亿美元融资，条件是戴威接受滴滴高管进入ofo。可到8月份的时候，局面急转直下，戴威和滴滴交恶，赶走滴滴系高管，彻底惹怒了程维。后者直接动用一票否决权，拒绝在投资文件上签字，最终导致15亿美元融资"胎死腹中"。

2. ofo创始人戴威一票否决与摩拜单车合并

2017年10月，投资人对共享单车烧钱模式越来越不满。在金沙江创投朱啸虎的撮合下，摩拜与ofo坐到了谈判桌面前。谈判进行了一个多月，眼看ofo、摩拜就要合二为一，戴威行使了一票否决权，导致合并流产。此事过后，朱啸虎将ofo的股份卖给了阿里，在此后的媒体采访中，他始终拒绝回答与ofo有关的任何问题。

3. 投资方阿里一票否决滴滴收购ofo

2018年4月，滴滴高层推进收购ofo的谈判，最快可于6月官宣。到8月的时候，滴滴与ofo一度已经谈拢，将最后签字。但在关键时刻，阿里否决掉了这次收购案。原因在于，滴滴收购ofo后势必重启与摩拜合并，而腾讯是摩拜最大股东。这意味着共享单车将会成为腾讯的天下，对阿里的支付业务将会非常不利。

就这样，各方的缠斗与斡旋，各方的利益与冲突，最终让ofo失去了三次好机会。

(四) 业绩对赌条款

对赌条款(Valuation Adjustment Mechanism，VAM)，又称估值调整机制，是指如果目标公司未能实现约定的经营业绩，则相应无偿增加投资者在目标公司中的股权比例，或采取其他替代方式(如补足经营业绩或退回差额投资款)。

【问卷调查3-7】业绩对赌时，公司需要注意哪些问题？(　)

A. 对赌义务人是公司还是大股东

B. 对赌业绩是否合理

C. 对赌回购、补偿的价格是否合理

D. 对赌的是金钱，还是股权

E. 如果公司对赌成功，是否应该有奖励

1. 条款示例

甲方和丙方(对乙方)承诺：

(1) 公司2018年度和2019年度经具有证券期货相关业务资格的会计师事务所审计的合并财务报表的营业收入分别不低于20 000万元和26 000万元。

(2) 公司2018年度和2019年度经具有证券期货相关业务资格的会计师事务所审计的合并财务报表中归属母公司所有者的净利润(以扣除非经常性损益前和扣除非经常性损益后的较低者为准，下同)分别不低于4000万元和5000万元。

(3) 若公司2018年度和2019年度任何一年度的实际净利润低于上述承诺的净利润，则丙方需无条件对公司进行现金补偿：

现金补偿金额 = 当年承诺净利润–当年实际净利润

(4) 公司的年度财务报告须经甲方和乙方共同认可的具有证券期货相关业务资格的会计师事务所审计，并需要在会计年度结束后的120日内出具审计报告，如发生本条规定需要丙方进行现金补偿的情形，丙方需在审计报告出具之日起一个月内向公司付清全部现金补偿款项。

2. 风险分析

对赌条款是股权投资中最为常见，也是最为知名的条款。从投资者利益来看，签署对赌条款有助于控制投资风险从而减少投资损失。但对公司大股东来说，则增加了特定情况下丧失公司控制权的风险。

对此，在只能接受类似条款的情况下，大股东可以考虑增加双向对赌条款，通过增加对赌成功的收益，平抑对赌失败风险，也可以考虑设置弹性对赌条款，提高对赌失败门槛和争取翻盘的机会。

(五) 股权回购条款

股份回购(Share Repurchase)是指公司或股东，按一定的程序购回发行或流通在外的本公司股权的行为。

【问卷调查3-8】股权回购条款，哪些触发原因是不合理的？（　　　）

A. 公司控股权发生变更

B. 公司董事长离职

C. 公司的业绩没有明显增长

D. 公司变更业务发展方向

E. 公司没有如约完成上市/挂牌/下轮融资

1. 条款示例

发生下述情形，乙方有权向丙方回售乙方所持有的公司全部股权，丙方须以现金形式收购。

(1) 公司未能在2022年12月31日前在境内首发上市。

(2) 公司及其控股股东、实际控制人、管理层重要成员或核心技术人员出现重大违法违规行为，导致公司无法上市。

(3) 公司上市后，因公司及其控股股东、实际控制人、管理层重要成员或核心技术人员出现重大违法违规行为，导致公司被政府相关部门、证券监管机构等主管单位实施重大处罚或监管措施，对公司经营和股票转让构成重大不利影响和限制。

(4) 在本协议第×条"各方的陈述与保证"及本协议附件项下，甲方和丙方单独或共同对乙方做出的陈述与保证存在重大虚假或重大遗漏。

(5) 丙方回购乙方持有的公司股权价格：6000万元×(1＋10%×乙方出资日到丙方回购款支付日天数÷365)。

(6) 丙方须在收到甲方的书面通知当日起两个月内付清全部回购款项。

(7) 丙方在被投资公司清算时，乙方具有优先于其他股东获得分配清算资产的权利。

2. 风险分析

股权回购条款是股权投资中的常见条款。收购义务主体主要有两种，一是公司自身，二是公司实际控制人或大股东。根据《公司法》关于股东不得退股的规定和最高人民法院的司法判例，公司承担回购义务存在较高操作性风险，因此实务中通常都由大股东予以承担。

这对大股东来说，一旦发生回购之金钱给予义务，往往少则几百万元，多则上千万元甚至上亿元，考虑到我国没有个人破产制度，该情形对创始人个人、家庭和未来发展的影响将是极其严重的。

(六) 拖售权条款

拖售权(Drag Along Right)，又称领售权、强制出售权，是股权投资中的常见优先权条款之一。从内容上讲，即于特定情形出现时，优先权股东(如外部投资者)可强制要求其他股东(如控股股东或小股东)一起出售股权。

【问卷调查3-9】关于拖售权、随售权，下列哪些理解是不正确的? (　　　)

A.拖售权是指大股东转股时，有权要求其他股东可以一起出售

B.随售权是指大股东转股时，其他大股东有义务一起出售

C.随售权是一种主动性权利

D.拖售权是一种主动性权利

E.拖售权比随售权对公司负面影响更大

1. 条款示例

签署各方同意，当公司出现下述特定情形之一，且有第三方拟收购公司部分或全部股权时(收购价格不应低于公司净资产)，于投资方书面通知后，其他股东应无条件同意出售股权，出售股权比例根据收购方的收购意向确定(除非另有协商意见，各股东应按出资比例分配出售额度):

(1) 公司连续两年未实现投资协议约定的财务数据指标且相差超过30%;

(2) 公司出现重大亏损，且亏损金额超过公司当期总资产的30%;

(3) 公司实际控制人出现不可避免的重大变更;

(4) 公司遭到重大处罚或市场环境发生重大变化，导致投资目标注定无法实现。

2. 风险分析

拖售权条款是投资协议中为数不多的强力条款之一，如果一旦触发并被使用，即使该出售不符合公司的利益，仍将发生公司被强制出售给他人(甚至竞争对手)的结果。因此，建议在股权融资过程中，尽可能回避或弱化本条款。

(七) 随售权条款

随售权(Tag Along Rights)，即某一方出售股权，其他一方或几方也有权要求

一起出售股权。

1. 条款示例

在甲方持有公司股权/股份期间至公司完成合格上市之前，非经乙方同意，甲方不得转让、转移或以其他形式处分其持有的公司股权。如果甲方拟向第三方转让股权，乙方有权按照甲方与股权收购方达成的价格与条件进入该项交易中，并按照甲方和乙方于目前在公司中的股权比例向第三方转让股份。

2. 风险分析

本质上讲，随售权是投资者的一种防御性权利，并不实质影响公司股东的利益。但在实务操作中，控制股东对外出售股权存在众多的动机与原因，例如股权结构重组时需要变更持股主体(如将股份转移至关联公司)，股权激励时需要向管理人员授予激励股权，在特定情况下出售部分股权以收回部分现金用于改善生活等，这些都属于合理股权转让事项，建议在协议中对这些事项约定予以排除。

(八) 优先清算权条款

优先清算权(Liquidation Preference)，指在目标企业发生清算事项时，部分股东具有的先于其他股东获得剩余财产分配的权利。该条款意在保证，如果目标公司未能实现投资目标(如上市退出、并购退出)，投资者可以尽可能地减少投资损失。据相关机构的数据显示，在境内风险投资中，优先清算权条款使用比例在90%以上。

【问卷调查3-10】关于优先清算权，以下哪些理解是不正确的? (   )

A. 优先清算，就是在清算前提前拿回约定利益

B. 优先清算权，比公司对外债务的偿还还要优先

C. 公司法并不支持个别股东可优先清算分配

D. 如果公司资不抵债，理论上优先清算也没有意义

E. 严格来讲优先清算要符合章程约定或股东会决定才算有效

1. 条款示例

当公司发生清算事件时，投资方有权优先从可分配款项中获得投资额，再根据股权比例参与剩余清算资产的分配，但当投资方获得的总回报(包括优先清算额)达到其原始投资额的X倍(一般为2～5倍)，将停止参与分配。

2. 风险分析

《公司法》第186条规定：清算过程中，"公司财产在分别支付清算费用、职工的工资、社会保险费用和法定补偿金，缴纳所欠税款，清偿公司债务后的剩余财产，有限责任公司按照股东的出资比例分配，股份有限公司按照股东持有的股份比例分配"。

《民法总则》第72条规定："法人清算后的剩余财产，根据法人章程的规定或者法人权力机构的决议处理。"可见，于股权投资协议中，全体股东约定针对特定投资者的优先清算权具有法律基础。

同时，当投资者对剩余财产具有优先请求权时，必然会减少实际控制人、其他股东的剩余财产请求权。因此，需要合理控制，投资者优先请求的范围应控制在投资本金+合理投资回报的范围之内。

三、公司章程中有哪些"坑"

(一) 股权代持

根据公司法及其司法解释，股东可在其股权上设置代持，且多数情况是合法、有效的。但对公司大股东和实控人来说，不知情、不可控的股权代持，会对公司带来许多负面影响，比如一些资信差、不合法、目的不纯的主体，通过第三人持有公司股权，恶意获取公司信息，还有，代持人与隐名股东间的种种纠纷可能影响公司正常经营。

因此，为控制上述风险，建议在公司章程中排斥或限制股权代持，并约定违反代持规则的违约责任。

【问卷调查3-11】关于股权代持，以下哪些理解是不正确的？（　　　）

A. 公司法禁止股权代持行为

B. 公司章程可以禁止股权代持行为

C. 公司章程可以规定，代持股权需要股东会事先同意

D. 如果有一个股东不同意，公司股权就不能代持

E. 不是所有公司都可以设置股权代持

(二) 股权质押

从法律效果上看，股权质押和股权转让具有类似的处置效果，但根据《公司法》，对股东股权质押未设置限制条款。即理论上讲，公司股东可以根据自己意愿，单方对其持有的公司股权进行质押，这明显损害了公司股权的稳定性，对公司其他股东的利益造成了不当影响。

因此，建议公司在章程中设置股权质押的前置条款，如股东质押公司股权需要取得公司股东会的同意，或直接规定公司股权不能质押。

【问卷调查3-12】关于股权质押，以下哪些理解是不正确的? (　　)

A. 股东可以不经公司同意就质押股权

B. 股东质押股权，应向公司通知，否则无效

C. 股权质押，又不是股权转让，不需要让公司知道

D. 股权质押会影响公司股权稳定性，应该禁止

E. 公司章程没有权利限制股权质押

(三) 优先购买权

《公司法》第71条：有限公司的股东之间可以相互转让其全部或者部分股权。股东向股东以外的人转让股权，应当经其他股东过半数同意。股东应就其股权转让事项书面通知其他股东征求同意，其他股东自接到书面通知之日起满三十日未答复的，视为同意转让。其他股东半数以上不同意转让的，不同意的股东应当购买该转让的股权；不购买的，视为同意转让。

经股东同意转让的股权，在同等条件下，其他股东有优先购买权。两个以上股东主张行使优先购买权的，协商确定各自的购买比例；协商不成的，按照转让时各自的出资比例行使优先购买权。但公司章程对股权转让另有规定的，从其规定。

案例3-23　有限公司内部股东C是如何成功把8%的股权卖给外部人的?

某有限公司由自然人股东A、B、C构成，持股比例分别为50%、40%、10%。现C打算把其持有的股权全部对外转让给E，公司估值1亿元，即转让款为1000万元(本案例未考虑税务问题)。

按照《公司法》第71条的规定，A与B有优先购买权。因公司发展不错，A与B打算行使优先购买权，但C只想把股份转让给外人E。有什么办法来规避71条的规定呢？

C是这样运作的。

(1) 第一次转让1%股权给E，C书面通知A与B，转让价格为200万元，即C溢价一倍出让。此时A与B为了防止公司股权外流，行使优先购买权，以200万元的价格购买了C拟出售的1%。

(2) C一计不成，再出一计。第二次转让1%股权给E，但转让价格为500万元(溢价5倍)。这时A、B发现如果按这样行使优先购买权来防止公司股权外流，即使现实上是可以实现的，但资金压力太大，反对代价太高，于是放弃了优先购买权。这样外部人E如愿以500万元成为公司拥有1%股权的股东(且A和B无法判断该转让款是否真实)。

(3) 在E成为股东后，因为根据公司法一般规定，内部股东间转让是没有优先购买权的，所以C可以将剩下的8%股权以750万元价格出售给E，从而实际绕开了优先购买权。

经过一番折腾，C最终以1250万元(对应于1000万元，溢价25%)转让给了外部人E，持股比例为9%。

这样明显钻法律空子的行为，A与B能否预防呢？俗话说有矛就有盾。其实公司可以在章程或股东协议中做出如下规定。

(1) 在章程中对股权转让规则进行说明。这就为企业创始人在设立公司或引入新股东时，针对一些特定情况，设置特别条款预留了法律空间。比如，为了防止小股东间的转让造成公司控制权变化，可以规定，股东间转让股权时其他股东或第一大股东有优先购买权。这样做可以防止"野蛮人"恶意进入，还可以防止其他股东联合起来与大股东对抗。因为章程这样规定，是不违反公司法的。

(2) 如果第一大股东感觉还不保险，也可以将其写入股东协议中，并约定违约金，而股东协议这样的规定是受合同法保护的。

(3) 针对员工进行股权激励时，还可规定三年内不能转让，如果转让只能转让给第一大股东。从而增加对公司的控制力，防范不必要的潜在风险。

【问卷调查3-13】关于优先购买权，以下哪些理解是不正确的？（　　　）

A. 所有公司的股权转让，都存在优先购买权

B. 任何形式的股权转让，其他股东都有优先购买权

C. 公司章程可以约定，部分股东没有优先购买权

D. 要经过表决权的过半数同意，才能对外转让股权

E. 如股东不同意又不行使优先购买权，就等于同意了转让

(四) 优先认购权(默认实缴比例)

《公司法》规定，公司决定增资时，必须获得三分之二以上表决权股东通过，同时股东有优先认购权。但需要注意，股东优先认购权并不是没有前提条件的。《公司法》规定，除非公司章程另有规定，只有实缴出资的股东，才有优先认购权，而且只能按其实缴的出资比例行使优先认购权。

创始人可以通过设置不实缴则不享有增资认购权条款，来倒逼股东及时履行出资义务，防止不合理的搭便车情形。

(五) 分红权(默认实缴比例)

与上面所说的优先认购权一样，《公司法》规定，公司分红也按实缴出资比例来进行。比如三个股东分别持股60%、20%、20%，如果第三个股东未实缴出资，且至年底公司决定对100万元可分配利润进行分红，则依法，三个股东的税前分红金额应为75万元、25万元、0元，未实缴出资不参与分红。

【问卷调查3-14】关于公司分红权，以下哪些理解是正确的？（　　　）

A. 分红权，是按认缴出资比例享有的

B. 分红权，是按实缴出资比例享有的

C. 分红权，可以与认缴(或实缴)出资比例不同

D. 公司每年只能分一次红，而且是在年度之后

E. 分红权与亏损承担比例，应该保持一致

(六) 表决权设计

表决权是公司运营和管理中最为重要的几项权利之一，它与知情权、分红权构成股东的三大主要权利。企业家一般认为股东的表决权与公司股权是一致的，

但实际上根据《公司法》第42条，公司的股东持有的股权与表决权是可以分离的，比如通过公司章程约定某持股30%的股东，拥有60%的表决权；而持股70%的股东可以拥有40%的表决权，在实务中已经有相关案例得到了司法机构对其合法性、有效性的支持判决。

(七) 法定代表人

《公司法》规定，公司法定代表人由董事长、执行董事或者经理担任，具体由公司章程规定并依法登记。其中设董事会的公司的法定代表人是董事长，不设董事会的公司的法定代表人则是执行董事，两个职务本质是一个概念。在法律上，公司不可能同时存在董事长和执行董事。

实务中最常见的是由董事长(或执行董事)担任法定代表人。但在一些情况下，比如公司实际由总经理实际管理，可安排总经理担任法定代表人，由其来承担法定代表人的内在风险，倒逼其保障公司经营合规。而作为公司董事长、执行董事的大股东，可从上一级来监管总经理，因为根据法律，执行董事或董事会，可随时解雇和重新聘任新的总经理(也就是法定代表人)，从而形成合理、制衡的管理模式。

【问卷调查3-15】关于公司法定代表人，以下哪些理解是正确的？(　　　)

A. 谁能担任法定代表人，是由股东会决定的

B. 法定代表人对外签字，就是代表公司签字

C. 公司公章，依法应由法定代表人保管

D. 法定代表人变更，只能由股东会决定

E. 法定代表人只能由董事长(或执行董事)担任

(八) 公司争议的管辖与章程签署

从法律上看，公司章程本质上是一份在《公司法》的规定下由股东们起草的或按规定的程序制订的商事合同。实务中，如果一份合同产生纠纷，其中很重要的一点是诉讼管辖在哪，也就是去哪里起诉，因为起诉地点会关系诉讼成本、司法环境以及判决后的执行效果。在实务中，公司章程涉及的纠纷类型非常多，公司纠纷中涉及的主体、事件也各不相同。选择一个最合适的管辖地，比如在司法环境中立、交通更便利的地区诉讼，会更有利于解决纠纷，甚至是防止纠纷。

根据《民事诉讼法》，公司诉讼管辖为特殊地域管辖，但不属于专属管辖。也就是说，公司纠纷通常由公司住所地管辖(包括公司设立、确认股东资格、分配利润、解散、清算、股东名册记载、请求变更公司登记、股东知情权、公司决议、公司合并、公司分立、公司减资、公司增资这13类纠纷)，但除这13类之外的纠纷，比如股东出资、股权转让、股权代持、高管职务侵占和竞业禁止等事项还是可以选择约定管辖的。因此，为避免管辖不定而对解决公司纠纷带来不确定性，企业家们于实务中可根据自身情况和需要，在章程中约定或以其他方式设计非专属管辖纠纷之外的管辖地点。

【问卷调查3-16】关于公司章程的签署，下列哪些理解是正确的？(　　)

A. 公司章程只能由全体股东签署

B. 某些情况下，公司章程也可以只由部分股东签署

C. 公司章程上只要有公司公章，就是合法、有效的

D. 公司章程通常只有一份，在公司供股东查阅

E. 关于公司章程发生争议，只能在公司所在地诉讼

欲知本章16个调查问卷答案，请关注"合伙人课堂"公众号获取(免费资料→法律答案解析)。

第四章

合伙的资本规划

——利益驱动，阶段变现

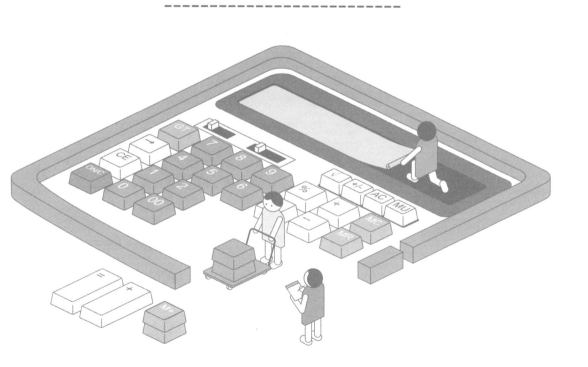

合伙只有与资本无缝对接，才能解决合伙的"流动性"问题，解决内部流动性问题，即流水不腐，户枢不蠹。而外部流动性表现在资本市场上，有两个特征，即定价与交易。

第一节
资本市场之识

2019年6月13日，科创板正式开板。科创板被誉为"中国版纳斯达克"，将成为我国多层次资本市场重要新生力量。科创板定位于符合国家战略、具有核心技术、行业领先、有良好发展前景和市场认可度的企业。

目前我国资本市场分为：交易所市场(主板、中小板、创业板)和场外市场(全国中小企业股份转让系统，即新三板)、区域股权市场(四板)和产权交易所市场(五板)，如图4-1所示(注：摘自搜狐手机网)。

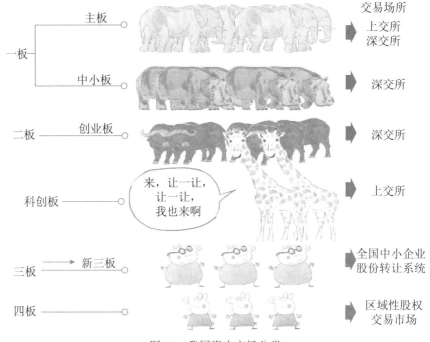

图4-1　我国资本市场分类

科创板对中小企业的影响主要表现在以下5个方面，如图4-2所示。

注册制，上交所审核
+证监会注册

交易便利，涨跌幅±20%；　　　　　　　　　　包容性，允许尚未盈利/
增发融资注册制；　　　　　　　　　　　　　　存在未弥补亏损企业上市
并购重组交易所审核

特殊主体，允许同股不同权；　　　　　市场化，定价不设限制；
红筹企业可通过CDR回归　　　　　　　　机构主导+保荐人跟投

图4-2　科创板对中小企业的影响

一、允许亏损企业上市

科创板允许亏损企业上市，具体规定如图4-3所示。

1	预计市值不低于人民币10亿元	最近两年净利润均为正且累计净利润不低于人民币5000万元 或最近一年净利润为正且营业收入不低于人民币1亿元
2	预计市值不低于人民币15亿元	最近一年营业收入不低于人民币2亿元 且最近三年研发投入合计占最近三年营业收入的比例不低于15%
3	预计市值不低于人民币20亿元	最近一年营业收入不低于人民币3亿元 且最近三年经营活动产生的现金流量净额累计不低于人民币1亿元
4	预计市值不低于人民币30亿元	最近一年营业收入不低于人民币3亿元
5	预计市值不低于人民币40亿元	主要业务或产品需经国家有关部门批准，市场空间大，目前已取得阶段性成果，并获得知名投资机构一定金额的投资。医药行业企业需取得至少一项一类新药二期临床试验批件，其他符合科创板定位的企业需具备明显的技术优势并满足相应条件

图4-3　科创板相关规定

二、允许同股不同权，即AB股

小米集团成为港交所第一家拥有AB股架构的上市公司。现在科创板也将迎来第一家AB股的企业——优刻得(UCloud)。

案例4-1 优刻得——科创板首个AB股架构

2019年9月27日上交所审议通过，公有云服务商优刻得科技股份有限公司的科创板首发上市申请。优刻得是科创板受理的首家同股不同权企业，也是科创板首家过会的同股不同权企业。

2013年上半年，优刻得(UCloud)公司为实施境外市计划搭建了VIE红筹架构。当时的股权架构如图4-4所示。

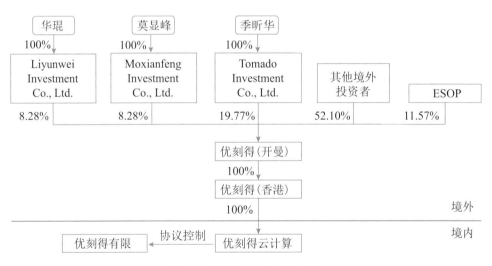

图4-4 优刻得2013年股权架构

2016年，为回归境内A股上市，优刻得有限、优刻得有限股东与优刻得云计算终止了红筹架构下的控制协议、股权质押等，由优刻得有限收购优刻得云计算100%股权，并由优刻得(开曼)以该收购价款为对价回购境外投资人持有的优刻得(开曼)的股权。

优刻得上市前的股权架构如图4-5所示。

图4-5 优刻得上市前的股权架构

从图4-5的股权架构来看，优刻得的股权较为分散，持股比例最大也不过13.9633%。在对公司的控制方面，是三个自然人股东通过一致行动人协议的方式实现的。

优刻得2019年3月17日召开临时股东大会，制定了特别表决权方案，即AB股，每份A类股份拥有的表决权数量为每B类股份拥有的表决权数量的5倍。

在此种架构下，季昕华持有A类股份50 831 173股，莫显峰持有A类股份23 428 536股，华琨持有A类股份23 428 536股，如表4-1所示(摘自优刻得2018年招股说明书)。

表4-1 优刻得2019年主要股东持股比例

序号	股东名称	持股比例/%	持股数/股		
			总股数	其中：A类股份	其中：B类股份
1	季昕华	13.9633%	50 831 173	50 831 173	——
2	莫显峰	6.4357%	23 428 536	23 428 536	——
3	华琨	6.4357%	23 428 536	23 428 536	——

在设置特别表决权后，季昕华、莫显峰、华琨三人通过一致行动人协议，掌握公司至少64.71%的表决权(未考虑三人间接持股的B类股份)，如表4-2所示。

表4-2 优刻得2019年主要股东表决权比例

序号	股东名称	表决权数量/票	表决权比例/%
1	季昕华	254 155 865	33.67%
2	莫显峰	117 142 680	15.52%
3	华琨	117 142 680	15.52%

同时优刻得对自己的特殊表决权进行了限制，比如限定了特别表决权股份能够参与的股东大会事项范围、限制了锁定安排及转让等。

三、VIE架构

(一) VIE架构的定义

VIE(Variable Interest Entities，直译为"可变利益实体")，即"协议控制"，指国内公司的股东在境外设立新的特殊目的公司(SPA)，由该特殊目的公司在中国境内设立一家外商独资企业，由外商独资企业与国内企业通过协议约定，达到由外商独资企业控制国内企业的目的，这样就避免了外企投资国内实体的限制，通过协议而不是股权来完全控制国内运营实体。同时，境外设立的特殊目的公司则可以通过外商独资企业控制中国的境内企业，并以特殊目的公司作为上市的主体，达到在海外上市融资的最终目的。

(二) VIE架构设立的原因

1. 境外上市的需要

国内新经济企业在科创板开通前，往往达不到在境内交易所上市的盈利要求，于是许多公司开始谋求海外上市。

同时，根据《外国投资者并购境内企业暂行规定》的规定，境外SPA并购国内关联公司需要报商务部审批，中国公司采用红筹结构赴境外上市也必须得到中国证券监管部门的审批同意，审批程序烦琐且时间限制严格，于是VIE模式应运而生。

2. 境外投资者对国内的投资存在限制

国内电信、科技等行业对外资设定了一定的限制，外资不能直接投资于国内相关行业，VIE结构也为接受国外资本投资提供了可行方案，例如当年的优酷视频。

(三) VIE架构搭建过程

VIE搭建过程如图4-6所示。

(1) 设立第一层权益主体——BVI(维京群岛)公司，由公司创始股东设立。

(2) 设立海外第二级权益主体——开曼公司，由BVI公司与VC.PE及公众股东共同设立，作为上市的主体。之所以选择在BVI、开曼设立公司主体，是因为BVI、开曼适用法律属英美法系，更容易被国际投资人、美国监管机构和交易所理解和接受，并且当地政府不收取任何税费，融资等相关运作灵活度极高，能满足各类私募投资者的要求，使资本运作更加灵活。

(3) 设立海外第三级权益主体——香港壳公司，开曼公司持有香港壳公司100%的股权，在香港外商独资企业股东分红可享受5%的所得税优惠。

(4) 香港壳公司在大陆设立境内外商独资公司(WFOE，Wholly Foreign Owned Enterprise)。

(5) WFOE为达到完全控制境内运营实体(OPCO)的目的，与其签订一系列协议，该系列协议包括《独家咨询与服务协议》《独家购买权协议》《股权质押协议》《股东表决权委托协议》及《配偶同意函》等，通过这些协议达到对境内运营实体的完全控制。

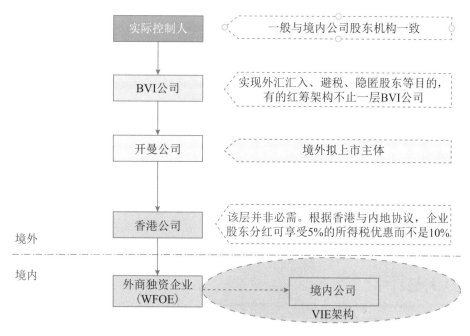

图4-6　VIE架构搭建过程

四、CDR

中国存托凭证(Chinese Depository Receipt，CDR)，是指境外(包含香港)上市公司将部分已发行上市的股票托管在当地保管银行，由中国境内的存托银行发行、在境内A股市场上市、以人民币交易结算、供国内投资者买卖的投资凭证，从而实现股票的异地买卖。

案例4-2 **九号机器人——创科板首个CDR**

根据九号机器人的招股书，出于海外融资便利，以及A轮融资时科创板尚未开通，公司采用了VIE架构。也就是说，九号机器人融资主体是境外公司，若想在国内交易所上市，又不想拆除VIE架构，就必须发行CDR。

中国证监会于2018年6月发布了《存托凭证发行与交易管理办法(试行)》(CDR)以及相关配套文件，为科创板发行CDR奠定了基础。

CDR脱胎于美国存托凭证(ADR)，许多中国企业利用ADR成功实现了在美国交易所上市，而在境外上市的中国公司想回归A股，要么拆除VIE，私有化退市后再回A股上市，要么发行CDR。拆除VIE并私有化的过程极其复杂，涉及多方利益，而且在A股上市也需要一定的过程，所以发行CDR成为众多VIE架构企业登陆A股的最佳选择。

九号机器人本次拟发行不超过7 040 917股A类普通股股票，作为发行CDR的基础股票，占CDR发行后公司总股本的比例不低于10%，基础股票与CDR之间按照1股/10份CDR的比例进行转换，本次拟公开发行不超过70 409 170份CDR。

第二节
IPO上市之路

对于中小企业来说，IPO上市有些遥远，但理想还是要有的，万一实现了呢。因此中小企业应做必要的资本规划，例如何时进行天使轮融资或A轮融资？何时IPO上市？商业计划书(BP)是否符合投资人的口味？是否提前把员工持股平台、经销商、重要客户的利益规划进去？

笔者用一个案例把合伙企业运用、内外部合伙模式、投资机构进入、股权并购、股权置换及IPO上市等过程讲透，具体分成如下10个阶段。

第一阶段：预设员工持股平台

A公司成立于2012年5月，注册资本为1000万元，股东为甲与乙两个自然人，持股比例分别为80%及20%。

2012年9月，新设立员工持股平台，B合伙企业(有限合伙)，其中甲为GP，占1%的份额；丙为甲的亲哥哥，为LP(注：丙未在公司任职，暂时代持股份，以后要逐渐转让给A公司的核心员工)，占99%的份额。

2012年10月，自然人股东甲将其所持有的A公司10%股权转让给B合伙企业，股权转让完成后B合伙企业占A公司10%的股份。因A公司净资产低于1000万元，故本轮股权转让未涉及税。因此自然人股东甲持股为70.1%(直接持股70%+间接持股10%×1%)。预设员工持股平台如图4-7所示。

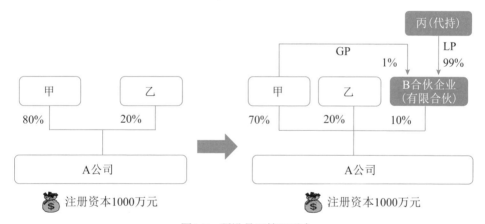

图4-7 预设员工持股平台

第二阶段：成立控股公司，确定拟上市公司

2013年3月，自然人股东甲把持有A公司股份的30%转让给自然人丁(注：丁系甲的儿子，刚留学回国接父亲的产业)。

2013年4月，A公司制订了5年上市计划，为了保证对各子公司的控制，也为了方便进行纳税筹划，新设立C公司作为控股公司(拟持有A公司60%股份)，丁为法定代表人。随后自然人股东甲以30万元溢价收购自然人股东乙所持有的A公司2%的股份(目的是自然人股东乙不直接持有A公司的股份)。股东为甲、乙、丁三个自然人，分别占股比例为65%、30%及5%。

2013年5月，甲与乙分别把其持有的A公司42%的股份(注：含收购自然人股东乙的2%股份)及18%股份全部转让给C公司，如图4-8所示。

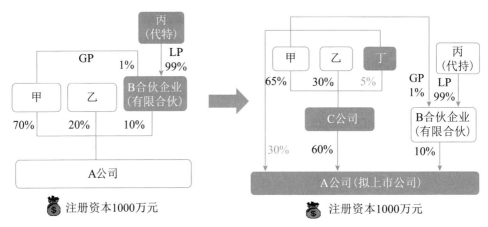

图4-8 成立控股公司

此时甲间接持有A公司的股份=65%×60%+1%×10%=39.1%，虽然持股比例下降了，但通过C公司控制了A公司。乙持有A公司的股份=30%×60%=18%。

第三阶段：启动第一期内部合伙计划

2014年5月，A公司启动第一期合伙计划，由B合伙企业的代持人丙，将其所持有的全部份额转让给18名高层管理人员及核心员工，丙退出员工持股平台。此时公司账面净资产为5953万元，员工入股价格为3.0元/股，中间差部分(5935/1000-3.0)进入A公司的股份支付，依照《企业会计准则第11号》的规定，会减少A公司的利润，会计做账如下：

借：管理费用——工资薪金　293.5　(5935/1000-3.0)×10%×1000

贷：资本公积——其他资本公积金　293.5

同时，股东甲为了隔离风险，将B合伙企业的GP由自然人股东甲变更为D公司(注：由甲100%控制的个人独资公司)，请大家思考此时股权转让是否涉税？

启动第一期内部合伙计划股权示意图如图4-9所示。

第四阶段：经销商合伙计划

2015年3月，A公司为了快速扩张市场，借鉴泸州老窖模式，把经销商变成外部合伙人。A公司股东会决定，新设E合伙企业(有限合伙)，占股比例为10%，股份来源为增资扩股，此时公司注册资金由1000万元增加到1111万元。因此，E合伙企业(有限合伙)的GP为D公司，占股1%；LP为经销商，占股99%，由甲的表兄代持，如图4-10所示。

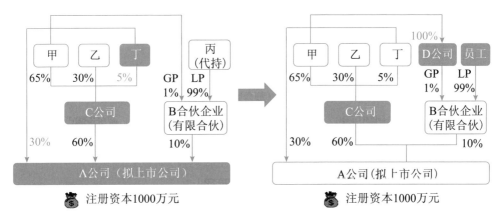

图4-9　启动第一期内部合伙计划

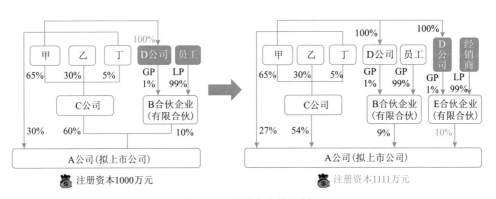

图4-10　经销商合伙计划

第五阶段：PE基金投资人进入

2016年4月，A公司迅猛发展，前景光明，国内某著名PE基金打算入股，经双方商议，投入4000万元，占股10%，以增资扩股方式进入。大家知道，此时A公司的估值高达4.0亿元，注册资金由1111万元增加到1234.4万元，其中134.4万进入A公司注册资金，3865.6万元进入A公司的资本公积科目。

因A公司经营不错，又有IPO上市的计划，因此有多家资本愿意投资，且愿意为了成为战略投资人而放弃一些权利，因此某PE基金进入时没有提出业绩对赌的要求。此时，A公司股权结构如图4-11所示。

第六阶段：高管创业成立a子公司

2016年8月，A公司为了鼓励有能力的员工内部创业，把为A公司提供项目现场服务的业务剥离出来，新设立a子公司，让有创业意愿的营销副总监、运营部总监2名高管成为大股东，持股比例为70%，C公司参股，占30%。此时A公司股权结构如图4-12所示。A公司允诺，给予a子公司两年的保护期，即如果在脱离母体的两年内经营不善，原3名高管还可回来，工资待遇不变。

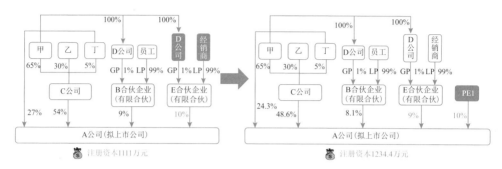

图4-11 PE基金投资人进入

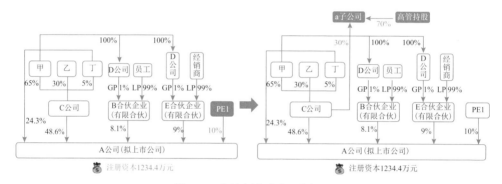

图4-12 高管创业成立a子公司

A公司承诺，当a子公司主营收入超过1.5亿元且净利润超过3000万元时，由A公司收购，即A公司采取"先参后控"的模式。但当a子公司经营亏损时，A公司以账面净资产扣除应收账款为基础进行回购。

第七阶段：内部裂变成立b子公司

2016年10月，鉴于LED种植灯具事业部已初具一定的市场规模，销售收入达到5000万元，净利润720万元，原有的虚拟利润分红模式已不能激励现有的员工。公司征求了核心骨干员工意见后，决定把事业部转为公司制并进行相关资产剥离。

b子公司注册资金1000万元，原事业部总经理为法定代表人，与另两名核心员工共认缴出资200万元，占20%的股份；A公司认缴出资800万元，占80%的股份(因有战略协同效应，A公司控股)。此时A公司股权结构图如图4-13所示。

A公司不参与b子公司的经营，规定利润分配与分红关系如表4-3所示。

表4-3　b子公司净利润与分红关系

净利润X/万元	分红比例
1200≤X<1500	30%
1500≤X<2000	40%
X≥2000	60%

同时A公司承诺，将来在股改前以一定的溢价收购核心员工持有的20%股份。这个方案还是有一定的诱惑力的，因为大家都知道A公司效益不错，且有IPO上市计划。

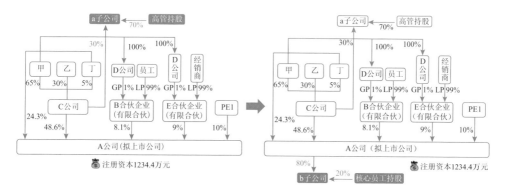

图4-13　内部裂变成立b子公司

第八阶段：收购a子公司

2018年3月，鉴于a子公司业务蒸蒸日上，去年销售收入8000万元。A公司决定提前全资收购a子公司。经谈判最后确定，a子公司经评估值2930万元，最终确定收购金额为3000万元。因此A公司支付给三名高管的对价=3000×70%=2100(万元)，其中包括300万元现金和价值1800万元的A公司的股权。

同时A公司以现金900万元收购C公司所持有的a子公司30%的股份。收购完成后a子公司成为A公司的全资子公司，并着手注销a子公司。

此时A公司估值为9.01亿元，三名高管在A公司持有的股份比例=0.18/9.01=1.998%。

三名高管与D公司共同设立F合伙企业(有限合伙)，GP为D公司，LP为三名高管，然后对A公司进行增资(注：所有股东同意注册资金由1234.4万元增至1299.3万元)，F合伙企业占A公司股份比例为5%。经测算3名高管在F合伙企业的持股比例=1.998%/5%=39.96%，如图4-14所示。

本案例A公司100%收购a子公司的股权，且收购总价为3000万元，其中股权支付金额为1800万元，占60%，属于一般性税务处理。假如股权支付金额大于85%，可以适用企业合并重组的特殊性税务处理的相关规定。

根据财税〔2009〕59号文件的规定，企业合并重组可适用特殊性税务处理，享受递延纳税待遇，即合并双方不需要在交易当期承担企业所得税，而是递延至处置目标资产或股份时纳税。但必须同时符合以下5个条件。

(1) 具有合理的商业目的，且不以减少、免除或者推迟缴纳税款为主要目的。

(2) 被收购、合并或分立部分的资产或股权比例符合本通知规定的比例。

(3) 企业重组后连续12个月内不改变重组资产原来的实质性经营活动。

(4) 重组交易对价中涉及股权支付金额符合规定比例。

(5) 企业重组中取得股权支付的原主要股东，在重组后连续12个月内，不得转让所取得的股权。

除了要同时满足上述一般要件以外，企业合并重组如果选择特殊性税务处理，需要满足以下两个特殊要件之一：

股权收购，收购企业购买的股权不低于被收购企业全部股权的50%，且收购企业在该股权收购发生时的股权支付金额不低于其交易支付总额的85%。

特殊性税务处理可以在五个纳税年度的期间内，均匀计入各年度的应纳税所得额(五年递延)。

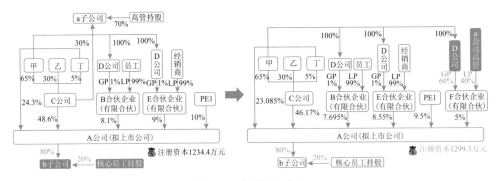

图4-14　收购A子公司

第九阶段：置换b子公司20%的股份

2018年7月，A公司与b子公司三名核心员工商议，决定以股份置换方式收购b子公司。此时b子公司经评估的估值为6000万元，三名核心员工持股对应的估值为6000×20%=1200(万元)。

此时A公司估值为11.88亿元，因此b子公司三名核心员工通过股权置换而持有A公司的股份比例=0.12/(0.12+11.88)=1.0%。股权置换完成后，三名核心员工在F合伙企业(有限合伙)中列示，占份额比例=1.0%/5%=20%，如图4-15所示，由D公司转让20%的份额给三名核心员工。问题是这次在F合伙企业的份额转让会涉税吗？如果不以合伙企业为纳税主体而是穿透到A公司，即以A公司的账面净资产(注：1.45亿元)作为计税的基础，D公司面临巨额的企业所得税。如何规避呢？

根据国税总局〔2014〕年67号文件第13条：符合下列条件之一的股权转让收入明显偏低，视为有正当理由：

(三) 相关法律、政府文件或企业章程规定，并有相关资料充分证明转让价格合理且真实的本企业员工持有的不能对外转让股权的内部转让。

据此F合伙企业在本次份额转让前须到工商局修订合伙协议，如写明"本合伙企业定位为内部员工持股平台，仅为内部转让，不对外出售"等字样。另外笔者建议企业平时多与当地的税务机关保持一定的沟通与交流。

综上，b子公司成为A公司的全资子公司，三名核心员工在F合伙企业间接持有拟上市公司A公司的股份。皆大欢喜！

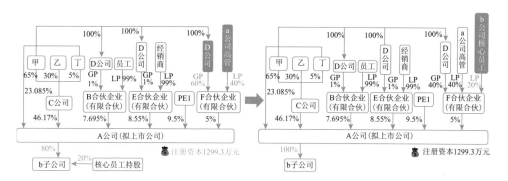

图4-15 置换b子公司20%的股份

第十阶段：IPO上市

2020年12月，A有限公司完成股份改制，即有限公司整体变更为股份有限公司，此时A有限公司账面净资产约为2.25亿元，具体如表4-4所示。

表4-4 A有限公司账面净资产　　　　　　　　　　　　　　　　　万元

实收资本	1299.3
资本公积	3765.6
盈余公积	645.5
未分配利润	16 777.6
净资产	22 488

A有限公司按2.811∶1的比例折为8000万股，剩余的1.4488亿元进入A股份有限公司的资本公积金。

根据《证券法》第50条第三款的规定：公司总股本不少于人民币3000万元的，公开发行的股份达到公司股份总数的25%以上；公司股本总额超过人民币4亿元的，公开发行股份的比例为10%以上。因此A股份公司发行公众股比例为25%，即2000万股=8000万股×25%，如图4-16所示。

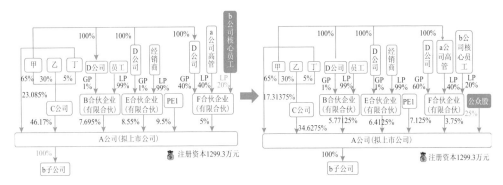

图4-16　IPO上市

假如A股份公司净利润为8000万元，按照2018年上市公司LED及充电桩平均30倍PE测算，A股份公司模拟市值=净利润×市盈率=8000万×30=24亿元。

实际操作中，有限公司以未分配利润和盈余公积金转增股份有限公司的股本，相当于有限公司向股东做了股息性分配，然后股东再将分得的资产投资至股份有限公司，应做税务处理。笔者对资本公积金转增股本涉及的个税进行汇总，如表4-5所示。

表4-5　资本公积金转增股本涉及的个税汇总

上市/挂牌 企业类型	非上市及挂牌	已上市或已挂牌
中小高新技术企业	国税2015年第80号公告第二条第(一)款：资本公积转增，符合116号文件规定的，可享受5年分期缴纳优惠政策	国税2015年第80号公告第二条第(二)款：股票发行溢价形成的资本公积转股不征税
其他企业	国税2015年第80号公告第二条第(一)款：应及时代扣代缴个税	

笔者总结如下几点。

(1) 外部投资机构进入前，公司预先设立好员工持股平台。

(2) 提前设计创始人的变现退出机制，因为企业家也有"套现"的需求，但要合规合法。

(3) 公司IPO上市最大的障碍是税务问题，所以如果你公司是奔着上市去的话，账务规范是最好的选择，因为未来纠偏的代价较低，这也凸显出顶层设计的重要性。

(4) 启动IPO上市后，企业家要考虑方方面面的利益，如当地政府、亲朋好友、上下游合作伙伴等。

(5) 当公司处于成熟期时，企业家要思考如何让有能力的员工在公司内部进行"裂变创业"。

案例4-3 阿里巴巴回港IPO

2017—2019年，阿里巴巴的营业收入从人民币1582.77亿元上升至3768.44亿元，净利润从人民币41.226亿元上升至802.34亿元。如此靓丽的业绩，任何股票交易所都会毫不犹豫地向阿里伸出橄榄枝。

2019年7月，阿里巴巴董事会同意了拆股计划，方案为将普通股数量从40亿股扩展至320亿股，即香港上市股份与纽交所上市的美国存托股将可互相转换，数量转换关系为1股美股可转换为8股港股。

2019年11月13日，阿里巴巴向香港联交所递交招股说明书，开启了赴港IPO再上市之路。阿里巴巴的IPO上市之路，如图4-17所示。

图4-17 阿里巴巴IPO上市之路

2019年11月15日，阿里巴巴集团美股的收盘价为182.47美元，若按拆股计划回港上市测算，此次阿里巴巴香港上市股价=182.48美元/8×7.8，即178港元/股左右。

根据招股说明书，阿里巴巴最新的股权架构如图4-18所示，马云占股比例仅为6.10%，但牢牢控制了公司，马云是如何做到的呢？

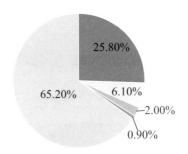

25.80%

6.10%

65.20%

2.00%

0.90%

■软银　马云　■其他管理层　其他公共股东

图4-18　阿里巴巴的股权架构图

答案是马云通过合伙委员会对过半数董事的提名来实现的，即控制了董事会就意味着控制了公司的日常经营与管理，招股说明书用一章的内容详细披露了由38人组成的阿里巴巴合伙人制度。

一、对董事的提名

1. 阿里巴巴的董事会目前由11名董事组成，其中5名由阿里巴巴合伙提名，另保留对2名增补董事的提名及委任权，从而使董事会人数增至13人。

2. 软银和雅虎同意在股东大会上表决支持阿里巴巴合伙提名的董事人选。

二、合伙委员会

1. 合伙委员会由不少于5名合伙人(含合伙委员会长期成员)组成，目前成员包括马云、蔡崇信、张勇、彭蕾、井贤栋及王坚。合伙委员会负责组织合伙人选举事宜，以及分配所有管理层合伙人年度现金奖金池的相关部分。

2. 合伙委员会长期成员由一至两名合伙人担任，马云和蔡崇信担任首任合伙委员会长期成员。除合伙委员会长期成员外，合伙委员会成员的首届任期为三年，可以连任多届。合伙委员会成员选举每三年举行一次。合伙委员会长期成员可无须选举而留任合伙委员会，直至不再担任合伙人、退出合伙委员会，或因疾病或永久丧失行为能力而无法履行其作为合伙委员会成员的职责。继任的合伙委员会长期成员由即将退休的合伙委员会长期成员指定，或由当时在任的另一个合伙委员会长期成员指定(视情况而定)。

3. 每次选举合伙委员会成员之前，由在任合伙委员会提名下届合伙委员会成员候选人，候选人数等于下届合伙委员会成员人数加上三名额外的提名人选，再减去留任的合伙委员会长期成员人数。每位合伙人投票选举的提名人数量等于下届合伙委员会成员人数减去留任的合伙委员会长期成员人数。除获得票数最少的三名被提名人外，其他被提名人将入选合伙委员会。

三、合伙人的提名及选举

阿里巴巴合伙委员会每年向全体合伙人提名新合伙人候选人，候选人需要至少75%的全体合伙人批准方能当选合伙人。有资格入选的合伙人候选人必须展现以下特质。

1. 拥有正直诚信等高尚个人品格；

2. 在阿里巴巴集团、关联方或与阿里巴巴存在重大关系的特定公司(如蚂蚁金服)连续工作不少于5年；

3. 对阿里巴巴集团业务做出贡献的业绩记录；

4. 作为文化传承者，显示出持续致力于实现阿里巴巴的使命、愿景及价值观，以及与之一致的特征及行为。

四、合伙人的退休及免职

1. 合伙人可随时选择退休。除长期合伙人外，所有其他合伙人必须在年满60周岁或使其有资格担任合伙人的聘用关系终止时退休。马云和蔡崇信担任长期合伙人，可持续担任合伙人，直至年满70周岁(这一年龄限制可由多数合伙人表决延长)或退休、身故、丧失行为能力或被免去合伙人职位为止。

2. 任何合伙人(包括长期合伙人在内)，如果违反合伙协议中规定的标准，包括未能积极宣扬阿里的使命、愿景和价值观，或存在欺诈、严重不当行为或重大过失，可经在正式召开的合伙人会议出席的简单多数合伙人表决予以免职。

3. 达到一定年龄和服务年限后退休的合伙人可由合伙委员会指定为荣誉退休合伙人。荣誉退休合伙人不担任合伙人，但可获得年度现金奖金延付部分的分配作为退休后款项。长期合伙人如果不再作为阿里的员工，即使仍担任合伙人，也不再有资格获得年度现金奖金池分配，但如果其担任荣誉退休合伙人，仍可继续获得延付奖金池的分配。

五、合伙人持有公司股份的规定

1. 每位合伙人应直接或通过其关联方持有本公司股份。阿里与每位合伙人均签订了股份保留协议。

2. 这些协议规定，成为合伙人之日起最初三年内，每位合伙人必须至少保留其在该三年期间起始日期(目前合伙人的起始日期从2014年1月到2019年1月不等)所持有股权的60%(含已归属和尚未归属股权奖励所对应的股份)。

3. 最初三年期间结束后，只要其仍为合伙人，则每位合伙人必须至少保留其于最初三年期间起始日期所持有股权的40%(含已归属和尚未归属股权奖励所对应的股份)。

第三节
资本运作之巅

企业要做大做强，离不开两个途径，即经营和资本，前者如同走楼梯，走得慢但很稳；后者如同乘电梯，速度快但有安全隐患。

对于大多数企业家来说，在经营方面是行家里手，但对于资本运作比较陌生，特别是对一系列眼花缭乱的资本运作手法有些晕，例如利用税收洼地节税、增资减资处理艺术、同一控制人下的资产划拨、资产重组的免税政策等。笔者通过西藏卫信康(SH.603676)的案例把这些资本手法整合在一起，做了一顿"大餐"分享给企业家们，虽然有些烧脑但会有收益。

案例4-4 **顶级高手是如何养成的：西藏卫信康(SH.603676)先减资后增资**

2017年6月20日，西藏卫信康医药股份有限公司IPO过会通过(排队到IPO时长不到8个月)。这速度让多少IPO企业羡慕嫉妒恨！

我们来一起学习下，高手是如何做资本运作并享受IPO绿色通道的。

1. 增资：北京中卫康公司进入

2006年3月卫信康公司的前身大同普康公司成立，三年后大同普康公司增资至1000万元，北京中卫康公司进入并成为第一大股东，如图4-19所示。

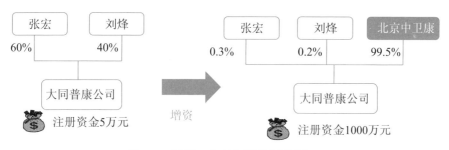

图4-19　增资：北京中卫康公司进入

2. 减资并股权转让：大同普康公司成为全资子公司

鉴于北京中卫康公司于2009年3月认缴的大同普康公司995万元注册资金，截至2009年3月31日已实缴205万元，剩余790万元应自两年内(即2011年3月27日之前)缴付。

由于大同普康公司原计划的业务不再开展，无须资本投入，剩余790万元注册资金未按原约定期限投入。

因此，2011年5月10日，大同普康公司召开股东会，同意减少注册资本790万元，即注册资金由1000万元减资至210万元。减资后，北京中卫康公司出资205万元(占比约97.62%)，张宏出资3万元(占比约1.43%)，刘烽出资2万元(占比约0.95%)，全部出资均为实缴出资。

半年后，张宏及刘烽将全部股权转让给北京中卫康公司。至此北京中卫康公司100%持有大同普康公司的股权，如图4-20所示。

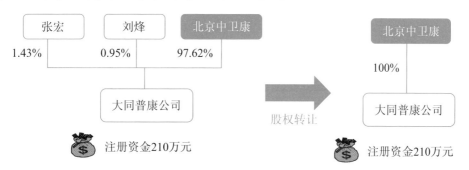

图4-20　减资并股权转让：大同普康公司成为全资子公司

3. 迁址并更名：迁往西藏享受IPO绿色通道

2013 年 8 月大同普康公司迁址到西藏拉萨，并更名为西藏中卫康医药科技有限公司(未来上市主体)，如图4-21所示。为何不把北京京卫信康(业务主体)直接迁址到西藏？

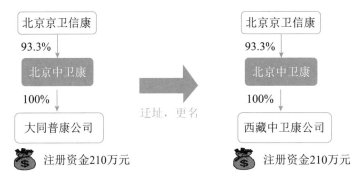

图4-21　迁址并更名：迁往西藏享受IPO绿色通道

因为公司享受了当地政府的各项优惠政策，资产较重，另外工商流程容易但税务清算麻烦。而大同普康公司一直没有开展运营，就是一个空壳公司，迁址就比较便利。大同普康公司迁址、更名完成后，重组前的准备就完成了。

北京京卫信康公司是业务主体，成立于2002年，张勇为控股股东及实际控制人。北京京卫信康公司股权结构如表4-6所示。

此外，选择注册在西藏的公司作为上市主体，还有一个关键的原因是税收优惠多！但在实际操作中，上市前最好在西藏有生产经营活动并留些税源在当地。

表4-6　北京京卫信康公司股权结构

序号	股东名称	出资比例	出资额/万元
1	张勇	11.06%	94.00
2	张宏	0.35%	3.00
3	刘烽	0.35%	3.00
4	西藏中卫康投资公司	70.59%	600.00
5	西藏京卫信康投资(有限合伙)	17.65%	150.00
	合计	100%	850.00

4. 布局：同一控制人下的股权转让

从图4-22可以看到北京中卫康迁址西藏其实早有布局，即分别成立西藏中卫康投资公司及西藏京卫信康投资(有限合伙)作为持股变现平台。

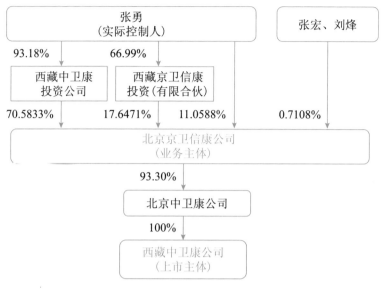

图4-22 成立持股变现平台

2013年10月25日，北京中卫康公司股东会同意将其持有的西藏中卫康医药科技有限公司全部股权分别转让给张勇、张宏、刘烽、西藏中卫康投资公司、西藏京卫信康投资(有限合伙)，转让价款合计137万元，如图4-23所示。

转让后，西藏中卫康(上市主体)和北京京卫信康(业务主体)拥有相同的股东，并由实际控制人张勇控制，形成同一控制下的兄弟公司关系，这时两公司合并就构成同一控制下合并，这是关键的一步!

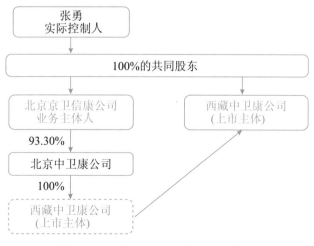

图4-23 西藏中卫康公司全部股权转让

5. 先减资后增资：北京京卫信康公司令人眼花缭乱的资本操作

(1) 2013年9月30日，北京京卫信康公司注册资金从850万元减至85万元，各股东持股比例保持不变，如图4-24所示。

(国税总局公告〔2011〕年第34号：投资企业从被投资企业撤回或减少投资，其取得的资产中，相当于初始出资的部分，应确认为投资收回；相当于被投资企业累计未分配利润和累计盈余公积按减少实收资本比例计算的部分，应确认为股息所得；其余部分确认为投资资产转让所得。被投资企业发生的经营亏损，由被投资企业按规定结转弥补；投资企业不得调整减低其投资成本，也不得将其确认为投资损失。)

另外减资应履行相关法律程序，即公司应当自做出减少注册资本决议之日起十日内通知债权人，并于30日内在报纸上公告。

(2) 2013年11月15日，西藏中卫康公司(上市主体)以货币方式对北京京卫信康公司(业务主体)增资1915万元，占95.75%的股份，并相应修改公司章程。

西藏中卫康公司(上市主体)要控制合并北京京卫信康(业务主体)有两个方案，一个是股权转让，一个是增资扩股。主要考虑到前者涉税，后者无税，故公司选择了后者。

(3) 增资完成后，北京京卫信康公司(业务主体)注册资金为2000万元，成为西藏中卫康公司(上市主体)的子公司。

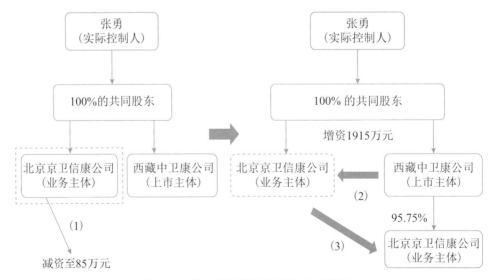

图4-24　北京京卫信康公司减少注册资金

6. 收购剩余4.25%股权：为IPO上市的资产注入铺平了道路

2014年11月，北京京卫信康公司(业务主体)全体少数股东把剩余的4.25%股权以账面净资产1065万元转让给西藏中卫康公司(上市主体)，如图4-25所示。

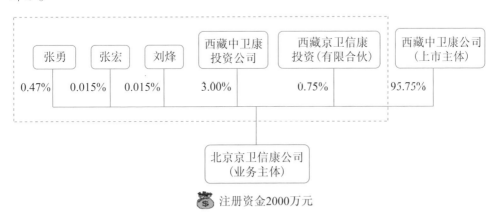

图4-25　剩余股权转让示意图

通过本次资产重组，北京京卫信康公司(业务主体)成为西藏中卫康公司的全资子公司，相关业务及资产均纳入西藏中卫康公司，如图4-26所示。

图4-26　资产重组结果

笔者总结如下。

(1) 上市公司是设计出来的。通过把业务主体(原母公司)下面一个没开展业务的孙公司迁至西藏后，再对实际控制人名下相关业务的公司作整合，最终把原来的母公司的业务装入孙公司，从而解决同业竞争和关联交易障碍。真是洞中才数月，世上已千年，堪称资本运作的经典案例！

(2) 通过先减资(少税)再增资(无税)再转让少数股权(税收基数大幅降低)的方

案设计规避了绝大部分重组税收，且最终方案获得监管的认可并IPO成功。

正如韩红《天路》所唱的"那是一条神奇的天路"，笔者认为这条天路就是"税收洼地及绿色IPO通道"，当然沿着这条天路到达终点的方案有多种，是"开车去"还是"乘飞机去"，这取决于公司的资本运作能力。所以，西藏卫信康上市之路的经历，再一次告诉我们上市公司是设计出来的！

第五章

合伙的精神打造

——初心不改，信仰为纲

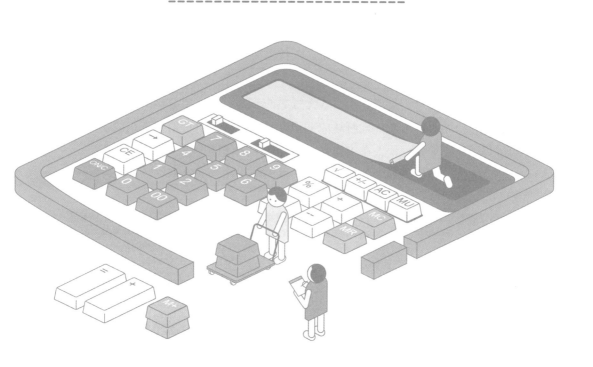

常言说得好：胭脂俗粉怎修贵气，一身铜臭怎成大器！

如果合伙之初没有对事业追求的系统思考和共识，合伙人制度充其量只是一种力度更大的利益分享机制，到头来聚集的还是一支雇佣军，只为钱而战，而不是为使命与事业而奋斗。这时合伙分钱越多，离职就越快！

因此合伙人制度的生命力来自于持续奋斗的合伙人精神！

第一节
统一价值观，让合伙有灵魂

俗话说：理念决定态度，态度决定行为，行为决定结果。从某种意义上来说，理念等同于价值观。

有价值观的企业，如同《水浒传》里宋江领导下的梁山。梁山靠什么吃饭？抢钱。但它有"替天行道"的价值观，即知道什么钱可以抢，什么钱不可抢。对比晁盖领导下的梁山，什么钱都抢，入伙需要投名状，不分青红皂白就杀人，这样的价值观一定会出大问题。

马云曾经说过，价值观不是虚无缥缈的东西，是需要考核的。考核价值观的过程是合伙人对价值观的理解达成共识，激发合伙人对价值观真正的认可和尊重的过程，最终促使合伙人在工作当中始终如一地体现出来。

总之，要让价值观的影响像空气一样无所不在，无时不有。

案例5-1 **阿里巴巴对价值观的考核**

阿里巴巴对价值观的考核如表5-1～表5-6所示。

表5-1 价值观一

客户第一：客户是衣食父母
1分：尊重他人，随时随地维护××公司形象。
2分：微笑面对投诉和受到的委屈，积极主动地在工作中为客户解决问题。
3分：与客户交流过程中，即使不是自己的责任，也不推诿。
4分：站在客户的立场思考问题，在坚持原则的基础上，最终达到客户和公司都满意。
5分：具有超前服务意识，防患于未然

(续表)

客户第一：客户是衣食父母	
自评分：	主管评分：

备注(说明评分原因)：

表5-2 价值观二

团队合作：共享共担，平凡人做非凡事	

1分：积极融入团队，乐于接受同事的帮助，配合团队完成工作。

2分：决策前积极发表建设性意见，充分参与团队讨论；决策后，无论个人是否有异议，必须从言行上完全予以支持。

3分：积极主动分享业务知识和经验，主动给予同事必要的帮助，善于利用团队的力量解决问题和困难。

4分：善于和不同类型的同事合作，不将个人喜好带入工作中，充分体现"对事不对人"的原则。

5分：有主人翁意识，积极正面地影响团队，改善团队士气和氛围

自评分：	主管评分：

备注(说明评分原因)：

表5-3 价值观三

拥抱变化：迎接变化，勇于创新	

1分：适应公司的日常变化，不抱怨。

2分：面对变化，理性对待，充分沟通，诚意配合。

3分：对变化产生的困难和挫折，能自我调整，并正面影响和带动同事。

4分：在工作中有前瞻意识，建立新方法、新思路。

5分：创造变化，并带来绩效突破性的提高

自评分：	主管评分：

备注(说明评分原因)：

表5-4　价值观四

诚信：诚实正直，言行坦荡
1分：诚实正直，表里如一。
2分：通过正确的渠道和流程，准确表达自己的观点；表达批评意见的同时能提出相应建议，直言有讳。
3分：不传播未经证实的消息，不背后不负责任地议论事和人，并能正面引导，对于任何意见和反馈"有则改之，无则加勉"。
4分：勇于承认错误，敢于承担责任，并及时改正。
5分：对损害公司利益的不诚信行为正确有效地制止

自评分：	主管评分：

备注(说明评分原因)：

表5-5　价值观五

激情：乐观向上，永不放弃
1分：喜欢自己的工作，认同企业文化。
2分：热爱企业，顾全大局，不计较个人得失。
3分：以积极乐观的心态面对日常工作，碰到困难和挫折的时候永不放弃，不断自我激励，努力提升业绩。
4分：始终以乐观主义的精神和必胜的信念，影响并带动同事和团队。
5分：不断设定更高的目标，今天的最好表现是明天的最低要求

自评分：	主管评分：

备注(说明评分原因)：

表5-6　价值观六

敬业：专业执着，精益求精
1分：今天的事不推到明天，上班时间只做与工作有关的事情。
2分：遵循必要的工作流程，没有因工作失职而造成的重复错误。
3分：持续学习，自我完善，做事情充分体现以结果为导向。
4分：能根据轻重缓急来正确安排工作优先级，做正确的事。
5分：遵循但不拘泥于工作流程，化繁为简，用较小的投入获得较大的工作成果

自评分：	主管评分：

备注(说明评分原因)：

　　注：①每一条若只做到部分，可以评0.5分；②0.5分(含)以下，或是3分(含)以上，需要向上级主管书面说明事例。分数含义如表5-7所示。

表5-7　分数含义

分数	含义
24(含)分以上	持续超出期望(4.5)
20 (含)～24分	超出期望(4)
18 (含)～20分	部分超出期望(3.75)
15 (含)～18分	满足期望(3.5)
12 (含)～15分	需要提高(3.25)
8.5 (含)～12分	需要改进(3)
8.5分以下	不可接受(2.5)

第二节
把能力建在组织上，让合伙有价值

统一价值观，企业就有灵魂；有了灵魂，团队不会变成团伙。

当一个团队有灵魂但团队成员能力不行时，还不能称之为"组织"，例如一个拿着刀棍的团队面对一个拿着枪炮的团队，其下场是悲壮的。

笔者认为组织=团队+灵魂+能力，而组织能力=学习力+复制力。

一、学习力

学习力解决的是员工的思维方式和做事方式。正如著名心理学家卡罗尔·德韦克在《终身成长》一书中指出：人与人之间的差别，归根结蒂是在思维方式上。以前成功的经验，可能下一步就成为你失败的根源！

所以，没有成功的企业，只有时代的企业。所谓成功，只不过是踏准了时代的节拍。时代的发展太快了，你怎么会永远踏上这个节拍呢？唯有不断学习，才能追寻时代的脚步。

笔者认为企业可以从以下4方面打造学习力。

(1) 对优秀的中高层管理者，送读MBA，提升其综合能力；对基层员工，提倡在职教育，提升学历水平，公司报销学费。

(2) 组织内部读书会，对好书进行精读，每位高层领读一章，先谈心得，其他人补充。

(3) 外出参观游学，看看同行、领军的企业是如何做的。

(4) 试点内部讲师制度，让有经验的中高层管理者及技术人员"传帮带"。

二、复制力

案例5-2 **喜家德的人才复制力**

喜家德创立于2002年，是一家专注水饺的东北企业。截止到2018年底，喜家德水饺门店数量突破500家，遍布全国40多个城市，员工4000多人，水饺品类只有5种，一个擀面女工一年收入30多万元。

喜家德没有加盟业务，在只做直营的情况下能开这么多门店，这与喜家德的师徒制("358"模式)分不开。

"3"指的是"3%"，即喜家德店长排名靠前的，可以免费获得3%的干股收益。

"5"指的是"5%"，即如果店长培养出一名新店长，就可以成为小区经理，可以在新开的店中投资入股5%。

"8"指的是"8%"，即如果店长培养出5名新店长，可以成为区域经理，并可以在这些新开的店中投资入股8%。

除了"358"以外，喜家德还有一个20%，指的是当店长有独立负责经营管理的能力后，可以成为片区经理，这名店长可以获得在新开的门店中投资20%股权的资格。

像喜家德这种以培养人为主要标准的机制，避免了很多连锁企业扩张时没有人才的问题，平衡了店长与新店长之间的利益关系。

案例5-3 **海底捞的人才复制力**

海底捞2018年财报显示，2017年与2018年餐厅数量分别为254家及430家，开店数量增长73%！

新开店都需要店长，这些新开设餐厅的店长几乎都是内部培养晋升的，这主要得益于海底捞的师徒制。

店长的薪酬与其餐厅的盈利挂钩，更重要的是与其徒弟餐厅的盈利挂钩，以鼓励他们培养更多有能力的店长。在利益内嵌上，店长有两种分配方式，如图5-1所示。

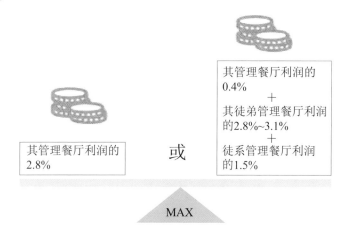

其管理餐厅利润的2.8%

或

其管理餐厅利润的0.4%
+
其徒弟管理餐厅利润的2.8%~3.1%
+
徒系管理餐厅利润的1.5%

MAX

图5-1 店长的两种分配方式

同时，海底捞每个季度对所有餐厅进行评级，分为A、B、C三个等级，其结果与徒弟是否成为新店长直接挂钩。

我们学习了海底捞人才复制的案例，重要的是如何把大企业的好的经验思路、操作手法用在中小企业中。笔者下面分享一个教育行业的案例，大家看一下某K12教育公司在校区扩张时让校长自觉自愿培养徒弟的做法。

案例5-4 某K12教育公司的校长复制力

公司为了让校长放手培养其徒弟及徒孙，必须让利益内嵌进去，如校长(师傅)可以拿本校区净利润的5%，校长(师傅)培养了徒弟且徒弟顺利成为某个校区校长时，校长可以拿徒弟校区的分红(例如第1年分净实收的2.5%，第2年与第3年分净利润5.0%与2.5%，大家可以思考下为什么第1年分收入，而第2年与第3年分净利润？)。

同理，徒弟培养了徒孙，则师傅可以拿徒孙的校区分红(与徒弟校区相比，分红减半核算)，如表5-8所示。

表5-8　分红方法

师傅	徒弟校区	净实收	净利润
	第1年	2.50%	—
5.00%	第2年	—	5.00%
	第3年	—	2.50%

徒孙校区	净实收	净利润
第1年	1.25%	—
第2年	—	2.50%
第3年	—	1.25%

1. 校长(师傅)在本校区的分红测算

(1) 假如2019年校区1的净利润为200万元，则校长1分红=200×5.0%=10.0(万元)，见表5-9。

(2) 假如2020年校区1的净利润为260万元，则校长1分红=260×5.0%=13.0(万元)，见表5-10。

(3) 假如2021年校区1的净利润为390万元，则校长1分红=390×5.0%=19.5(万元)，见表5-11。

表5-9　校长2019年分红金额

姓名	校区	师傅	任职日期	培养"见习校长"人数	业绩是否达标	年度净利润/万元	净利润分红金额/万元	本年度截止日期	是否满整年
校长1	校区1	甲	10/1/2015	1	达标	200	10.00	12/31/2019	是

表5-10　校长2020年分红金额

业绩是否达标	年度净实收/万元	年度净利润/万元	分红比例	净利润分红金额/万元	本年度截止日期	是否满整年
达标	2000	260.00	5.00%	13.00	12/31/2020	是

表5-11　校长2021年分红金额

业绩是否达标	年度净实收/万元	年度净利润/万元	分红比例	净利润分红金额/万元	本年度截止日期	是否满整年
达标	3000	390.00	5.00%	19.50	12/31/2021	是

2. 校长(师傅)拿徒弟校区的分红测算

(1) 假如2019年徒弟乙(即对应校区11)的净实收为500万元，则校长1分红=500×2.5%=12.5(万元)，见表5-12。

(2) 假如2020年徒弟乙(即对应校区11)的净利润为130万元，则校长1分红=130×5.0%=6.5(万元)，见表5-13。

(3) 假如2021年徒弟乙(即对应校区11)的净利润为195万元，则校长1分红=195×2.5%=4.875(万元)，见表5-14。

表5-12 2019年校长拿徒弟校区的分红测算

姓名	校区	徒弟	任职日期	培养"见习校长"人数	业绩是否达标	年度净实收/万元	净实收分红金额/万元	本年度截止日期	是否满整年
校长1	校区11	乙	1/1/2019	1	达标	500	12.50	12/31/2019	是

表5-13 2020年校长拿徒弟校区的分红测算

业绩是否达标	年度净实收/万元	年度净利润/万元	分红比例	净利润分红金额/万元	本年度截止日期	是否满整年
达标	1000	130.00	5.00%	6.50	12/31/2020	是

表5-14 2021年校长拿徒弟校区的分红测算

业绩是否达标	年度净实收/万元	年度净利润/万元	分红比例	净利润分红金额/万元	本年度截止日期	是否满整年
达标	1500	195.00	2.50%	4.875	12/31/2021	是

3. 校长(师傅)拿徒孙校区的分红测算

(1) 假如2019年徒孙丙(即对应校区111)的净实收为800万元，则校长1分红=800×1.25%=10.0(万元)，见表5-15。

(2) 假如2020年徒孙丙(即对应校区111)的净利润为156万元，则校长1分红=156×2.5%=3.9(万元)，见表5-16。

(3) 假如2021年徒孙丙(即对应校区111)的净利润为260万元，则校长1分红=260×1.25%=3.25(万元)，见表5-17。

表5-15 2019年校长拿徒孙校区的分红测算

姓名	校区	徒孙	任职日期	培养"见习校长"人数	业绩是否达标	年度净实收/万元	净实收分红金额/万元	本年度截止日期	是否满整年
校长1	校区111	丙	1/1/2019	1	达标	800	10.00	12/31/2019	是

表5-16　2020年校长拿徒孙校区的分红测算

业绩是否达标	年度净实收/万元	年度净利润/万元	分红比例	净利润分红金额/万元	本年度截止日期	是否满整年
达标	1200	156.00	2.5%	3.90	12/31/2020	是

表5-17　2021年校长拿徒孙校区的分红测算

业绩是否达标	年度净实收/万元	年度净利润/万元	分红比例	净利润分红金额/万元	本年度截止日期	是否满整年
达标	2000	260.00	1.25%	3.25	12/31/2021	是

因此，2019年校长(师傅)的收入合计=本人+徒弟+徒孙=10.0+12.50+10.0=32.5(万元)，同理可以得出2020年及2021年师傅的收入分别为23.4万元及27.63万元，如表5-18所示。

表5-18　2020年及2021年校长的收入　　　　　　　　　　万元

年度	师傅	徒弟	徒孙	总计
2019	10.00	12.50	10.00	32.50
2020	13.00	6.50	3.90	23.40
2021	19.50	4.88	3.25	27.63

这家K12教育公司用笔者的校长复制力办法，在短短的4年内，由原来25家校区增加到98家校区。同时系统地解决了"教会徒弟，饿死师傅"的难题！

第三节
保持艰苦奋斗，让合伙有信仰

精神的最高阶段是信仰，正如法国著名思想家罗曼·罗兰在《名人传》中提出：信仰不是一门学问，而是一种行为，它只在被实践的时候才有意义。

企业家要定期组织合伙人接受一些红色教育，要教育合伙人不忘初心，信仰为纲，大力弘扬富而不骄、富而不奢、富不忘本、富而思进的精神。

企业家们要防止公司效益好时，合伙人滋生享乐主义思想，丧失信仰，还要防止公司效益不好时，合伙人质疑"革命的红旗"能扛多久，让悲观情绪蔓延，有的合伙人还成批离职。因此，在公司困境时才能看出谁是值得信赖的。

案例5-5 华为如何让2000名"千万富翁"自愿去前线？

华为在很短的时间内就成功动员了2000多名具有15～20年研发经验的高级专家及干部，去一线探索新的"无人区"。对于早已实现财富自由的他们，为什么能在任正非一声令下就义无反顾地奔赴非洲、中东等艰苦的一线呢？

原因在于12个字：派得出、动得了、打得赢、不变质。这是华为过去乃至未来能够取得持续胜利的关键。

(1) 派得出。在干部选拔的基本条件中，华为明确规定"没有一线经验的人不能做干部"；无论哪个部门，凡是没有在一线工作过并直接服务过客户的干部都不能做部门正职；同时，优先从优秀团队中选拔干部，优先在主战场、一线和艰苦地区选拔干部。

(2) 动得了。干部一定得流动起来，干部在一个地方工作很多年，容易形成山头，且很难持续激发活力，同时人员技能单一，本位主义很强。

(3) 打得赢。一方面，华为强调"绩效是必要条件和分水岭"，只有绩效考核排名前25%的人可以被选拔为干部；另一方面，华为在全公司推行干部轮换制，干部在各部门进行轮换时，除了部门内的小循环外，很多干部的岗位调整往往是跨系统的大循环，比如说研发人员去市场部门，去供应链部门，再到采购部门，经过多个业务领域的历练后，干部的综合管理素质、对业务以及端到端流程的理解都会更深刻。

(4) 不变质。很多企业发展到一定阶段，特别是居于行业领先地位的时候，干部个人也拥有了较高的社会地位和良好的生活状况，而此时往往是最容易出现问题的时候，比如不再愿意继续努力，居功自傲、消极情绪、腐败变质等等，这是困扰企业的一个常见现象。

首先，华为十分重视企业文化的宣导和传承，对于干部队伍的要求非常明确，"以奋斗者为本，长期坚持艰苦奋斗"就是干部必须永远坚持并传承的核心价值观，倡导奋斗精神，干部只有成为"奋斗者"，能够和公司一起长期艰苦奋斗，在华为才有可能持续发展。

其次，在薪酬分配方面持续优化，调整干部收入结构，逐步降低资本所得，即股权收入，提升劳动所得，即薪资奖金，通过导入TUP等新的方法，实现长期激励模式变革，体现"拉车的人比不拉车的人拿得多，拉车的时候比不拉车的时候拿得多"的激励理念。

在这种激励理念的导向下，只有那些愿意持续奋斗的干部才能持续获取高收益，而对于已经满足现状，小富即安的干部，坚决予以淘汰，激活沉淀层。

因此，从华为的案例中，我们可以得出合伙要有信仰的结论，而信仰表现在执行力强：公司一声令下，背起背包就冲向五湖四海；管理能力出色，能够满足业务不断发展的需求；愿意和公司生死与共，敢闯敢拼且能够持续奋斗。

华为是一支名副其实的"铁军"。

第六章

合伙的风险预防
——盛名之下，必有隐患

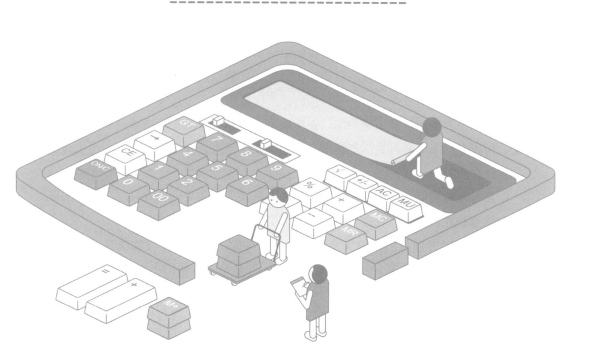

从公司初创到IPO上市，合伙的风险伴随始终。在公司不同阶段风险也不同，初创期的风险最大，合伙架构的先天缺陷容易导致兄弟相忘于江湖。

快速发展期的风险在于合伙制度静态设计，不能帮助公司业绩快速提升；同时，也容易出现公司控股权丧失的风险。

IPO上市后的风险在于合伙人或高管的薪酬都与股票激励相关联，这种只关心股票价格，而不关注长期发展的机制，是不利于公司实现长期稳定发展的。

案例6-1 为何扁鹊的哥哥才是风险预防的高手？

据《鹖冠子》记载，魏文王曾问扁鹊："子昆弟三人其孰最善为医？"扁鹊曰："长兄最善，中兄次之，扁鹊最为下。"魏文侯曰："可得闻邪？"扁鹊曰："长兄于病视神，未有形而除之，故名不出于家。中兄治病，其在毫毛，故名不出于闾。若扁鹊者，镵血脉，投毒药，副肌肤，间而名出闻于诸侯。"

做任何事情都有风险，关键是我们如何事前预防、事中控制、事后补救。

事前就是做好企业的顶层设计、机制设计、财税规划等。事前预防类似扁鹊长兄治病，在病情发作之前就进行预防，不仅效果好，而且成本低。

事中控制类似扁鹊中兄治病，在疾病刚刚开始的时候采取措施避免进一步恶化。所以我们事中通过先试点再推广，由点及面推进，在动态中落地，在实践中完善，在控制中迭代。

事后补救类似扁鹊治病，一旦落地达不到预期的效果，企业只能在设定的范围内修修补补，此时"食之无味，弃之可惜"，不可能涛声依旧。

墨菲定律告诉我们：如果事情有变坏的可能，不管这种可能性有多小，它总会发生。所谓预则立，不预则废，因此笔者总结了合伙的七大风险，如图6-1所示。

其中，控股权丧失的风险、税务的风险、章程的风险及投资的风险，笔者已阐述，不再赘述。笔者重点讲一下信任的风险、坐享其成的风险及静态设计的风险。

图6-1　合伙的七大风险

第一节
信任的风险

信任是双向的，一是企业家对员工的信任，企业家与员工交心，涉及员工重大利益时讲实情，说实话；二是员工对企业家的信任，企业家不轻易许诺，不反复无常。这两者缺一不可。

信任不可透支。信任是一步步建立起来的，而失信可能基于某件事。

案例6-2　期权25倍稀释——蘑菇街员工的"南柯一梦"

2018年12月6日蘑菇街于纽交所挂牌上市。但是上市之后，员工的梦想破灭了，他们手中的期权被严重稀释，最终兑换需要期权除以25。于是有蘑菇街的员工愤怒了，发帖控诉，离职走人。

在首次公开募股之前，蘑菇街董事和高管合计持有公司495 663 914股普通股，占总股本的19.4%，即总股本=495 663 914/19.4%=25.6亿(股)。

通常，1万股期权并非1万股股票，不是把期权数量乘以当前股票的价格就是自己的财富，而公司发放的是普通股期权，在美国上市的期权价值核算都要换成美股ADS。蘑菇街招股书显示，1ADS股=25普通股。

员工期权到手能值多少钱？某员工期权价值=(单股票价值/折算美股ADS基数-行权成本)×股份-税费。假设行权价为13.75美元/股，成本为1.00美元/股，那么员工的5万股期权收入=50 000/25×(13.75-1.00)×6.83=174 165(元)。

互联网公司在美国上市后出现期权"稀释"并非个例，如表6-1所示。

表6-1 在美上市公司的期权"稀释"

在美上市的公司名称	上市时间	1ADS股=？普通股
优酷	2010年12月	18.0
世纪佳缘	2011年5月	1.5
土豆	2011年8月	4.0
唯品会	2012年3月	4.0

第二节
坐享其成的风险

案例6-3 **持股50%的股东出工不出力，朋友变仇人**

A公司成立于2015年3月，主营水处理及环保过滤器材贸易业务。甲与乙为创始股东，持股比例分别为50%，A公司注册资金为100万元，已于2016年3月实缴完毕。甲任法定代表人、董事长，乙为总经理兼监事。

甲股东有自己的媒体广告、物流公司，当初入股只是看中了A公司的发展前景及乙股东的吃苦耐劳精神。甲股东1年只来公司两次，A公司大部分员工不知道有这样一个大股东存在。

A公司在乙股东的带领下，组建了国内销售部、国外销售部。乙股东亲自招聘了各部门的负责人，通过两年的努力，把过滤器耗材卖到了东南亚国家。2017年底A公司实现销售收入1.6亿元，净利润1210万元。

2018年2月，甲股东忽然出现在A公司，要求召开股东会、委派财务负责人来分配A公司的利润。乙股东则认为A公司有今天的局面是她及团队创造的，而甲股东只是出工不出力，现在要按照持股比例分配利润(截至2018年底A公司未分配利润为1858万元)，她实在接受不了。同时乙股东说现在团队已有80人了，打算对各部门负责人及核心销售人员进行实股激励，股份来源为甲与乙两个股东让渡，按同比例稀释。但甲股东却说要稀释就稀释你的股份好了，我的不稀释，再说公司章程没有这一条规定。结果两人不欢而散。

2018年下半年开始，乙股东与现有的团队在外面注册了B公司(注：法定代表人及股东做了相应的安排)，开展过滤器耗材的安装与施工业务，通过关联交易转移1050万元的未分配利润。甲股东知道后，以股东挪用公款、违反竞业禁止条款、利益输送等名义起诉至武汉市法院。

法院审理认为A公司与B公司的交易属于正常的业务往来，有市场公允定价(因海外市场劳动力成本较高)，系企业内部的经营行为，驳回了甲股东的起诉。

从案例6-3可以看出，甲股东不参与经营，在A公司业务蒸蒸日上时坐享其成，要求分享股东的权益，这对努力的股东是不公平的。

股东层面尚且如此，合伙层面的风险更大。有的公司做了合伙激励，把员工发展成合伙人和股东，初心是好的，想要分好蛋糕，做大蛋糕，但有的员工躺在功劳簿上，赚了分红却没上进心，开始吃大锅饭了。

一般股东和合伙人都是有公司股份的，是注册股股东，如果他不同意，你是没法开除他的。如果他离职了，但股份还在公司，那就更麻烦了，你成了给他打工的了。还有更让人生气的是，随着公司的不断发展，需要不断融资和增资扩股，按照工商登记要求，这些都需要全体股东签字。有的不干活的合伙人，就开始行使自己的股东权利了，就是躲着不签字！

那么这样的风险，如何预防呢？

一、股权分期成熟机制

股权分期成熟机制是指各创始人在一开始无法获得全部股权，需要分期成熟兑现，若中间发生创始人兼职的情形，其他创始人可以按照一个事先约定的价格回购退出创始人的股权。这样可以防止出现创始人股东兼职却依旧享有公司股权、坐享其成的局面。股权分期成熟机制有效保证了公司创始人的稳定，是将公司发展与创始人利益绑定的有效手段。

因此创始人之间应当签订书面协议，对内创始人之间应当签订书面协议，约定股权分期成熟兑现方式，一般情况下，根据公司的不同模式，有以下几种方式，如表6-2所示。

表6-2　股权分期成熟兑现方式

方案一	方案二	方案三
约定4年，每年兑现25%	任职满2年兑现50%，满3年兑现75%，满4年兑现100%	逐年增加，第1年10%、第2年20%、第3年30%、第4年40%

二、设置股权回购机制

对于可能发生的创始人股东中途离职的情形，合伙人在创业之初就要提前设置股权回购机制，以免出现某个创始人退出而造成的混乱局面。例如，某位创始人股东离职，按照前面提到的创始人股权分期成熟兑现机制，大家可以书面约定，对于该创始人未成熟兑现的股权，将无偿赠与公司其余创始人股东，或者由公司其余创始人股东以一个极低的价格(比如1元)购买。而对于已成熟兑现的股权，其余创始人可以按照提前约定好的回购价格进行收购。

回购价格的确定可以参照以下几种模式。

(1) 参照原来的购买价格按年利率溢价收购。比如离职创始人原来花10万元买了10%的股份，可以按照年利率10%溢价回购。

(2) 参照公司净资产或净利润。例如，按照离职创始人所持股权对应的离职时公司净资产或净利润收购股权。

(3) 参照公司最近一轮融资估值的折扣价回购股权。

案例6-4　股权成熟及回购条款(节选)

1. 成熟安排

若各方在股权成熟之日持续为公司员工，各方股权按照以下进度在4年内分期成熟。

年数	股权成熟比例
自交割日起满1年	25%
自交割日起满2年	50%
自交割日起满3年	75%
自交割日起满4年	100%

2. 加速成熟

如果公司发生退出事件，则在退出事件发生之日起，在符合本协议其他规定的情况下，各方所有未成熟标的股权均立即成熟。

"退出事件"包括以下几种。

(1) 公司的公开发行上市；

(2) 全体股东出售公司全部股权；

(3) 公司出售其全部资产；

(4) 公司被依法解散或清算。

3. 回购股权

3.1 因过错导致的回购

在退出事件发生之前，任何一方出现下述任何过错行为之一的，经公司股东决议通过，股权回购方有权以人民币1元的价格(如法律就股权转让的最低价格另有强制性规定的，从其规定)回购该方的全部股权，且该方于此无条件且不可撤销地同意该回购。自公司股东会决议通过之日起，该方对标的股权不再享有任何权利。该过错行为包括以下几种情况。

(1) 严重违反公司的规章制度；

(2) 严重失职，营私舞弊，给公司造成重大损害；

(3) 泄露公司商业秘密；

(4) 被依法追究刑事责任，并对公司造成严重损失；

(5) 违反竞业禁止义务；

(6) 捏造事实，严重损害公司声誉；

(7) 因该股东其他过错导致公司重大损失的行为。

3.2 终止劳动关系导致的回购

在退出事件发生之前，任何一方与公司终止劳动关系的，包括但不限于该方主动离职，该方与公司协商终止劳动关系，或该方因自身原因不能履行职务，除非全体创始股东另行决定，则至劳动关系终止之日：

（1）对于尚未成熟的股权，股权回购方有权以未成熟标的股权对应出资额回购该方未成熟的标的股权。自劳动关系终止之日起，该方就该部分股权不再享有任何权利。

（2）对于已经成熟的股权，股权回购方有权利回购已经成熟的全部或部分股权及已经授予的预留股东激励股权（"拟回购股权"），回购价格为拟回购股权对应的出资额的2倍。自股权回购方支付完毕回购价款之日起，各方即对已回购的股权不再享有任何权利。

第三节
静态设计的风险

俗话说，流水不腐，户枢不蠹，要让合伙在流动中产生价值。静态设计易导致"搭便车"现象，傻瓜式的静态设计不适合初创式的企业。所谓动态合伙，就是根据各合伙人对公司的实际贡献重新对分红权或股权进行分配。

案例6-5 **A公司是如何动态分配12.5%的股份的？**

A公司初创时有甲、乙、丙三个自然人股东，其中甲与乙为经营者，既出工又出力；丙是甲的朋友，为战略投资人，不参与经营，出工但不出力。

A公司注册资金为100万元，甲、乙、丙分别认缴出资50万元、20万元、30万元，A公司成立半年后三位股东的出资均全部实缴完毕。三位股东经协商，按照资金股：人力股=70%：30%来计算，三位股东按资金股占比分别为35%、14%、21%；预留30%为人力股，并约定由第一大股东甲代持。

因此甲、乙、丙在工商局的注册登记比例分别为35%+30%、14%、21%（注：公司的股东持股比例可与出资比例不一致，分红比例、认缴公司新增资本比例也可与出资比例不一致，但这些均需要在公司章程或股东协议内进行特别约定。如果没有就此进行特别约定，就应当按实际出资比例享有股份及分配红利）。

甲、乙、丙三位股东对30%的人力股这样约定：一是拿出20%对参与经营管理的股东(包括甲与乙)进行激励，且在随后的3个里程碑事件完成时逐渐解锁释放(注："里程碑"，Milestone，是指团队共同决定的、可以开始(或继续)分配股权收益的特定事件，是创业公司根据不同发展时期对公司状态临界点的定位)；二是将剩下的10%股份作为内部员工持股平台。

1. 里程碑事件的规定(见表6-3)

表6-3 里程碑事件的规定

里程碑事件	里程碑事件的条件	解锁比例
M1	销售收入达到2000万元或净利润达到300万元	8%
M2	电动车动力芯片批量生产后带来的合同订单超过2000万元(包括参加上海电动车展览)	6%
M3	对外融资金额超过3000万元	6%

2. 贡献点的确定

当A公司达到了不同的里程碑事件后，相当于A公司阶段性目标达成，可以根据各股东们的贡献论功行赏。这时需要确定各股东的贡献点，具体如表6-4所示。

表6-4 贡献点的确定

贡献点	公式
股东投入的现金(原则上对经营股东)	直接计入
股东应发而未发的工资	月数×(按市场水平月应发工资-月实发工资)
股东把自持的房产免费租给公司	月数×按市场价的租金
股东投入设备	评估后折成现金
股东帮助融资成功	每100万元折算成10万股，再按当时的估值折算为现金

对股东应发而未发的工资可以这样理解，比如股东甲以前打工时工资为5万元/月，创业工资为1万元/月，差额为48万元/年。A公司达到M1时，按照当时的估值核算新增股份。

3. 模拟测算(见表6-5)

(1) 当A公司达到M1时，此时核算甲、乙、丙三位股东的贡献点，分别是50万元、30万元及0元(未出力)。A公司当时的估值为2000万元，于是得出，甲、乙股东新增股权比例分别为2.5%及1.5%，小计4.0%，未超过表6-3规定的8%的额度。

表6-5 模拟测算

贡献点	股东	甲	乙	丙	丁	戊	己	小计	预留	合计	公司估值/万元
	原始出资/元	500 000	200 000	300 000							
	工商登记	35.00%	14.00%	21.00%				70.00%	30.00%	100.00%	
M1	M1金额/元	500 000	300 000	—				800 000			M1时公司估值/万元 2000
	M1比例	2.50%	1.50%	0.00%				4.00%			
	动态工商登记	37.50%	15.50%	21.00%				74.00%	26.00%	100.00%	
M2	M2金额/元	1 600 000	200 000	—	800 000			2 600 000			M2时公司估值/万元 5000
	M2比例	3.20%	0.40%	0.00%	1.60%			5.20%			
	动态工商登记	40.70%	15.90%	21.00%	1.60%			79.20%	20.80%	100.00%	
M3	M3金额/元	3 000 000	2 000 000	—	1 500 000	600 000	1 200 000	8 300 000			M3时公司估值/万元 10 000
	M3比例	3.00%	2.00%	0.00%	1.50%	0.60%	1.20%	8.30%			
	动态工商登记	43.70%	17.90%	21.00%	3.10%	0.60%	1.20%	87.50%	12.50%	100.00%	

（2）A公司因研发需要增加了股东丁，在他的努力下，A公司达到M2。此时核算甲、乙、丙、丁四位股东的贡献点，分别是160万元、200万元、0元(未出力)及80万元。A公司当时的估值为5000万元，于是得出甲、乙、丁三位股东新增股权比例分别为3.2%、0.4%及1.6%，小计5.2%，未超过表6-3规定的6%的额度。

（3）A公司引进了股东戊和己，分别负责企业的投融资及海外事业部，2年后A公司达到M3。此时核算甲、乙、丁、戊、己五位股东的贡献点，分别是300万元、200万元、150万元、60万元及120万元。A公司当时的估值为1亿元，于是得出，甲、乙、丁、戊、己五位股东新增股权比例分别为3.0%、2.0%、1.5%、0.6%及1.2%，小计8.3%，超过表6-3规定的6%的额度，此时把M1预留的4.0%及M2预留的0.8%转入，合计10.8%(6%+4%+0.8%)，扣减8.3%，剩余2.5%(10.8%-8.3%)。最后A公司剩余股权比例为12.5%(10%+2.5%)。

（4）A公司经过三个里程碑事件后，业务走上坡路，团队已定型，此时预留的12.5%可以转为员工持股平台(原定是10%)。

最后，笔者将汪国真的诗《山高路远》送给千千万万的企业家以共勉！

呼喊是爆发的沉默；

沉默是无声的召唤；

不论激越，还是宁静，我祈求；

只要不是平淡；

如果远方呼唤我，我就走向远方；

如果大山召唤我，我就走向大山；

双脚磨破，干脆再让夕阳涂抹小路；

双手划烂，索性就让荆棘变成杜鹃；

没有比脚更长的路，没有比人更高的山。